KARDEC & CHICO

2
MISSIONÁRIOS

PESQUISA SOBRE A POSSIBILIDADE DE
ALLAN KARDEC SER **CHICO XAVIER**

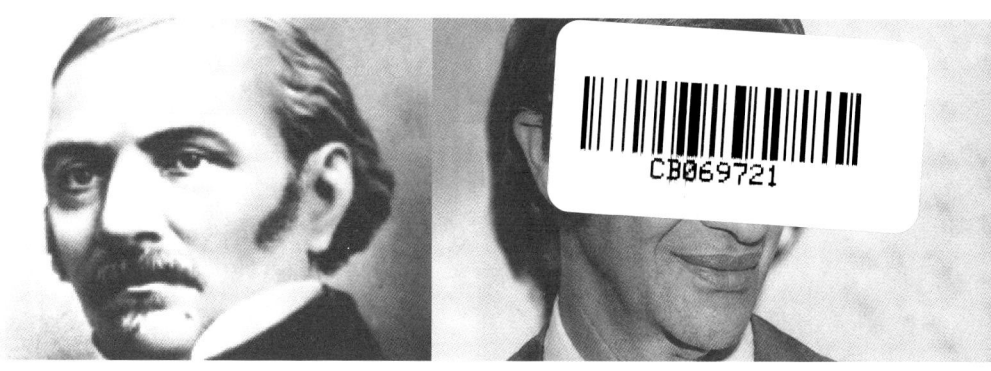

PAULO NETO
MINAS GERAIS | 2016

O verdadeiro pesquisador não procura confirmar os seus pontos de vista, ele busca a verdade, mesmo que tenha que admitir que estava em erro. O orgulhoso, por sua vez, anseia em encontrar confirmações das suas ideias, distorcendo a verdade muitas vezes. Falta-lhe humildade como sobra o desprezo pelos que não pensam como ele.

ADILSON MOTA

AGRADECIMENTOS

AGRADECEMOS aos queridos familiares e amigos que compartilharam o processo de elaboração da pesquisa que resultou nesse trabalho, com suas inestimáveis ajuda e valiosas sugestões.

Agradecimento especial à generosidade do amigo Carlos Alberto Braga Costa, que, despretensiosamente, nos disponibilizou os seus apontamentos sobre a personalidade de Chico Xavier, reunidos ao longo de dezesseis anos. Neles se encontra o trabalho investigativo que ele fez com Arnaldo Rocha[1], que, como se sabe, foi amigo e parceiro de Chico Xavier de 1946 até 1959.

Veja, caro leitor, à página seguinte, um dos documentos que nos foi apresentado (no qual temos um depoimento do confrade Divaldo Franco, um dos mais destacados oradores espíritas da atualidade), que, de maneira bem clara, referenda as reencarnações de Chico, apontadas na obra *Chico, Diálogos e Recordações...*

---

1 ...... Arnaldo Rocha (1922-2012), ex-consorte de Meimei, foi amigo de Chico Xavier, desde 1946, com o qual, em parceria, fundou as reuniões mediúnicas no Grupo Espírita Meimei, nas quais teve a função de coordenador. Essa parceria mediúnica foi interrompida em 04/01/1959 com a mudança de Chico Xavier para Uberaba, embora essa amizade tenha continuado a frutificar trabalhos em prol da Doutrina Espírita. Arnaldo Rocha foi o organizador das obras *Instruções Psicofônicas e Vozes do Grande Além*, editadas pela FEB – Federação Espírita Brasileira, contendo psicofonias, ocorridas durante essas reuniões, através da mediunidade de Chico Xavier.

Os muito coerentes registros de Carlos Alberto, podem ser considerados um belo tratado, doutrinário e imparcial; mas, que, obviamente, não é uma palavra final, no entanto, permitiu-nos um maior aprofundamento em nossa atividade de pesquisa, em que buscamos informações em vários artigos e livros que somassem no entendimento da problemática.

Sinceramente, diremos que muito nos orgulhamos em tê-lo como uma espécie de orientador de nossa pesquisa; é por isso que aqui deixamos registrados os nossos agradecimentos a ele. Ressaltamos que, nessa função, nos indicava o caminho, porém, deixou-nos com liberdade total para desenvolver a presente pesquisa da forma e da maneira que temos feito ao longo de nossa atividade de pesquisador espírita.

PAULO NETO

Caro amigo e irmão Carlos:

Jesus seja sempre conosco!

Logo que retornei de B.H. e li o lindo livro que você escreveu com o nosso querido Arnaldo, que lhe escrevi, parabenizando a ambos pelo feito.

Posteriormente, através do Luciano dos Anjos fiquei sabendo que você não recebeu minha carta, o que lamento sinceramente.

Desejo parabenizar a ambos e agradecer o benefício que suas informações trazem ao Movimento Espírita, no momento, muito conflitado. As informações valiosas esclarecerão os espíritas sinceros e dedicados, opontando-lhes rumos de segurança. Tenho feito muita divulgação do livro e nossa Casa tem-no adquirido e distribuído ao máximo.

Aguardo futuras obras ricas de luz, recomendo-me ao nosso Arnaldo e a todos.

Abraços e gratidão do seu irmão em Jesus, devotado,

Divaldo Franco

E-mail de Divaldo Franco a Carlos Alberto Braga a respeito da publicação da obra Chico, Diálogos e recordações.

SUMÁRIO

PREFÁCIO	10
INTRODUÇÃO	14
OS VÁRIOS CANDIDATOS A KARDEC REENCARNADO	26
POR ONDE ANDARÁ O ESPÍRITO KARDEC?	33
A MISSÃO DE CHICO TERIA SIDO COMPLEMENTAR À DE KARDEC?	83
HÁ ALGUMA RELAÇÃO ENTRE O GUIA DE KARDEC E O DE CHICO?	101
CHICO NÃO DISSE SER KARDEC PORQUE NÃO SE LEMBRAVA?	124
O PSIQUISMO DE CHICO ERA MASCULINO OU FEMININO?	137
NEGA-SE A CHICO QUE DISSE NADA SABER SOBRE A REENCARNAÇÃO DE KARDEC	216
AMIGOS E ESTUDIOSOS TAMBÉM OPINAM	296
CONSIDERAÇÕES FINAIS	311
REFERÊNCIAS BIBLIOGRÁFICAS	323

PREFÁCIO

AMIGO Paulo:

De início devo agradecer a honra que me concede de prefaciar obra tão bem estruturada, por isso mesmo, instrutiva.

Seu livro, na minha opinião, será um marco na literatura espírita. Principalmente porque vem para iluminar a obscura e polêmica questão sobre as identidades de dois Espíritos que eu trago com muito carinho em meu coração: Kardec e o Chico.

Quando iniciei a ler as primeiras palavras, algo em minha alma se agitou e foi com grande alegria e lucro espiritual que deixei meus outros quefazeres, para mergulhar em tão instrutiva, sólida e esclarecedora leitura. De fato, li com cuidado redobrado em cinco dias das minhas horas disponíveis, tarefa que, via de regra, demandaria no mínimo um mês.

Se algum dia puder conte-me, a título de novo aprendizado para mim, quanto tempo você demandou nessa bela construção. Quais foram suas ideias iniciais, a progressão delas à medida que a obra prosperava, sensações de acompanhamento espiritual…

Com a pequena experiência que Jesus permitiu-me em livros, estimo que foram multiplicados anos…

Mas valeu a pena, esteja certo.

Do mais alto, para mim com toda certeza, Instrutores Invisíveis terão acompanhado-o pari passu, do que resultou que se sua obra foi escrita a duas mãos físicas, houve outras incontáveis, de anônimo arrimo espiritual, quão elevado, quanto constante.

Seu livro radiografa, ou melhor, "tomografa" de forma cristalina e com toda a plenitude o porquê de Kardec não ser o Chico!

Você teve a eficiência dos sensatos, a energia dos experientes, descerrando novas janelas para os contraditórios que se concretaram no enganoso discurso da "certeza absoluta", certamente proferido por incautos do bom senso, fixados em achismos. Via de regra, tolos.

Muitos dos que se arvoram como donos da verdade, e proferem saber quem foi quem, alardeando cultura, afirmações e informações privilegiadas, esquecem-se de que a especialidade da fama é construir pedestais para a vaidade, na areia movediça...

Ao elaborar este prefácio contemplei deixá-lo econômico, a benefício dos leitores, de forma que o livro do amigo Paulo, pleno de lógica, bom senso e razão traga para eles aquilo que me proporcionou: maiores e mais completos conhecimentos da vida tão profícua de dois missionários, verdadeiros gigantes da dedicação à causa da Doutrina dos Espíritos: Kardec e Chico Xavier.

Com efeito, Kardec, assessorado por Inteligências Siderais, foi o mestre de obras do Edifício "Espiritismo", que o Espírito Verdade e sua égide de Iluminados o encarregaram de edificar, a partir do sublime alicerce e muito da obra acima.

Sou dos que pensam que Chico Xavier, em complemento e da mesma forma, captando e interpretando lições superiores trazidas por outros Espíritos elevados, foi o continuador de sequenciar essa iluminada obra, que aliás, tem projeção infinita de cada vez mais se elevar, banhando a humanidade terrena com ensinamentos emanados da Suprema Inteligência e Causa Primeira de Todas as Coisas: DEUS – o Criador.

Por delegação divina, o Mestre Jesus foi e é o arquiteto desse alcandorado edifício, a partir da "fase Kardec", dando continuidade na "fase Chico Xavier", cada um no tempo certo do aporte no planeta de tão magistral e dadivosa construção.

De justiça e inescapável será elevar o pensamento a Deus, em gratidão pelas bênçãos da Terceira Revelação, obra que contou com "Os Espíritos do Senhor, que são as virtudes dos Céus, qual imenso exército que se movimenta ao receber as ordens do seu comando, espalham-se por toda a superfície da Terra e, semelhantes a estrelas cadentes, vêm iluminar os caminhos e abrir os olhos aos cegos" (abertura do prefácio de *"O Evangelho Segundo o Espiritismo"*).

Seguramente, Kardec e Chico perfilam-se nesse "imenso exército".

Talvez seja pouco afirmar que Kardec e Chico, no cumprimento de tão alta missão agiram com fidelidade à causa do bem.

Tenho para mim que cada um, a seu tempo, agiu com Amor, do que faz prova o sublime teor do trabalho de ambos, que não possibilita a quem quer seja estabelecer a mesma autoria, conquanto da soma dos dois resulta bem incomparável à Humanidade.

Praza aos Céus que aqueles que creem Kardec ser o Chico tenham a humildade de ler seu livro. Em fatos quetais, não padece dúvida de que muitos mudarão de ideia, ante novas luzes acesas pelas reflexões e provas que você, denodadamente, coletou.

Nenhum ser humano é perfeito! E por isso, é sem o menor respingo de duelo, senão sim de fraternidade, que espero seja este livro um novo farol iluminando a todos nós. Deus conhece a intenção dos Seus filhos e dotou-nos de inteligência, ferramenta abençoada que clareará os pensamentos equivocados.

Caro amigo Paulo: Jesus é o nosso Divino Amigo e Mestre Excelso, pelo que há de definir os rumos do seu livro. Ore e confie!

Forte abraço e minha gratidão por esse feliz lance na minha vida, o de ler em primeira mão livro tão profícuo.

EURÍPEDES KÜHL

INTRODUÇÃO

>Nada constitui prova para aqueles que se acham tão cheios de preconceitos que não têm mais lugar para o raciocínio.
>
>**ARTHUR CONAN DOYLE**

A NATUREZA humana ainda engendra alguns equívocos característicos dos habitantes de um planeta de expiações e provas, ainda que em momento de transição. Um destes equívocos é a precipitação em avaliar uma situação. No caso em pauta o foco é a discussão sobre Chico Xavier ser a reencarnação de Allan Kardec (1804-1869).

"O que é evidente, para nós, pode não ser para vós outros; cada qual julga as coisas debaixo de certo ponto de vista, e do fato mais positivo nem todos tiram as mesmas consequências." Com essa fala de Kardec buscamos dizer que muitos aceitarão ou não nosso posicionamento, no entanto, buscamos nos embasar nas melhores e mais confiáveis fontes, sem querer ser o "dono da verdade".

Após o desencarne de Francisco Cândido Xavier (1910-2002), surgiu um maior número de textos, artigos e livros defendendo a hipótese de Chico ser Kardec. O escritor Carlos

Alberto Braga Costa (1966-) nos informa que: "Conforme certificou Arnaldo Rocha, o próprio Chico já sabia que, após seu desenlace muita especulação surgiria sobre suas diversas encarnações no planeta Terra." Profecia que se vê cumprir.

Arnaldo Rocha foi autorizado pelo Chico para que, após o seu desencarne, revelasse o que sabia sobre a sua vida:

> Naldinho, quando vier a minha desencarnação, muitos pontos controversos serão levantados e discutidos. Rogarei a Deus para que, em Sua Infinita Misericórdia, permita-me, então, escrever minha própria história, marcada pela luta íntima para vencer a mim mesmo.
> **Se você, meu generoso amigo, quiser contá-la, não hesite, faça-o.** Mas, peço-lhe, conte, com amor, a nossa Doutrina Espírita. (grifo nosso)[2]

Com razão, o confrade Wilson Garcia (1949-), escritor e jornalista, diz-nos: "A questão Chico-Kardec tem sido colocada muito no plano emocional, o que explica de certa forma as posições apaixonadas e pouco propícias à discussão."[3] E arremata, um pouco mais à frente:

> Se a maioria dos espíritas e dos admiradores da doutrina codificada por Kardec preferirem o caminho contrário, dando mais valor à emoção em detrimento do equilíbrio entre o sentimento e razão, aí então, não somente Chico será Kardec, mas, qualquer um poderá ser qualquer coisa, porque estaremos

---

2 ······ GARCIA. *Chico, Você é Kardec?*, p. 14.

3 ······ GARCIA. op. cit., p. 17.

vivendo o tempo das ilusões que o Espiritismo não terá conseguido suplantar.[4]

Trazemos a opinião de Dona Nena Galves (?), constante da obra *Chico Xavier, Luz em Nossas Vidas*, por resumir muito bem o que, infelizmente, na atualidade, anda acontecendo no Movimento Espírita:

> Hoje **vemos uma confusão tão grande dentro do movimento espírita!** Observamos que, apesar da força que os semeadores fazem para que o trigo possa continuara puro nesse terreno, **a semente do joio, que é lançada até em nome de Chico**, realmente se mesclou e se misturou novamente.
> **Precisamos ter cuidado, fazer uma análise, fazer um estudo para não aceitar como verdade tudo o que venha, tudo o que chegue em nome do Chico.** São semeadores que muitas vezes não o fazem por mal, mas de tão apaixonados, deslumbrados, lançam sementes sem cuidado.
> **Não se esperava que Chico tivesse tantos confessores!... Todo mundo é tão amigo de Chico para suas confidências!... Alguns verdadeiros absurdos, coisas que se dizem em nome de Chico que não têm propósito.** Qualquer pessoa lúcida vai dizer: Mas esse é Chico?!... O Chico que todo mundo respeitava quando falava – as autoridades, os políticos, os religiosos? Esse é o Chico, médium tão equilibrado que apareceu no Pinga-fogo, que respondia com aquela lucidez?
> Estamos atravessando um momento difícil. O campo está semeado e não é diferente de quando Jesus partiu. **As pessoas trazem ensinamentos que muitas vezes não são verdadeiros**. O terreno está plantado. E quem conhece a semente do trigo e do joio? Quem não as conhecer, não poderá amarrar os feixes

---

4 .... GARCIA. op. cit. p. 17.

e lançá-los ao fogo. O campo ficará minado e o joio vai brotar outra vez...

Nós temos que reconhecer o joio. Ele já está crescendo e é o momento de retirá-lo. Chico desencarnou há dez anos. **E agora é hora de tirar o que foi semeado e que não era nem de Chico, nem de Espiritismo.** Mas para isso é preciso conhecer bem os grãos. Senão, como vamos retirá-los? Quem não conhece a doutrina, quem não conheceu Chico Xavier por meio de suas obras, seu equilíbrio, seu caráter, sua conduta, médium respeitável e confiável, não vai saber separar o joio do trigo.

Alguns conheceram Chico, mas muitos não o conheceram. **Não se pode simplesmente confiar no que se diga sobre o que Chico disse ou não disse, e tomar a palavra do outro como verdade, só porque o tenha conhecido. Deve-se analisar se o que se fala sobre Chico Xavier tem fundamento, seja dito por seus amigos ou não.** Analisar tudo o que vem, o que é verdade e o que pode não ser verdade, porque aqueles que não forem espíritas e estiverem chegando agora, ou no futuro, poderão mesmo acreditar em absurdos, só porque alguém disse que Chico disse!

Ora, será que disse?, perguntemos. E como se analisa uma mensagem, como se analisa um livro? Há até estudos de pós-graduação para se aprender a analisar corretamente um texto. Não é apenas ler, mas analisar o sentido da palavra, por exemplo, frase por frase. É ir além, saber o que diz realmente o texto e o que pode ser verdadeiro ou inverdade. Não podemos aceitar tudo como sendo verdade.

Há uma febre de "o Chico me disse", "o Chico me fez essa confidência", "eu sou mais amigo de Chico", "eu passei noites ouvindo Chico", "eu sei mais que o outro"... Chega a parecer paranoia. Por que tanta questão de ser tão amigo de Chico?

> Amigo de Chico é aquele que trabalha, que continua a honrá-lo com obras. (grifo em itálico do original, em negrito nosso)[5]

Essa fala é de quem conviveu com Chico por 43 anos! É fato notório que ela o conhecia na intimidade. Neste trecho dona Nena, além de objetivamente falar de supostas mensagens/comunicações do Chico, nas entrelinhas também se refere aos que afirmam ser Chico a reencarnação de Kardec, coisa jamais mencionada em suas duas obras, as quais usamos como fonte de nossa pesquisa. No interior de Minas, diriam: "Querem ensinar o padre rezar a missa."

Oportuno também citarmos o que disse o médico psiquiatra e escritor Elias Barbosa (1934-2011), que foi amigo de Chico por mais de cinquenta anos[6]:

> Não somos daqueles que encontram nos médiuns pessoas diferentes da Humanidade, portadores de milagres e carismas e conquanto, estimemos em Chico Xavier um excelente amigo, sabemo-lo alma humana, com as qualidades felizes ou menos felizes que nos caracterizam a todos, os filhos da Terra. **Mas justamente por aceitá-lo assim qual se mostra na simplicidade e sinceridade de suas próprias declarações**, é que voltamos ao nosso inquérito. Por que outras criaturas, com as mesmas características de Humanidade, entre as lutas e vicissitudes inerentes à nossa vida planetária não fazem o mesmo, recolhendo-se à mediunidade para servir e auxiliar os irmãos do caminho?
>
> **E se Chico Xavier fosse alguém com virtudes particulares e excepcionais – conquanto lhe respeitemos as qualidades de**

---

5 ······· GALVES. *Chico Xavier, Luz em Nossas Vidas*, p. 51-53.

6 ······· http://jmonline.com.br/novo/?noticias,2,CIDADE,43401

amigo, para quem se volta a nossa estima sincera –, que vantagem haveria e, servir de instrumento dos Espíritos Benfeitores, em meio de nós outros, homens igualmente carregados pelos empeços morais, que nos assinalam as experiências terrestres?** Por que todos os médiuns que se iniciam no trabalho espiritual não persistem através do tempo, reconhecido o fato de que muitos esmorecem no ardor doutrinário, quando as responsabilidades da obra começam a lhes pesar mais intensivamente nos ombros? Se **o próprio Xavier não se afirma obreiro de virtudes especiais**, por que se mantém leal à Espiritualidade, há quarenta anos sucessivos, de vez que também **não se sente credor de auxílios especiais? [...]** (grifo nosso)[7]

Os verdadeiros amigos de Chico, aqueles do seu convívio, não o endeusam, pois, obtiveram informações sobre sua condição espiritual, como criatura ainda endividada (que dirá nós!). Ao que parece ele nunca negou isso. Veja essa confissão: "[...] **sei que sou um Espírito imperfeito e muito endividado**, com necessidade constante de aprender, trabalhar, dominar-me e burilar-me perante as leis de Deus." (grifo nosso)[8]

Infelizmente, o desconhecimento e a precipitação levaram a contradições, até mesmo, entre federações espíritas, órgãos representativos do Movimento Espírita.[9]

---

7 ······· BARBOSA. *No Mundo de Chico Xavier*, p. 10.

8 ······· BARBOSA. op. cit., p. 32.

9 ······· No site CACP Ministério Apologético temos um bom exemplo: http://www.cacp.org.br/chico-xavier-e-a-reencarnacao-de-allan-kardec/, cuja resposta encontra-se no site Apologia Espírita através do link: http://www.apologiaespirita.org/apologia/artigos/025_Chico%20Xavier%20ou%20Alziro%20Zarur%20s%C3%A3o%20a%20reencarna%-C3%A7%C3%A3o%20de%20Allan%20Kardec.pdf

Na *Revista Espírita 1863*, encontramos, em um artigo de Kardec, esses dois trechos importantes:

> Entre as imperícias, é preciso colocar, em primeira linha, as publicações intempestivas ou excêntricas, porque são os fatos que mais repercutem. **Nenhum Espírita ignora que os Espíritos estão longe de terem a soberana ciência; muitos dentre eles sabem disso menos do que certos homens, e, como certos homens também, não têm menos a pretensão de tudo saber. Sobre todas as coisas, têm sua opinião pessoal, que pode ser justa ou falsa; ora, como os homens ainda, são geralmente aqueles que têm as ideias mais falsas que são os mais obstinados. Esses falsos sábios falam de tudo, excitam os sistemas, criam utopias, ditam as coisas mais excêntricas, e ficam felizes de encontrar intérpretes complacentes e crédulos que aceitam suas elucubrações de olhos fechados. Essas espécies de publicações têm gravíssimos inconvenientes, porque o médium engana-se a si mesmo, frequentemente seduzido por um nome apócrifo, as dá como coisas sérias das quais a crítica se apodera com pressa para denegrir o Espiritismo, ao passo que, com menos presunção, bastar-lhe-ia aconselhar-se com seus colegas para ser esclarecido.** É muito raro que, nesse caso, o médium não ceda à injunção de um Espírito que quer, aí ainda como certos homens, a toda força ser impresso; com mais experiência, saberia que os Espíritos verdadeiramente superiores aconselham, mas não se impõem nem gabam jamais, e que toda prescrição imperiosa é um sinal suspeito. (grifo nosso)[10]

O que caracteriza principalmente **esses pretensos adeptos é sua tendência em fazer o Espiritismo sair de seus caminhos de**

---

[10] KARDEC. *Revista Espírita 1863*, p. 75.

prudência e de moderação pelo seu ardente desejo do triunfo da verdade; **a impelir as publicações excêntricas, a se extasiar de admiração diante das comunicações apócrifas mais ridículas**, e que eles têm o cuidado de difundir; a provocar, nas reuniões, assuntos comprometedores sobre a política e a religião, sempre para o triunfo da verdade que não precisam ter sob o alqueire; seus elogios sobre os homens e as coisas são golpes de turíbulo a quebrar cinquenta faces: **são os Fanfarrões do Espiritismo. Outros são mais adocicados e mais insinuantes**; sob seu olhar oblíquo e com palavras melosas, **sopram a discórdia, pregando a desunião; lançam jeitosamente sobre o tapete questões irritantes ou ferinas, assunto de natureza a provocar dissidências**; excitam um ciúme de preponderância entre os diferentes grupos, e ficam encantados em vê-los se lançarem pedra, e, em favor de algumas divergências de opinião sobre certas questões de forma e de fundo, o mais frequentemente provocadas, levantar bandeira contra bandeira. (grifo nosso)[11]

Devemos refletir muito sobre essas considerações de Kardec para evitar agir com irresponsabilidade causando prejuízos à Doutrina, ainda que sem tal intenção.

Em relação aos que, sem exame crítico, acreditam em tudo o que ouvem dos Espíritos dizem, alerta-nos o Codificador:

> **As comunicações dos Espíritos são opiniões pessoais que não devem ser aceitas cegamente.** O homem não deve, em nenhuma circunstância, fazer abnegação de seu julgamento e de seu livre-arbítrio. **Seria dar prova de ignorância e de leviandade aceitar como verdades absolutas tudo o que vem dos Espíritos**; eles

---

11 ······· KARDEC. op. cit., p. 77.

dizem o que sabem; cabe a nós submeter seus ensinos ao controle da lógica e da razão. (grifo nosso)[12]

Caso não observemos isso, inclusive, aplicando também aos Espíritos encarnados, ficaremos sujeitos a mistificações, seguindo a falsas revelações.

De nossa parte empreenderemos todos os nossos esforços para, fielmente, seguir, essa orientação de Kardec:

> Na dúvida, abstém-te, diz um de vossos antigos provérbios; não admitais, pois, senão o que vos é de uma evidência certa. Desde que uma opinião nova surge, por pouco que ela vos pareça duvidosa, passai-a pelo crivo da razão e da lógica; o que a razão e o bom senso reprovam, rejeitai-o ousadamente; **mais vale repelir dez verdades, do que admitir uma única mentira, uma única teoria falsa**. Com efeito, sobre essa teoria, poderíeis edificar todo um sistema que desabaria ao primeiro sopro da verdade, como um monumento edificado sobre uma areia movediça; ao passo que, se rejeitais hoje certas verdades, porque elas não vos são demonstradas lógica e claramente, logo um fato brutal, ou uma demonstração irrefutável, virá vos afirmar a sua autenticidade. (grifo nosso)[13]

Sobre essa polêmica, temos condições de saber a quanto anda a opinião dos espíritas, pois em agosto de 2015, o confrade Ivan René Franzolim (1952-), divulgou, em seu Blog, uma pesquisa realizada entre os espíritas, da qual, com sua autorização, transcrevemos o seguinte item:

---

12 ······· KARDEC. *Revista Espírita 1869*, p. 104.

13 ······· KARDEC. *Revista Espírita 1861*, p. 242

Chico Xavier teria sido a reencarnação de Kardec?

A maioria optou pela resposta negativa: 43,4%, contra 19,9% que concordaram. Entretanto, o número de indecisos que optaram por "Não sei" é elevado: 36,8%. As mulheres acreditam mais com 21,7% versus 17,8% dos homens. **Com o filtro da escolaridade podemos perceber que essa crença diminui à medida que aumenta a escolaridade** passando de 28,9% entre os Ensinos Fundamental e Médio, contra 17,6% do Ensino Superior e acima. (grifo nosso)[14]

Está aí um instantâneo de como o tema é visto pelos espíritas.

Como o retrato apresenta quase 20% dos espíritas concordando que Chico seria Kardec, acreditamos que é bem temerário aceitar, sem a mínima reserva, tudo quanto vem de médiuns que estejam confirmando isso, já que esse percentual prova temos uma significativa contaminação no Movimento Espírita Brasileiro quanto ao tema o que pode muito bem levar os próprios medianeiros a exteriorizarem seus pensamentos como se fossem promanados de Espíritos, dos quais se dizem intérpretes: "É melhor repelir dez verdades do que admitir uma única falsidade, uma só teoria errônea"[15], é a orientação segura de Erasto para não nos afastarmos da trilha.

Léon Denis (1846-1927), que, após o desencarne do Codificador, se destaca como um dos divulgadores do Espiritismo, em seu livro *O Gênio Céltico e o Mundo Invisível*, demonstra que toda essa celeuma não é novidade, pois, à sua

---

14 ······· http://franzolim.blogspot.com.br/2015/08/resultados-da-pesquisa-para-espiritas.html

15 ······· KARDEC. *O Livro dos Médiuns*, 2013, p. 245

época, o supunham encarnado desde 1897[16], razão pela qual objetavam sobre veracidade das mensagens atribuídas ao Espírito Allan Kardec, cujo teor veremos mais à frente.

Tendo-se Chico como Kardec, essas manifestações do Espírito Kardec a Léon Denis e outras que ainda falaremos, nos coloca frente a frente com a manifestação de Espírito de pessoa viva. Isso é possível, conforme se vê nas obras da Codificação, entretanto, há uma condição para que ocorra, que os defensores da hipótese "Chico é Kardec", inadvertidamente, não estão levando em conta: é preciso que a pessoa esteja dormindo ou num estado de êxtase, pois estando a pessoa em estando em estado de vigília, a sua manifestação não se dará. Entretanto como esse tema merece um desenvolvimento maior, deixaremos para falar dele um pouco mais à frente.

Entendemos que duas alternativas restam aos favoráveis à hipótese; a primeira, seria a de comprovar que, a partir do nascimento de Chico, as manifestações do Espírito Kardec não ocorreram ou, no mínimo, que elas são mistificações, e a segunda, seria apresentar provas inquestionáveis de que todas as vezes que elas ocorreram Chico estava nas condições necessárias para tal fato se dar – dormindo ou em êxtase –, o que seria impossível provar.

Temos visto algumas pessoas apresentarem lista de supostos Espíritos revelando que Chico é Kardec, tentando, com isso, demonstrar que é uma revelação que passou pelo *Controle Universal do Ensino dos Espíritos*[17]; porém, fora a questão de

---

16 ······· DENIS. *O Gênio Céltico e o Mundo Invisível*, p. 278-279.

17 ······· Doravante designado pelas iniciais, ou seja, CUEE.

que Universal significa em vários países espalhados pelo Globo, ainda pecam pela origem, já que o ponto inicial para se estabelecer o CUEE é que a revelação tenha lógica, o que não acontece com a hipótese advogada. Sobre isso Kardec orienta-nos de forma bem clara:

> O primeiro controle, sem contradita, é o da razão, ao qual é preciso submeter, sem exceção, tudo o que vem dos Espíritos; **toda teoria em contradição manifesta com o bom senso, com uma lógica rigorosa, e com os dados positivos que se possui, por respeitável que seja o nome assinado, de ver ser rejeitada**. [...] (grifo nosso)[18]

O interessante é que "esses Espíritos reveladores" não se manifestam por médium que é contrário a essa ideia. Por que será?

E aqui é oportuno lembrarmos desse pensamento de Gandhi: "O erro não se torna verdade por se difundir e multiplicar facilmente. Do mesmo modo a verdade não se torna erro pelo fato de ninguém a ver."[19]

Fora isso, a realidade é que estamos diante da inusitada situação de que se tem vários candidatos a Kardec reencarnado, conforme veremos a seguir.

---

18 ······· KARDEC. *Revista Espírita 1864*, p. 101.

19 ······· RODHEN. *Mahatma Gandhi: o Apóstolo da Não-Violência*, p. 155.

OS VÁRIOS CANDIDATOS A KARDEC REENCARNADO

EM nossa pesquisa, encontramos sete candidatos que, em terras dos tupiniquins, se dizem, ou lhes indicam, como sendo Kardec reencarnado.

Ora, isso por si só já demonstra que a ninguém é dado a pretensão de estar com a verdade, pois se estivesse, por óbvio, o personagem seria apenas um deles.

Vejamos, então, quem são estes candidatos, sem com isso fecharmos a possibilidade de que possam existir outros, dos quais ainda não obtivemos informação.

1) Severino de Freitas Prestes Filho (1890-1979), Coronel do Exército Brasileiro, engenheiro militar. Transcrevemos trecho da fala de seu filho o professor Erasto de Carvalho Prestes (1926-2009), em resposta a uma internauta:

> **Desde 1979, quando lancei meu primeiro livro intitulado "EU CONHECI ALLAN KARDEC REENCARNADO", sem declarar, abertamente, que foi meu pai, venho repetindo isto, de maneira explícita, desde 1989, quando um jornal espírita de Santos lançou ao público esta minha afirmação**. E é hoje, com mais convicção ainda que, volto a dizer: "- Eu conheci Allan Kardec reencarnado". E desafio todos os verdadeiros espíritas que são os "kardecistas", leais e honestos discípulos do grande Missionário lionês para que, pela evocação, preconizada por ele no cap. XXV de "*O Livro dos Médiuns*" me provem, cientificamente, que estou redondamente enganado. Mas, por favor,

não me venham com "achismos". Façam somente o que deve fazer um cientista espírita, já que o Espiritismo é uma Ciência: "EVOQUEM O ESPÍRITO DE ALLAN KARDEC". (grifo nosso)[20]

Esse depoimento pessoal confirma a informação contida na obra *Chico, Você é Kardec?*, na qual o autor Wilson Garcia dá a notícia de que "Erasto de Carvalho Prestes, que entendeu ser seu pai a reencarnação de Kardec."[21]

2) Alziro Abrahão Elias David Zarur (1914-1979), mais conhecido como Alziro Zarur, foi um jornalista, radialista, poeta e escritor, fundador e primeiro presidente da Legião da Boa Vontade, mais conhecida pela sua sigla: LBV.[22]

"Allan Kardec recebeu de Seus Amigos Espirituais em meados do século passado, a notícia de que regressaria à Terra para completar a sua missão, porque o Espiritismo não dera a última palavra". "... Ora, tudo isso está matematicamente cumprido no Brasil, Coração do Mundo, Pátria do Evangelho e do Apocalipse, graças à ação heroica, pertinaz de Alziro Zarur: Kardec veio. Cumpriu, na íntegra, a segunda metade de sua admirável tarefa missionária". "... os irmãos espíritas, diante da marcha inexorável da Verdade, reconhecerão que **Alziro Zarur foi Kardec que voltou**. E completou a missão do Espiritismo, com a RELIGIÃO DE DEUS...". (A Saga de Alziro Zarur-III, JESUS, Zarur, Kardec, Roustaing Na Quarta Revelação, 5ª edição, p. 11-13) (grifo nosso)[23]

---

20 ······ http://www.ofrancopaladino.pro.br/mat652.htm

21 ······ GARCIA. *Chico, Você é Kardec?*, p. 113-114.

22 ······ https://pt.wikipedia.org/wiki/Alziro_Zarur

23 ······ http://www.cacp.org.br/quem-e-a-reencarnacao-de-kardec-
-chico-xavier-ou-alziro-zarur/

3) Ennio Schiess (1934-), atua na cidade de Rio Claro, SP.

No seu livro intitulado *Obras Atuais – "A Vinda de Jesus"*, logo no início ele diz:

> Como outrora, houveram (sic) as Obras Póstumas, serão agora atuais, pois sou mesmo reencarnado, ALLAN KARDEC, que Deus nosso Pai me concedeu a graça do retorno, para agora, em missão, pôr em prática tudo aquilo que foi escrito, na Codificação.[24]
>
> Para maior esclarecimento o espírito protetor que incorpora ou simplesmente irradia os seus fluidos identifica--se como **O ESPÍRITO DE VERDADE, que é o ESPÍRITO DE JESUS acompanhado de sua plêiade.** (maiúsculas do original, negrito nosso)[25]

Deve-se entender, por essa última transcrição, que o autor diz receber o Espírito Jesus Cristo. Várias mensagens constam a assinatura "Jesus Cristo – o protetor". Isso fica claro num trecho de uma carta que enviou à RedeTV:

> Assim como o Francisco Cândido Xavier recebe o espírito Emmanuel e do Dr. André Luiz, coube-me a felicidade (em virtude da minha encarnação passada) receber ou até mesmo irradiar, psicografar o espírito que se identifica como o Espírito da Verdade que é o Espírito de Jesus.[26]

4) João Lopes Hidalgo, da cidade de Birigui, SP:

Na cidade de Birigui, Estado de São Paulo, um senhor de nome João Lopes Hidalgo, lavrador, fora tido como a reencarnação de

---

24 ...... SCHEISS. *Obras Atuais - "A Vinda de Jesus"*, p. 1.

25 ...... SCHEISS. op. cit., p. 7.

26 ...... SCHEISS. op. cit., p. 93.

Kardec. Não tendo oportunidade de ir à escola, aprendeu a ler e a escrever tendo por mestre o próprio Cristo. Escreveu um volumoso livro intitulado "Profecia Natural Mediante Humano" em 1933 e, em 1939, criou a Irmandade do Puro Cristianismo. A explicação sobre a personalidade do Sr. Hidalgo relaciona-o ao passado: "A primeira revelação foi feita com Moisés, a segunda com Nosso Senhor Jesus Cristo e a terceira com o Espírito de Elias, que reencarnou com o nome de João Batista e agora veio duas vezes para poder completar o seu trabalho. **Na primeira mensagem da terceira revelação ele veio com o nome de Hipolite Leon Denizard Rivail, sendo o nome espiritual 'Allan Kardec'**, e na segunda mensagem com o nome de João Lopes Hidalgo, sendo o seu nome espiritual 'Humano', o Consolador do mundo". Trata-se de um livro muito confuso, que não pode ser levado a sério. (grifo nosso) [27]

5) Osvaldo Polidoro (1910-2000)

No site "O Divinismo", na Internet, encontramos:

Em 5 de junho de 1910, Allan Kardec reencarnou com o nome de Osvaldo Polidoro, na cidade de São Paulo. O maior trabalhador da Doutrina do Caminho que a Terra pôde conhecer escreveu, nesta encarnação, dentre inúmeras outras obras, 116 livros, restaurando tudo o que já foi ensinado no nosso planeta em termos de Verdades Divinas, tendo aprofundado muitos pontos que atualmente já temos condição de entender melhor.

Por meio do livro Evangelho Eterno e Orações Prodigiosas, prometido em Apocalipse 14,6, instituiu o Divinismo, a Doutrina Integral.

---

27 ······· GARCIA, Chico. *Você é Kardec?*, p. 50-51.

Ao desencarnar, em 25 de dezembro de 2000, Osvaldo Polidoro deixou no mundo, com a restauração concluída, "UM DEUS, UMA VERDADE, UMA DOUTRINA". (grifo nosso)[28]

6) Francisco Cândido Xavier, "o mineiro do século" e também "o maior brasileiro de todos os tempos", nascido em Pedro Leopoldo, MG, mais conhecido como Chico Xavier.

Essa informação circula no meio espírita sob diversas fontes e depoimentos. Citamos, por exemplo, a obra *A Volta de Allan Kardec*, de Weimar Muniz de Oliveira (1936-), juiz aposentado, publicação apoiada pela Federação Espírita do Estado de Goiás.

O estranho é que a União Espírita Mineira publicou a obra *Chico, Diálogos e Recordações...*, de autoria de Carlos Alberto Braga Costa, na qual a reencarnação anterior de Chico Xavier foi como Dolores Del Sarte Hurquesa Hernandes, em Barcelona, Espanha[29]. Se duas Federativas não se entendem, o que se pode esperar dos adeptos do Espiritismo?

7) Jan Val Ellam, é o pseudônimo usado pelo escritor potiguar Rogério de Almeida Freitas (1959-)[30]

Da entrevista do escritor Alfredo Jorge Nahas (1945-) a Alex S. C. Guimarães (1981-), um dos apresentadores do Programa "Visão Espirita", na TV NET, transcrevemos o seguinte trecho:

---

28 ······· http://divinismo.org/

29 ······· COSTA. *Chico, diálogos, recordações...*, 2006, p. 201 e 236.

30 ······· http://pt.wikipedia.org/wiki/Jan_Val_Ellam

ALEX – Há mais de um ano atrás nos encontramos em Jacareí-SP, onde você falou sobre diversas personalidades da história que reencarnaram novamente depois, divulgando até os nomes dos mesmos os co-relacionando. Você poderia dizer alguns deles para nós?

ALFREDO – Este assunto é sempre polêmico, pois há opiniões contraditórias, de difícil comprovação. Mas de todos os que conheço e posso falar com mais certeza, **como opinião pessoal minha, é da reencarnação de Kardec no Brasil, em Natal no Rio Grande do Norte, na pessoa de Jan Val Ellam.** (grifo nosso).[31]

Os candidatos podem ser muito mais, se considerarmos as informações de R. A. Ranieri (1919-1989), na obra *Chico Xavier – O Santo dos Nossos Dias*, publicada em 1976, de que:

> [...] Segundo estamos informados já **existem cerca de uns quinze Allans Kardecs no Brasil**. Três no Rio, quatro em São Paulo, dois em Santa Catarina, etc., etc.
>
> Caso de pasmar. Dizem que **os de Santa Catarina andam brigando das tribunas**, um com o outro. **Cada um quer ser mais Kardec que o outro**, na feliz expressão de um amigo.
>
> No entanto, **nós nunca ouvimos o Chico dizer que ele era Allan Kardec** e nem ouvimos dizer que ele afirmasse isso. [...]. (grifo nosso)[32]

É interessante ver como "um dos mais entusiastas admiradores de Chico Xavier"[33], definitivamente, não aceita a hi-

---

31 .... GUIMARÃES, disponível em http://alexscguimaraes.blogspot.com.br/2011/07/63-alex-entrevista-alfredo-nahas.html

32 .... RANIERI. *Chico – o Santo de Nossos Dias*. p. 63.

33 .... GARCIA. *Chico, Você é Kardec?*, p. 109.

pótese dele ser Kardec, enquanto advogam o contrário alguns espíritas, que dizem ser amigos de Chico, apenas por terem tirado foto com ele, nos dias atuais, uma *selfie* sorrindo ao lado dele.

A premissa básica para sustentar cada um desses nomes como o "candidato ideal" está centrada num grande equívoco, qual seja o de suporem Kardec reencarnado pelo simples fato dele não ter, espiritualmente, se manifestado após o ano de 1910, data bem próxima do tempo que ele previu a sua nova reencarnação.

Agravando a situação, ainda pensam, sem nenhum apoio doutrinário, diga-se de passagem, que essa possibilidade do Espírito Kardec se manifestar só ocorreria através de médiuns brasileiros e, o que é de se espantar, somente aqui no Brasil.

Em razão disso surgiu-nos a ideia de perguntar: Por onde andará o Espírito Kardec? É o que veremos no tópico seguinte.

POR ONDE ANDARÁ O ESPÍRITO KARDEC?

PERGUNTA intrigante que, claro, não se tem como dar uma resposta precisa. Em nosso caso, o que podemos dizer é que, até um certo período de tempo, provavelmente, ainda estava no mundo espiritual, porquanto, se tem notícias de várias comunicações dele, conforme veremos no desenrolar desse tópico.

Oportuno colocarmos as considerações que o confrade Wilson Garcia faz em *Uma Janela para Kardec*, sobre a volta do Codificador. Leiamos:

A VOLTA DE KARDEC

Com o título de "Primeira notícia de uma nova encarnação", Kardec aborda o assunto de seu retorno à vida na terra em um escrito publicado apenas após seu desencarne, no livro "Obras Póstumas". Datada de 17 de janeiro de 1857 (note bem, antes da publicação de "O Livro dos Espíritos"), trata-se na verdade de uma carta, assinada por um Espírito conhecido por Z., recebida pela Srta. Baudin em sua residência.

Kardec informa que Z. não era um Espírito superior, mas "muito bom e muito benfazejo", que dizia às vezes "duras verdades sob a forma leve do epigrama". O trecho da carta que trata do assunto é este: "Nessa existência não verás mais do que a aurora do êxito de tua obra. Terás que voltar, reencarnado noutro corpo, para completar o que houveres começado e, então, dada te será a satisfação de ver em plena frutificação a semente que houveres espalhado pela terra".

A carta de Z. é, acima de tudo, um documento destinado a fazer com que Kardec tivesse calma na empreitada. Ao que parece, o Codificador, diante da profundidade da doutrina nascente, desejava vê-la rapidamente estabelecida. Tinha pressa. Vivia ultimamente sob a expectativa formidável do aparecimento de uma nova aurora, que mudaria a face da terra. O "Livro dos Espíritos" estava no prelo. Somente em abril seria lançado para o público. Três meses podem não ser nada, mas para alguém que há alguns anos vem trabalhando numa obra sem precedentes, podem parecer uma eternidade.

Esta parece ter sido uma das razões pelas quais o Espírito escreveu a Kardec. Vejamos este trecho: "Eu queria, primeiramente, falar-te da tua obra, a que mandaste imprimir. Não te afadigues tanto, da manhã à noite; passarás melhor e a obra nada perderá por esperar". Z. sentia o amigo Kardec sob a pressão daquele instante. Muito justo. Mas deveria acalmar-se e saber esperar. "És muito capaz de levar a bom termo a tua empresa e tens que fazer grandes coisas. Nada, porém, de exagero em coisa alguma".

Uma segunda vez Kardec ouviria dos Espíritos sobre a sua possível reencarnação. Foi em 10 de junho de 1860, em sua residência, tendo servido de médium a Sra. Schmidt. As circunstâncias são agora diferentes. "O Livro dos Espíritos" havia sido publicado e fazia grande alvoroço, mas o clero romano se preparava para grandes embates contra o Codificador e a obra. Kardec pressentia-o e isso muito o preocupava. Sofria as pressões de uma grande guerra que se avizinhava.

O Espírito que lhe fala, agora, é o de Verdade. Um dos objetivos – senão o principal – é tranquilizá-lo. Diz ele: "Prossegue em teu caminho sem temor; ele está juncado de espinhos, mas eu te afirmo que terás grandes satisfações, antes de voltares para junto de nós 'por um pouco."

Kardec quis saber o que o Espírito queria dizer com "por um pouco". Ouviu a seguinte resposta: "Não permanecerás longo tempo entre nós. Terás que volver à terra para concluir a tua missão, que não podes terminar nesta existência. Se fosse possível, absolutamente não sairias daí; mas, é preciso que se cumpra a lei da Natureza. Ausentar-te-ás por alguns anos e, quando voltares, será em condições que te permitam trabalhar desde cedo. Entretanto, há trabalhos que convém os acabes antes de partires; por isso, dar-te-emos o tempo que for necessário a concluí-los".

Em "O Céu e o Inferno" há uma terceira citação sobre a possível reencarnação de Kardec. O Dr. Demeure, contemporâneo do Codificador, tendo desencarnado, é por este evocado e diz-lhe palavras de estímulo. De passagem, afirma que quanto mais cedo ele (Codificador) desencarnasse mais rapidamente voltaria. Mas adverte-lhe de que um desencarne antes do tempo seria considerado suicídio.

Note o leitor que os textos dão margem a várias interpretações. Primeiramente, não será descabido entender que, para tranquilizar o coração idealista de Kardec, tenham os Espíritos anunciado a ele uma possível reencarnação. Talvez, assim, ele ganhasse mais fôlego para continuar o trabalho e levá-lo até o fim. Isso parece implícito em ambas as mensagens. Nas duas ocasiões, o Codificador vivia momentos de extrema apreensão. Em outras tantas, vivê-lo-ia também e da mesma forma seria orientado pelos Espíritos a ter duas coisas básicas: tranquilidade e coragem.

Os intérpretes literais do texto, entretanto, anotam que os Espíritos falavam de reencarnação. Reforçam, dizendo ter Kardec também assim concluído, chegando mesmo a prever a época de seu retorno, que se daria "no fim deste século ou no princípio do outro". Esta tese, porém, vem em reforço da primeira. **Para tranquilizar Kardec era preciso que ele raciocinasse em termos de reencarnação. Assim, teria a necessária tranquilidade para prosseguir, sem a pressa prejudicial**

e sem esmorecer. "Se não concluir tudo agora, não importa, poderei fazê-lo depois" – pensaria.

O retorno de Kardec, por outro lado, não teria de ser obrigatoriamente no corpo de carne. Como Espírito, ele continuaria ligado à obra e ao seu destino, influenciando os que o sucedessem. E certo que nesta condição seu poder seria sensivelmente diminuído, mas esta é uma circunstância natural. (grifo nosso)[34]

Esse pensamento de "o retorno não ser em corpo de carne" é compartilhado por outros autores, conforme ainda se verá mais adiante, e, podemos dizer, também será confirmado por mensagens do Espírito Kardec, caso se as tenha como verdadeiras.

As primeiras manifestações mediúnicas registradas do Espírito Kardec ocorreram em abril de 1869, conforme publicação na *Revista Espírita*, mês de maio de 1869, em que se afirma que foram reunidas numa só e mesma publicação.

Em 30 de abril, desse ano, há uma mensagem isolada que nos pareceu interessante a transcrição do seu primeiro parágrafo:

> Venho esta noite, meus amigos, vos falar alguns instantes. Na última sessão eu não respondi, **estava ocupado em outra parte. Nossos trabalhos como Espírito são muito mais extensos do que o podeis supor**, e os instrumentos de nossos pensamentos não estão sempre disponíveis. **Tenho ainda alguns conselhos a vos dar sobre a marcha que deveis seguir frente ao público,** com objetivo de fazer progredir a **obra à qual**

---

34 ······· GARCIA. *Uma Janela para Kardec*, p. 48-50.

devotei minha vida corpórea, cujo aperfeiçoamento prossigo na erraticidade. (grifo nosso)[35]

Quem pensa que após a morte Kardec ficaria só a escutar anjos tocando harpa se engana, pois ele, bem rapidamente, já tinha seus afazeres, razão pela qual não pôde ir à última sessão na Sociedade de Paris. E detalhe importante é que, na erraticidade, ele continua acompanhando o aperfeiçoamento da Doutrina.

Alguns confrades supõem que pelo fato de um Espírito não ter se manifestado, seja espontaneamente ou atendendo a uma evocação, é porque ele já estaria reencarnado. (Quanta ingenuidade doutrinária!) Então, por ter sido dito "Não podendo Allan Kardec vir pessoalmente...", como na mensagem atribuída a Santo Agostinho, que, um pouco mais à frente, transcreveremos, não significa que ele não pôde comparecer, porque estava reencarnado.

Preste atenção, caro leitor, que o Espírito Kardec disse estar ocupado em outra parte, para se justificar não ter vindo na última sessão; derruba, portanto, o argumento, às vezes utilizado, de que não veio por estar reencarnado. Aliás, com esse argumento temos a prova de que acreditam na impossibilidade de um Espírito encarnado se manifestar, o que é doutrinariamente incorreto, já que pode sim, mas há que se atender a certas particularidades, as quais falaremos mais à frente.

Algo parecido aconteceu com Emmanuel, mentor de Chico, conforme se pode ler em *Chico Xavier, um Mandato de Amor*, a partir dessa fala de Arnaldo Rocha:

---

35 .... KARDEC. *Revista Espírita* 1869, p. 183.

[...] Dirigi-me a Chico, perguntei:

– Quem sabe o "senador" não nos forneça maiores esclarecimentos acerca da obsessão?

Chico registra minha questão e, em instantes breves, falou-me:

– Nosso benfeitor **Emmanuel pede para inteirar-lhe que no momento acha-se ocupado em determinados setores de serviço, que o impedem de atender-nos, como seria de seu desejo**. Mas solicitará a um amigo a cooperação fraterna de sua experiência nesse mister! (grifo nosso)[36]

É... não temos dúvida de que alguns conceitos devem ser revistos por muitos de nós.

Não temos condições de levantar todas as supostas comunicações de Kardec, até mesmo porque ele pode ter se manifestado em qualquer parte do mundo e por qualquer médium. Nesse sentido, seria até infantil se pensar que ele só se manifestaria através de médiuns radicados no Brasil, uma vez que, para isso, não se encontrará nenhum apoio doutrinário.

Na obra *Em Nome de Kardec*, encontramos informações sobre novas manifestações do Codificador. Leiamos o momento em que o autor, Adriano Calsone (1976-), referindo-se à dupla Amélie Gabrielle Boudet (1795-1883), viúva de Kardec, e Gabriel Delanne (1857-1926), diz:

> Com o consentimento de Madame Kardec, a dupla fundaria L'Union Spirite Française (União Espírita Francesa), inaugurada em 24 de dezembro de 1882, **sob supostos pedidos do Espírito Allan Kardec, por meio de mensagens psicografadas**

---

36 ······· UNIÃO ESPÍRITA MINEIRA. *Chico Xavier, Mandato de Amor*, p. 51.

na residência de Amélie, nos idos de 1880. (grifo itálico do original, em negrito nosso)[37]

Na revista *Reformador*, uma publicação da FEB – Federação Espírita Brasileira, de outubro de 1903, existe registro de uma comunicação supostamente assinada por Kardec, cujo teor transcrevemos:

> "– Senhor! Eu não sou digno de tudo o que se passa em volta de mim; no entretanto, se é essa a Vossa vontade, seja uma esmola de Vosso amor para Vossos filhos.
>
> Meus irmãos! Eu apanho, jubiloso, as flores dos vossos sentimentos amorosos e as levo para as colocar aos pés de Jesus, o verdadeiro Mestre. Eu apanho o perfume dessas flores e o levo aos pés da **Virgem**, de cujo seio, em jorros, **desce a luz das mães amorosas**, buscando a alma dos presentes para inspirar, em cada uma, esses sentimentos que elevam.
>
> **Há festas na Terra e no céu**; e essas festas no céu e na Terra deviam ser somente consagradas a Jesus, **porque se não fora o seu sacrifício, se não houvesse a prova do cálice, o ultraje e as afrontas, se não fora o Cordeiro imaculado, Allan Kardec** não teria a fonte sublime do Evangelho para se inspirar, para crer e para reformar o espírito.
>
> Irmãos! Não quero fatigar o instrumento que me serve; já ouvistes bastante para conforto de vossos corações, feridos pela dor. Se me fosse concedido imitar Jesus em uma só palavra, eu vos diria: amai-vos uns aos outros e tereis festejado o meu natalício. **A paz do Senhor** seja convosco, Allan Kardec." (grifo nosso)[38]

---

37 ······· CALSONE. *Em Nome de Kardec*, p. 158.

38 ······· http://www.vinhadeluz.com.br/site/noticia.php?id=2036

Sentimos muito em não acreditar que essa comunicação seja realmente de Kardec, já que contém expressões que, em vida, o Codificador jamais utilizou; nunca se referiu, por exemplo, ao Céu, a sacrifício, a cálice e nem teve Jesus como o Cordeiro Imaculado, tudo que se encaixa numa espécie de igrejismo, o que não se coaduna com os fundamentos do Espiritismo.

Por outro lado, lá pelo meio do texto, se vê que Kardec é tratado como uma terceira pessoa e não como o próprio autor da mensagem, seja ele quem for. Seria pouco prudente advogar a honestidade do médium para referendá-la, já que, conforme entendemos das orientações dos Espíritos Superiores, não há um só médium que não esteja sujeito a sofrer interferências de Espíritos inferiores.

Nessa mesma revista, anos mais tarde, exatamente a 03 de outubro de 1919, publica-se uma mensagem hipoteticamente assinada por Santo Agostinho, cujo teor é visto como se estivesse revelando uma nova reencarnação do Codificador. Vejamo-la, em seu inteiro teor, respeitada a ortografia da época:

Meus filhinhos, Paz.

Presentes se acham á vossa reunião todos aquelles que assistiram Allan Kardec durante o desempenho da grandiosa missão por elle levada a bom termo, quando na terra exilado.

Se pudesseis com os olhos do espírito presenciar o quadro brilhante que sobre vossas cabeças se desenrola, irradiando fluidos de amor e de paz, deslumbrados ficarieis, e eis porque esse prazer vos não é dado, para que offuscadas não sejam a vossas vistas.

Deus em tudo é sabio e previdente.

Dos que aqui se acham invisivelmente presentes, fui eu escolhido para, como seu delegado, algo dizer sobre a commemoração que fazeis.

Essa commemoração é justa, é merecida, comquanto a melhor commemoração fosse aquella que pudesseis fazer quotidianamente, limpando os vossos corações da lepra dos impuros sentimentos, lavando os vossos espíritos da macula que os nodôa, facetando-os para que, limpidos estejam por occasião das bellas alvoradas, cuja cortina o vosso mestre veio rasgar.

Leon Hypolite Denizart Rivail, ao encarnar tomou a resolução de propagar os ensinos do Senhor, e tendo o seu guia lhe perguntado aí se sentia com forças para enfrentar tão arduo emprehendimento, garantiu elle que sim. Se soube cumprir a sua promessa, vós o podeis affirmar, pois a sua obra ahi está, testemunhando o seu esforço em prol da divulgação das supremas verdades.

Assistindo ao trabalho das denominadas mesas girantes, que attrahiam a attenção de innumeros curiosos com o intuito único de distração, – elle, o vosso mestre, verificando que essas mesas, por meio de pancadas conversavam com os presentes, portanto denotavam que uma causa intelligente devia movimental-las, mediou sobre o que viu, estudou, investigou, chegando á conclusão de que entidades invisiveis eram os seus propulsores.

Começou então o seu estudo aprofundado, compilando por intermédio de médiuns diversos e de fontes varias invisiveis esse monumento colossal que hoje altivo se ergue, mostrando á humanidade transviada que algo mais elevado do que as cousas materiaes se desdobra sobre sua cabeça, e que a sua verdadeira felicidade constitue.

Vinha o homem de longos seculos debatendo-se no mar revolto das paixões e desvarios sem cogitar do seu Deus e do destino que o aguardava, qual naufrago em procelloso oceano, lutando contra as ondas enfurecidas, e esperando uma taboa de salvação em que podesse agarrar-se, e vem o emissario enviado pelo Senhor, que lhe lança essa taboa, sendo feliz aquelle que a ella se segurar, porque se libertará da furia do mar de trevas em que está prestes a sucumbir.

Não podendo Allan Kardec vir pessoalmente agradecer a homenagem que lhe prestaes, eu, delegado por aquelles que o assistiram, declaro-vos que gentil e carinhosamente acolhemos os effluvios do preito de vossa gratidão e a seu tempo o transmittiremos ao nosso e vosso irmão, que, **em obediencia a novas instrucções, entre vós de novo se encontra, para dar maior amplitude á doutrina salvadora da humanidade**. Lembrae-vos que vosso mestre não palmilhou um caminho de rosas, mas cheio de urzes e espinhos, pois foi insultado, achincalhado, calumniado, sem que apezar de tudo, o seu intento um só momento esmorecesse, porque sabia que trabalhava na causa santa do Senhor.

Praza aos ceos que vós, seus continuadores, possaes tambem supportar com resignação todos os apodos, todo o ridículo que sobre vós lançarem, ficando satisfeitos com a consciência de bem ter cumprido o vosso dever e dado cabal testemunho de Jesus.

A paz do Senhor, meus filhinhos, fique comvosco, e permitta Elle, que dia a dia, hora a hora, minuto a minuto, a vossa cogitação seja – a vossa reforma moral, para que condignamente possaes receber o mestre e amigo ao iniciar sua próxima tarefa. Deus vos abençôe e vos dê paz.

AGOSTINHO, bispo de Hyppona. (grifo nosso)[39]

Destacamos as expressões "meus filhinhos" e "a paz do Senhor" que nunca foram utilizadas por Santo Agostinho em nenhuma de suas mensagens que constam nas obras da Codificação.

Em nota explicativa, referindo-se a Kardec, a FEB nos informa que "Seu verdadeiro nome é Hippolyte Léon Denizard

---

39 ······· Reformador, Ano XXXVII, num. 20, p. 230-231.

Rivail[40], o que Santo Agostinho, suposto autor da mensagem, como Espírito superior, deveria muito bem saber disso.

Ademais, achamos ser muita pretensão o afirmar que todos os Espíritos que auxiliaram na Codificação estavam presentes; será que eles não tinham algo mais útil a fazer do que participar de reunião comemorativa na FEB? Mas, por um momento, supondo-se isso verdade, então o Espírito João Evangelista estaria presente, esse fato nos remete à conclusão de que Kardec não poderia ter sido a encarnação dele.

Agora ressaltamos o trecho mais interessante: "**em obediencia a novas instrucções, entre vós de novo se encontra, para dar maior amplitude á doutrina salvadora da humanidade**", do aqui dito tomam como informação da nova encarnação de Kardec. Mas será isso mesmo? Qual o plano anterior: Kardec reencarnar para completar sua missão. Ora, se "em obediência a novas instruções, entre vós de novo se encontra", entendemos que só pode significar que Kardec estava de volta em Espírito e não encarnado, pois se fosse encarnado não faria sentido algum dizer "em obediência a novas instruções".

Especificamente sobre a questão de Kardec não ter reencarnado, temos, pelo menos, duas informações para corroborá-la: primeira, o anúncio em 30 de março de 1924, conforme se vê na obra *Diário dos Invisíveis*, autoria de Zilda Gama (1878-1969), uma das médiuns oficiais da FEB[41], de que Kardec encarnaria brevemente, o qual veremos um pouco à frente; e

---

40 ······· KARDEC. *O Que é o Espiritismo*, p. 9.

41 ······· PIRES e ABREU FILHO. *O Verbo e a Carne*, p. 157.

segunda, as várias manifestações do Espírito Kardec até, pelo menos, o ano de 1997, como também em breve se verá.

Antes de avançarmos, é oportuno reportarmos a José Herculano Pires (1914-1979), "o melhor metro que mediu Kardec" na opinião de Emmanuel, o nobre mentor espiritual de Chico, que, na obra *Vampirismo*, publicada em 1980, expressa a sua opinião de que Kardec, por ser Espírito evoluído, não teria mais necessidade de reencarnar na Terra. Vejamos o que disse:

> [...] **Os espíritas de hoje farejam supostas reencarnações do mestre nas veredas escusas da mediunidade aviltada, como se ele, Kardec, fosse também um Espírito errante que não se fixou nos planos elevados e espera uma ordem para descer de novo à reencarnação.**
>
> Analisemos rapidamente a ação de Kardec na Terra para vermos se a sua obra se completou ou não em sua última viagem a este pobre e desfigurado planeta. Ele provou a dupla natureza da Terra, como um mundo hipostásico semelhante ao Plotino. [...] Mostrou que o homem se deixara fascinar pela matéria, a ela se agarrando como náufrago do espírito e entregando-se apenas à Ciência da Matéria. Para corrigir esse desvio de percepção humana, fundou a Ciência do Espírito, que devia desenvolver-se pari passu com a sua parceira. [...] **Kardec voltou, não no corpo material que os materialistas conhecem, mas no corpo espiritual da sua concepção do mundo e do homem. Ninguém o vê ou o encontra reencarnado, mas ele está presente no desenvolvimento da ciência que fundou e plantou no chão do planeta.** [...] **A obra de Kardec, completa e perfeita como uma semente com todas as suas potencialidades invisíveis, foi inteiramente completada pelo seu fundador.** E tanto assim é, que germina na própria aridez da cultura materialista. Kardec responde: "Presente!" toda vez que o chamam no âmbito dessas ciências. [...] toda a obra de Kardec é estruturada numa síntese

didática em que uma palavra ou uma frase lida sem atenção impede a compreensão de problemas fundamentais, principalmente nas cinco obras da Codificação. (grifo nosso)[42]

Considerando que quem mais conhecia o Codificador não concorda que ele tenha reencarnado, e demonstra até mesmo uma certa tristeza com o fato de pessoas insistentemente afirmarem ter Kardec reencarnado na pele do "mineiro do século", os que queiram lhe contestar, por direito que lhes cabe, é óbvio, então que apresentem ao Movimento Espírita bases incontestes para tal empreendimento.

É possível Herculano Pires ter razão? Ao que tudo indica, nos parece que sim, pois conseguimos levantar comunicações do Espírito Kardec desde o ano de 1910 até 1997, ou seja, desde a época do nascimento de Chico até um lustro antes de seu desencarne, confirmando, por conseguinte, o que Herculano Pires suspeitava, ou quiçá, intuía.

O biógrafo André Moreil (-), em *Vida e Obra de Allan Kardec*, a certa altura, afirma:

> **Na segunda-feira da Páscoa de 1910**, no centro 'Esperança' de Lião, por intermédio da Srta. Bernadette em estado de sonambulismo, **Allan Kardec manifestou-se** para agradecer ao que fora até então o seu único biógrafo, o espírita Henri Sausse. (grifo nosso)[43]

O escritor Wilson Garcia, judiciosamente, nos relembra que "a Páscoa de 1910 coincide exatamente com o retorno

---

42 ······ PIRES. *Vampirismo*, p. 93-95.

43 ······ MOREIL. *A Vida e obra de Allan Kardec*, p. 174.

ao corpo físico do Espírito que hoje conhecemos por Chico Xavier. Como se sabe, Chico nasceu em 2 de abril de 1910."[44] Assim, essa manifestação, certamente, já seria a de Espírito reencarnado, ou seja, de uma pessoa viva, na fase de recém-nascido o que inviabilizaria manifestações espirituais face ao processo de adaptação, nos primeiros dias de reencarnação.

Ademais ainda temos a problema do esquecimento do passado, que inicia-se na concepção até tornar-se completo no nascimento, conforme se pode entender do seguinte trecho da resposta à questão 351 de *O Livro dos Espíritos*:

> [...] A partir do instante da concepção, o Espírito começa a ser tomado de perturbação, que o adverte de que chegou o momento de começar nova existência; essa perturbação vai crescendo até o nascimento. Nesse intervalo seu estado é mais ou menos o de um Espírito encarnado durante o sono do corpo. **À medida que a hora do nascimento se aproxima, suas ideias se apagam, assim como a lembrança do passado, de que não tem mais consciência, na condição de homem, logo que entra na vida**. [...] (grifo nosso)[45]

Questiona, com plena razão, Garcia:

> "[...] será crível que um Espírito possa, no período mais crítico de seu retorno à matéria, aquele em que todas as suas faculdades obscurecem, ainda assim se manter plenamente lúcido a ponto de acompanhar o que se passa longe dali e opinar com tanta lucidez?"[46]

---

44 ······· GARCIA. *Chico, Você é Kardec?*, p. 14.

45 ······· KARDEC. *O Livro dos Espíritos*, p. 190.

46 ······· GARCIA. op. cit., p. 141-142.

Desse autor também encontramos:

> **Os registros de comunicações dadas por Kardec já na condição de Espírito fora do corpo físico não ficam apenas no período imediatamente posterior à sua desencarnação**. Avançamos no tempo e uma dessas mensagens merece destaque, apesar de ser **bem conhecida dos estudiosos**. Foi dirigida ao extraordinário filósofo Léon Denis **no ano de 1925** (mais uma vez, anote o leitor a data), **contendo um veemente apelo de Kardec para que comparecesse ao congresso espiritualista daquele ano**, em virtude da importância do evento para o Espiritismo. [...]. (grifo nosso)[47]

Um pouco antes dessa data mencionada, encontramos uma comunicação do Espírito Kardec, recebida na França; portanto, a médium Zilda Gama não foi o instrumento mediúnico pelo fato dela está registrada no "Prelúdio" da sua obra *Diário dos Invisíveis*, cujo início se tem a explicação que consta nessa imagem:

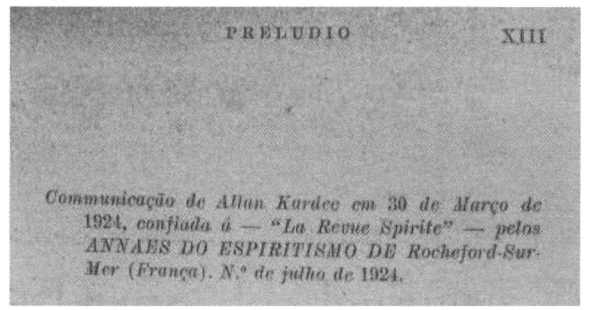

> PRELUDIO   XIII
>
> Communicação de Allan Kardec em 30 de Março de 1924, confiada á — "La Revue Spirite" — pelos ANNAES DO ESPIRITISMO DE Rocheford-Sur-Mer (França). N.º de julho de 1924.

[Comunicação de Allan Kardec em 30 de Março de 1924, confiada à *"La Revue Spirite"* — pelos Anais do Espiritismo de Rocheford-Sur-Mer (França). Nº de julho de 1924.]

---

[47] ······· GARCIA. op. cit., p. 143.

Os quatro últimos parágrafos da mensagem, constantes da página que se segue à dessa imagem, têm o seguinte teor:

> Que Deus abençoe esse trabalho dos Espíritos, que vai crescendo de dia para dia neste planeta, para maior bem da humanidade. **Quanto a mim, a minha missão espiritual está cumprida em parte, e dentro de alguns anos tornarei a reencarnar-me entre vós**, amigos; e muitas pessoas jovens, que aqui se **acham presentes, poderão reconhecer-me então pela minha obra de Espiritismo**.
>
> Essa missão terrestre eu a aceitarei com júbilo por amor de meus irmãos da Terra; e para bem a desempenhar **meu Espírito está se instruindo, está se iluminando nestas maravilhas estupendas e sem limites, onde há tanto que observar**.
>
> Eu **estou aí haurindo poderosas forças espirituais para voltar ao serviço do progresso da humanidade terrestre**, para afirmar a meus irmãos a realidade e a beleza desta vida do Espírito no Espaço.
>
> Sim, **eu voltarei para trabalhar neste planeta** onde lutei e sofri, mas estarei com o espírito mais forte, mais generoso, mais elevado, para aí fazer reinar mais fraternidade, mais justiça, mais paz. (grifo nosso)[48]

Se está dito "eu voltarei para trabalhar neste planeta", conclui-se, por óbvio, que Kardec, ainda não havia reencarnado, portanto, se encontrava no mundo espiritual "haurindo poderosas forças espirituais para voltar ao serviço do progresso da humanidade terrestre".

Pelo que pudemos informar, existe também, nessa obra, uma mensagem recebida pela própria Zilda Gama, sobre a qual testemunha o médium José Raul Teixeira (1949-):

---

48 ······· GAMA. *Diário dos Invisíveis*, p. XIII-XIV.

> [...] Há muitos anos, **Chico Xavier disse-me, pessoalmente, numa conversa que tivemos em Uberaba, que a mensagem mais autêntica de Allan Kardec que ele tinha lido, tinha sido recebida pela médium brasileira D. Zilda Gama**, professora, que se achava num livro chamado "Diário dos Invisíveis". Eu procurei esse livro, que está esgotado, encontrei-o e estava lá a mensagem de Allan Kardec. [...]. (grifo nosso)[49]

Deixamos a você, caro leitor, o direito de tirar suas próprias conclusões desse texto com a opinião de Raul Teixeira, porquanto, não temos a mínima intenção de impor a nossa conclusão e nem a nossa forma de ver as coisas a ninguém.

Quanto à Zilda Gama, cumpre-nos apenas o dever de citar alguns trechos contidos em *Testemunhos de Chico Xavier*, nos quais Chico menciona o nome dela, para que fique registrado que *"Chico Xavier, sempre apreciou o trabalho da médium Zilda Gama e falará sobre ele várias vezes nesta correspondência."*[50], como, por exemplo, esses:

> "Ultimamente, sinto-me algo adoentado, mas espero seja coisa passageira. (...) Aguardo teus informes sobre o novo livro de Zilda Gama. (...) que possamos ter a alegria de vê-la cooperando ativamente nos serviços da Causa."[51]

> "Perdoa-me estas referências tão longas. Senti grande contentamento ao saber que teremos, em breve, novo romance

---

[49] TEIXEIRA, disponível em: http://grupoallankardec.blogspot.com.br/2011/07/chico-xavier-nao-foi-kardec-afirma-j.html

[50] SCHUBERT. *Testemunhos de Chico Xavier*, p. 64.

[51] SCHUBERT. op. cit., p. 64.

das faculdades de nossa distinta irmã Zilda Gama. Aguardo-te as impressões quando fizeres a primeira leitura.[52]

Grato pelas notícias do livro "Almas Crucificadas". Tens visto a D. Zilda Gama? (...) Uma vida só é grande e bela pelas obras realizadas a serviço do bem e tens sabido converter os teus dias em bênçãos de trabalho pelos semelhantes. (...)"[53]

Vejamos, agora, o período de 1925 a 1927, quando o Espírito Kardec esteve envolvido com o trabalho que Léon Denis desenvolvia, assessorando-o, vamos assim dizer. O pesquisador Eduardo Carvalho Monteiro (1950-2005), é quem nos informa sobre isso, em sua obra *Allan Kardec (O Druida Reencarnado)*:

> Na obra **O Gênio Céltico e o Mundo invisível** do mestre Léon Denis, só há pouco tempo disponível ao público brasileiro, **o autor reproduziu uma série de mensagens do Espírito de Allan Kardec que, em verdade, escreveu a parte final de O Gênio Céltico**. Madame Baumard, esta que o acompanhou nos últimos anos de vida como sua secretária, assim descreveu o processo criativo do grande escritor: "Durante os anos de 1926-1927, Denis manteve constantes contatos com o invisível. **O interesse de Allan Kardec para com a obra em elaboração era 'intenso': apresentava-se a cada quinze dias e se encarregou, por ditado mediúnico, da parte final do livro.**" (grifo nosso)[54]

---

52 ······· SCHUBERT. op. cit., p. 105.

53 ······· SCHUBERT. op. cit., p. 218.

54 ······· MONTEIRO. *Allan Kardec (O Druida Reencarnado)*, p. 74.

Encontramos a confirmação disso com o próprio Léon Denis, que na "Introdução" da sua obra *O Gênio Céltico e o Mundo Invisível*, cuja publicação correu em 1927, mas após sua morte, afirma:

> *"Com efeito, é pelo estímulo do Espírito Allan Kardec que realizei este trabalho, em que se encontrará uma série de mensagens que ele nos ditou, por incorporação, em condições que excluem toda fraude."* (grifo nosso)[55]

Entretanto, parece-nos que as manifestações de Kardec a Léon Denis, iniciaram um pouco antes, já que Denis registra uma mensagem recebida em 25 de novembro de 1925.[56]

Em duas oportunidades, Léon Denis fala sobre o Congresso Espírita de 1925[57], confirmando o que acima foi dito. Transcrevemos uma delas:

> Então, ao se aproximar o Congresso de 1925, foi o grande iniciador, ele mesmo, que veio nos certificar de seu concurso e nos esclarecer com seus conselhos. **Atualmente ainda é ele, Allan Kardec, quem nos anima a publicar este estudo sobre o gênio céltico e a reencarnação**, como se poderá verificar pelas mensagens publicadas mais adiante. (grifo nosso)[58]

Nessa obra de Denis, temos também a informação de que, já à sua época, especulava-se que Kardec teria reencarnado e, também, que ele se manifestava alhures. Vejamos:

---

55 ······· DENIS. *O Gênio Céltico e o Mundo Invisível*, p. 28.

56 ······· DENIS. op. cit., p. 168-170.

57 ······· DENIS. op. cit., p. 208 e 259.

58 ······· DENIS. op. cit., p. 259.

> Uma outra objeção consiste em pretender que Allan Kardec está reencarnado no Havre, desde 1897. Ele teria chegado, portanto, aos trinta anos da sua nova existência terrestre. Ora, **pode-se admitir que um Espírito deste valor tenha esperado tão longo tempo para se revelar por obras ou ações adequadas?** Além disso, Allan Kardec **não se comunica unicamente em Tours, mas também em muitos outros grupos espíritas da França e da Bélgica**. Em todos esses lugares, ele se afirma pela autoridade de sua palavra e a sabedoria de seus conhecimentos. (grifo nosso)[59]

Então, desde o ano de 1897 já se vem afirmando, a nosso ver sem provas convincentes, que Kardec estaria reencarnado. Ressaltamos: "Allan Kardec não se comunica unicamente em Tours, mas também em muitos outros grupos espíritas da França e da Bélgica", certamente, na condição de desencarnado.

À página 168, Léon Denis colocou uma mensagem ditada pelo Espírito Kardec em 25 de novembro de 1925; e, no final da obra, especificamente no capítulo "Mensagens dos Invisíveis", coloca outras treze ocorridas no período de janeiro a outubro do ano seguinte, ou seja, 1926. No início desse capítulo, explica-nos Denis:

> Publicamos aqui a série de mensagens ditadas, por meio de incorporação mediúnica, pelos grandes e generosos Espíritos que quiseram colaborar com a nossa obra. **A autenticidade desses documentos reside não somente neles mesmos**, pelo fato de ultrapassarem, em muitos pontos, o alcance das inteligências humanas, **mas, também, nas provas de identidade que a eles se ligam**. Assim é o que **no curso de nossas**

---

[59] ······ DENIS. op. cit., p. 278-279.

> **conversas com o Espírito Allan Kardec, este entrou em certos detalhes preciosos sobre sua sucessão** e as discussões que surgiram, sobre este assunto, entre duas famílias espíritas, com particularidades **que o médium não podia, absolutamente, conhecer**, pois era somente uma simples criança, filha de pais que ignoravam completamente o Espiritismo. Esses detalhes se apagaram de minha memória e não pude reconstituí-los senão após pesquisas e investigação. (grifo nosso)[60]

Diante dessas explicações, julgamos que fica um tanto quanto difícil contestar a veracidade de tais manifestações a Denis.

O estudioso Herculano Pires, que sabemos ter sido "linha de frente" na defesa dos princípios doutrinários, dá apoio a pelo menos uma delas, conforme se vê em Na Hora do Testemunho, onde ele diz:

> Em 1925, quando se reuniu em Paris o Congresso Espiritualista Internacional, **o próprio Kardec, através de comunicações mediúnicas** teve de forçar Léon Denis, já velho e cego, a sair de Tours, na província, para defender o Espiritismo dos enxertos que lhe pretendiam fazer os representantes de várias tendências, como a aceitação ingênua de ilustres, mas desprevenidos militantes espíritas. [...]. (grifo nosso)[61]

Claro, poder-se-á objetar, com razão, que a opinião de Herculano Pires não faz verdadeiras as comunicações de Kardec; porém, queremos apenas dizer que se a pessoa que, no meio espírita, mais o conheceu não contesta essas manifestações, não seremos nós que o faremos.

---

60 ······· DENIS. *O Gênio Céltico e o Mundo Invisível*, p. 277-278.

61 ······· PIRES. *Na Hora do Testemunho*, p. 13-14.

Essas comunicações e a assistência espiritual a Léon Denis, de uma certa forma, corroboram o que o Espírito Kardec disse na mensagem mencionada por Zilda Gama, em março do ano de 1924, ou seja, que não estava encarnado, o que aconteceria um pouco mais à frente.

Acreditamos que foram essas comunicações de Kardec que levaram ao jornalista Herculano Pires a não acreditar que o Codificador estivesse encarnado.

Temos o relato de uma **manifestação do Espírito Kardec ao próprio Chico**, acontecida logo no início de sua conversão ao Espiritismo, portanto, lá pelos idos de 1927. Isso está gravado em vídeo numa entrevista de Arnaldo Rocha ao coordenador do Site Espiritismo-BH, que recebeu o título de "Minha vida com Meimei e Chico"[62]. O entrevistador, Marcelo de Oliveira Orsini (1956-), a certa altura, lhe pergunta: "Sr. Arnaldo e o relacionamento entre Chico e Kardec?" Resumimos a resposta nos parágrafos que se seguem.

Conta Arnaldo que, certa feita, quando a Maria Xavier, irmã de Chico, ficou obsediada, embora a família fosse católica apostólica romana, foram procurar, em Matozinhos/MG, o Perácio, que era espírita. A moça, num processo obsessivo muito doloroso, acalmou. Não obstante, Perácio começou a se preocupar com Chico, que tinha por volta de 15 a 17 anos na época.

Naquela ocasião, disse que deram a Chico um exemplar de *O Livro dos Espíritos* para ler, ainda que ele tivesse apenas curso

---

62 ······· http://www.espiritismobh.net/index.php?option=com_k2&view=item&id=16:minha-vida-com-meimei-e-chico&Itemid=1, a partir de 43'54" a 52'02".

primário. Nesse livro tinham palavras que ele não entendia. Então, ele começou a ver um homem ao seu lado, mas tinha vergonha de perguntar quem era. Esse Senhor também não se apresentou. E as dúvidas que ele tinha, eram esclarecidas por esse Senhor, com o qual foi construindo uma amizade muito bonita.

Arnaldo informa que alguém deu de presente a Chico, um livro, do qual não se lembra o nome, que tinha o retrato do Senhor Allan Kardec. Então, Chico estava lá no estudo de *O Livro dos Espíritos*, quando lhe apareceu esse homem (Espírito). Chico olhou para ele, se pôs de joelho, com todo respeito. Esse Espírito disse a Chico que assim como havia colaborado com ele (Kardec), uma vez por mês, na casa do sr. Roustan, quando o Espírito de Verdade fazia as correções em *O Livro dos Espíritos*, agora vinha colaborar também. Foi então que Chico se deu conta de que esse homem era Allan Kardec.

Temos, portanto, mais uma manifestação do Espirito Kardec, só que agora o médium envolvido nela é o próprio Chico, o que torna impossível ser ele a reencarnação do Codificador.

Essa ocorrência nos fez lembrar de algo que Chico disse a Herculano Pires, em entrevista ao programa "Limiar do Amanhã", em comemoração do seu 1º aniversário, ocorrido no ano de 1971. Até então não tínhamos a menor ideia de uma colocação de Chico, porém, agora nos parece ter alguma relação com o episódio acima, e, talvez seja esse um segredo que Chico não revelou a ninguém. Transcrevemos do site Fundação Maria Virgínia e J. Herculano Pires:

> [...] Desde meados do século passado, temos uma Psicologia muito avançada que deu origem à Psiquiatria, que deu

nascimento aos processos de análise, medicina psicossomática, e por aí nós vamos encontrar movimentos muito importantes que lidam com os valores e com os problemas da mente humana, e o espiritismo desde 1857 não é uma resposta acabada, porque disse o próprio codificador, **o nosso grande orientador Allan Kardec** que a doutrina é evolutiva. Mas desde 1857, nós já estamos com a resposta para além da psicologia. (grifo nosso)[63]

Muito sintomática essa afirmativa de Chico referindo-se ao Codificador como "o nosso grande orientador Allan Kardec", aqui está o segredo. Ora, isso faz sentido quando tomarmos essa fala do Arnaldo Rocha e também o relato de Marlene Nobre, dando conta de que em 1959, ao olhar para Chico ela viu Kardec[64]. No ano de 1976, fenômeno semelhante também aconteceu com Maria Izabel Mazucatti[65].

Mais à frente, comentaremos essas duas ocorrências, demonstrando o equívoco com que as interpretam.

Na obra *Allan Kardec (Pesquisa biobibliográfica e ensaios de interpretação)* os autores Zêus Wantuil (1924-2011) e Francisco Thiesen (1927-1990), transcrevem uma comunicação do Espírito Kardec recebida no Grupo Ismael, da Federação Espírita Brasileira, em 14 de junho de 1979, cujo teor trasladamos:

"Meus nobres e respeitáveis amigos.

---

[63] http://www.herculanopires.org.br/index.php/o-que-fazemos/o-que-fazemos-2/audio/no-limiar-do-amanha/298-programa-especial-de-primeiro-aniversario-1971

[64] NOBRE, *Chico Xavier, Meus Pedaços do Espelho*, p. 143.

[65] NOBRE, op. cit., p. 144-145.

Como discípulo fiel, mas tão precário quanto me impôs ser a condição humana, realizei o melhor que pude o trabalho que o Mestre me confiou. De regresso ao mundo espiritual, constatei que somente o essencial foi concluído. Antes, porém, que me pudesse abespinhar por isso, o Divino Amigo me fez sentir, na generosidade da sua sabedoria, que a semente lançada à terra era boa e daria os frutos desejados, no tempo certo e de acordo com o programa superior, traçado nas Alturas. Cabia-me aceitar que ao trabalhador basta o seu trabalho; compreender que o tempo deve exercer, em tudo, a sua quota de ação; perceber que era indispensável aguardar que se cumprissem, através das idades e dos acontecimentos, todos os itens previstos pela sapiente visão do Supremo Governador dos destinos de nosso planeta e de nossa Humanidade.

Não precisei angustiar-me, portanto, com as ocorrências que fizeram a história dos primeiros tempos de nossa Doutrina, na face do orbe, pois acompanhei, na posição do operário sempre em serviço, o transplante da Árvore do Consolador para as plagas do Brasil e os esforços apostolares aqui desenvolvidos para assegurar-lhe a sobrevivência e o desenvolvimento.

Chegado o tempo de mais efetiva disseminação da Mensagem Espírita no mundo, era necessário, porém, que tudo fosse revisto e consolidado; aplainadas, com todo o cuidado, arestas e asperezas; corrigidas algumas omissões; podados certos excessos de interveniência humana; esclarecidas determinadas dúvidas de interpretação.

Fácil é de entender-se esse imperativo, desde que se tenha em vista que se trata agora de nova e verdadeira entrega do Paracleto a todos os povos da Terra.

Dado que entendestes, com a vossa lucidez espiritual e o vosso devotamento, essa requisição do Cristo que nos dirige, devo agora agradecer o vosso empenho e o vosso devotamento, assegurando-vos que tudo está pronto para que o êxito coroe o desdobramento dos tentames que terão de ser empreendidos, para que a luz alcance e clareie todos os vales e todos os planaltos do orbe.

O trabalho do Senhor a ninguém pertence, mas é de todos os que atendem ao seu chamado, para a cooperação humilde e desinteressada, sincera e eficaz.

Nada, realmente, se constrói sem trabalho, sem solidariedade e sem tolerância; sem Deus, sem Cristo e sem Caridade.

Que, pois, o Amor e o espírito de serviço sejam os vossos conselheiros permanentes em todas as situações, certos de que o Espiritismo é Jesus de volta, para consolo e redenção de todos os seres humanos.

ALLAN KARDEC"[66]

A essa época Chico já contava com 69 anos, é muito importante se lembrar disso.

O professor Jean Prieur (1914-) autor de *Allan Kardec e Sua Época*, escritor, historiador e pesquisador francês, registra o recebimento de duas mensagens de Kardec, nas datas de dez/1982 e nov/1997, o que, novamente, confirma que o Codificador não reencarnou mesmo. Transcrevemos de obra mencionada:

Enfim, o próprio Kardec, que eu nunca havia solicitado, manifestou-se para me incentivar. Na terça-feira, 7 de dezembro de 1982, a associação Le Coeur à Vivre convidou-me, com alguns escritores – Daniel Réju, Marie-Madeleine Davy e Annick de Souzenelle –, para assinar "nossas obras que revelam a experiência essencial da vida e o seu propósito".

---

[66] .... WANTUIL e THISEN. *Allan Kardec (Pesquisa Biobibliográfica e Ensaios de Interpretação)*, p. 380-381.

De repente, uma senhora desconhecida aproximou-se da mesa: "Tenho algo para o senhor. Dê-me com que escrever, por favor!" Entreguei-lhe minha caneta e duas ou três folhas do convite, nas quais ela rabiscou o seguinte: "Vejo seu nome em ascensão... Dou graças a sua fidelidade... Estarei ao seu lado quando for imperativo para você conseguir uma melhora em seu destino como escritor. (O que foi realizado em 2 de maio de 2003). Seu senso de integridade é desenvolvido, saúdo suas qualidades terrestres. Continue o seu trabalho de síntese e estará próximo à esfera de luz. **Terei um dia a oportunidade de ditar-lhe outra mensagem..." (Foi o que aconteceu em novembro de 1997.)** (grifo nosso)[67]

Um pouco mais à frente, encontra-se o informe da segunda comunicação:

No sábado, **8 de novembro de 1997**, fiz na sala Psyché uma conferência sobre Orfeu, mostrando como esse homem de Deus foi, simultaneamente, a fonte de três verdades: a adoração do único e verdadeiro Deus, chamado Fanes; a existência da alma animal; as relações amorosas com o além.

Estava prestes a sair, quando a médium Chantal Lafon, que ia me substituir para fazer contato com os falecidos, chamou-me de volta. "Não vá embora, tenho algo para você!" **Tratava-se de Allan Kardec, que ouvira meu discurso e me agradecia pelos meus trabalhos, livros e conferências**. "Deve continuar a escrever e falar". E, como sinal, ele me deu meus horários de trabalho: na maioria das vezes, muito cedo, de manhã, nunca no início da tarde, às vezes a partir das cinco da tarde. E repetiu: "Deve continuar. Todas as noites, você vai ao astral". Mas, na época, eu andava desanimado, ficava pensando: não vou para frente, estou sempre na situação de um novato, tenho

---

67 ······· PRIEUR. *Allan Kardec e Sua Época*, p. 357.

cada vez mais dificuldade para vender meus manuscritos consagrados à sobrevivência. Tenho sempre que recomeçar tudo; nessa área, nada está garantido.

Como era a primeira vez que eu via Chantal Lafon, ela não podia saber dessas coisas.

No final do século 20, no seu céu espiritológico, Allan Kardec devia sentir a mesma irritação, a mesma desilusão. Após cinquenta anos de pesquisas bem-sucedidas, ainda se fazia na Terra a mesma pergunta: "Será que existe vida após a morte?"

Eu sabia que outros, começando com Léon Denis e Bozzano, tinham passado por isso. Lembrava-me de que Pierre e a sra. Monnier, nas suas últimas entrevistas em 1937, evocam sua decepção. Eu sabia da tormenta de Maguy Lebrun após a morte de Daniel, o marido dela, e em breve ia saber da revolta de Élisabeth Kübler-Ross.

"Tem de continuar", disse Chantal Lafon. "O ano 2000 será muito bom para você."

De fato, naquele ano, fiz uma viagem muito original, andei de barco de São Petersburgo a Moscou. E comecei a publicar, na Revista do Além, "O grande destino de Allan Kardec".

— Você tem uma pergunta para o mestre? - perguntou ela.

— Sim, só uma! Não sou mais tão novo, será que terei tempo de terminar meu trabalho do qual sinto as lacunas?

— Terás tempo para isso! Você terá todo o tempo necessário.

— Vou fazer dele o melhor uso possível. Agradeço o mestre e você por essa comunicação inesperada.

E deixei o local cheio de coragem: a vida voltou a ser bela e tudo recomeçou. (grifo nosso)[68]

Ora, esse conjunto de manifestações coloca-nos diante de um fato, ou seja, Kardec realmente não reencarnou, mas

---

68 .... PRIEUR. *op. cit.*, p. 357, p. 360-361.

continuava, e, provavelmente, continua, do mundo espiritual, auxiliando na divulgação e progresso do Espiritismo.

Em 02 de janeiro de 1984, há uma mensagem de Kardec recebida através de Júlio Cézar Grandi Ribeiro (1935-1999), médium de psicografia, psicofonia, pictografia, de efeitos físicos e de cura, postada no Blog "Joana d'Arc".[69] O destaque da data é que nela se deu a transferência da Sede Central da FEB do Rio de Janeiro para a cidade de Brasília. Transcrevemos esse pequeno comentário sobre ela:

> Um dos casos mais conhecidos relata a sua psicografia comprovadíssima do próprio Allan Kardec. Humildemente escondeu a carta que psicografou no Congresso Espírita duvidando de si mesmo, mas logo foi descoberto através de Divaldo como relatamos abaixo. Ainda deixou a mensagem de Allan Kardec. Fenomenal...
>
> **"No 1º Congresso Espírita Internacional, em Brasília, numa mesa composta por Divaldo Pereira Franco e outros companheiros, ele, Julinho, recebeu Mensagem assinada por Allan Kardec. Escrupulosamente tentou esconder a mensagem, quando Divaldo Pereira Franco recebeu aviso de Joanna de Ângelis dizendo que a mensagem era autêntica e que deveria ser divulgada. Humildemente ele aquiesceu."** ... (grifo do original)[70]

Na obra *Minha alma nos espaços divinos*, de Rose Gribel (? -), também temos informações[71] de que o Espírito Kardec se mani-

---

[69] O inteiro teor dessa mensagem, intitulada "Saudação de Allan Kardec" está publicado na revista *Reformador* n° 1860, março 1984, p. 74.

[70] Julinho, Júlio Cézar Grandi Ribeiro e Allan Kardec, in: https://joanadarc.wordpress.com/2011/10/07/julinho-julio-cesar-grandi-ribeiro-e-allan-kardec/

[71] GRIBEL. *Minha Alma nos Espaços Divinos*, na contracapa.

festou a autora, médium vidente, de premonição e de cura, no período de 1986 a 1994.

Nessa obra, ela junta para comprovação fac-símile de três documentos: um com sua letra em estado normal, outro de uma psicografia e, por fim, um com a letra de Kardec, quando vivo. A similitude das letras entre as duas últimas é deveras desconsertante[72]. Vejamo-las:

Nessa obra é oportuno registrar a opinião de Rose Gribel sobre um assunto que, oportunamente, será abordado nessa pesquisa:

> Essa filosofia não estava destinada a destronar o cristianismo. Allan Kardec escreveu: "A moralidade do espiritismo não é em absoluto diferente da de Jesus."
>
> É o Espírito da Verdade que preside o grande movimento regenerador. A promessa de sua vinda encontra-se efetivamente realizada, pois o fato é esse: **Allan Kardec foi escolhido**

---

[72] GRIBEL, op. cit., p. 155-167.

pelo Espírito da Verdade, que é o próprio Cristo, para ser o consolador. (grifo em itálico do origina, em negrito nosso)[73]

Adquirimos também a obra anterior de Rose Gribel, intitulada *Minha Vida no Mundo dos Espíritos*, onde encontramos mais informações, entre elas destacamos duas. A primeira, refere-se ao fato de que, em ocasiões diferentes, três pessoas – Sra. Nithou, Sra. Kogan e uma "mãe-de-santo", cujo nome não foi mencionado, todas médiuns videntes –, com as quais no primeiro contato, falaram-lhe da presença do Espírito Allan Kardec a seu lado.[74]

Curioso foi o encontro com a Sra. Nithou. Vejamos a narrativa:

> No espiritismo, nada é por acaso.
>
> Certo dia de domingo, pouco tempo depois de me haver instalado em Nice. Meu carro parou de funcionar bem em frente a um grande e moderno hotel. Um aviso estava colocado num tripé próximo à porta de entrada, e dizia: "Congresso de Vidência".
>
> Decidi entrar e me dirigi a uma das médiuns presentes, a Sra. Nithou. Sentei-me à sua frente. Muito rapidamente, ela se perturbou e disse-me:
>
> – "**O Grande Espírito Allan Kardec está ao seu lado**. Pela primeira vez, meu Mestre Papus afastou-se para ceder lugar ao seu Grande Mestre. Eu o vejo bem próximo de você." (grifo nosso)[75]

---

[73] .... GRIBEL. op. cit., p. 194.

[74] .... GRIBEL. op. cit., p. 35 e 37.

[75] .... GRIBEL. op. cit., p. 35.

Com a sra. Kogan, o encontro se deu em princípio de janeiro de 1988, quando Rose Gribel e o marido, vieram ao Brasil, transcrevemos o relato:

> [...] Fui especialmente convidada para visitar o Centro Espírita Jacques-Chulam, de origem israelita, onde conheci a Sra. Kogan, médium e diretora do centro, assim como seus filhos Iracy e Alberto.
>
> No momento em que me viu, a sra. Kogan disse: "**Eu vejo o Espírito de Allan Kardec ao seu lado, pois vocês têm uma missão a cumprir**... Também vejo perto de vocês o Espírito de Marie Curie. Ela os conheceu em outra vida..." (grifo nosso)[76]

Rose Gribel mostrou-se interessada em conhecer os adeptos de umbanda, em razão disso foi convidada a participar de uma de suas cerimônias. Leiamos, o que aconteceu:

> Fui recebida numa sala grande onde havia um altar coberto de flores e iluminado por uma quantidade incontável de velas. Embaixo do altar, uma estátua representava o Cristo. Outras figuravam os santos e a Virgem; na outra extremidade da sala, havia uma estátua de um índio a cavalo.
>
> Os fiéis foram chegando e lotando a sala. A "mãe-de-santo" se dirigiu ao altar e começou a rezar com a multidão. Depois, veio na minha direção, pegou a minha mão e me disse em português:
>
> — **Eu vejo o Espírito de Allan Kardec ao seu lado, o Espírito da Luz. Ele lhe confiou uma grande missão**. O caminho ainda será longo... (grifo nosso)[77]

---

[76] GRIBEL. op. cit., p. 37.

[77] GRIBEL. op. cit., p. 38.

A segunda, foi essa revelação do Espírito Kardec à Rose sobre vidas anteriores dela:

> [...] Você trocou de invólucro terrestre a cada passagem por épocas muito diferentes, ao longo das quais **você evoluiu em meio aos seres que conheceu. Aí está todo o mistério que você precisava conhecer: que as pessoas, em séculos diferentes e distantes, podem se rever e reconhecer**. Você as viu em seu esplendor. Porque elas marcaram as vidas anteriores que você teve, era preciso que você constatasse sua evolução e as grandes obras que algumas delas realizaram em proveito da humanidade.
>
> Numa certa visão, você viu Ezequiel e Daniel, dois grandes profetas, que por missão divina trouxeram para a humanidade importantes revelações.
>
> Depois de tantos séculos, eles vieram até você para ajudar-nos na nossa missão.
>
> À frente um muro de pedras, você viu que decifravam as Tábuas da Lei, mas não conseguia compreendê-las. **Nessa época, nossas vidas se cruzaram e nós prosseguimos**... (grifo nosso)[78]

Essa relação do guia com o seu protegido é algo importante, pois confirma que em vidas anteriores, eles tiveram algum tipo de relacionamento. É o que ainda se verá, mais à frente (p. 116), confirmada com os médiuns Chico Xavier e Eurípedes Barsanulfo. Isso nos induz a aceitar que seja um fato que se pode estender a todos os médiuns.

É certo que alguns partidários da hipótese de Chico ser Kardec, por se verem acuados, questionarão essas comunicações do Espírito Kardec, esperamos que apresentem robustas provas de que todas elas não são confiáveis e, que além disso,

---

[78] .... GRIBEL. *op. cit.*, p. 83-84.

demonstrem que as supostas "confidências" de Chico a alguns "amigos" são verdadeiras.

Em 15 de abril de 2007, o médium Divaldo P. Franco (1927-) recebe uma mensagem psicofônica do Espírito Bezerra de Menezes, quando do 2º Congresso Espírita Brasileiro, da qual destacamos o seguinte trecho:

> Esta é a hora de semear luz.
> Ide, pois, como aqueles setenta da Galileia, preparar os caminhos, porque o Senhor está chegando à Terra para proclamar a glória do Espírito imortal.
> Ide, por toda parte, e falai a respeito de Allan Kardec, a quem homenageamos neste dia do encerramento do 2º Congresso Brasileiro de Espiritismo.
> **Convidado pelos Espíritos-espíritas do Brasil para que presidisse este evento, o nobre Codificador, aqui presente com as falanges do Espírito de Verdade, está conosco** e nos acompanhará neste novo ciclo que se abre até o momento quando o mundo de regeneração se encontre instaurado e instalado na Terra. (grifo nosso)[79]

Caso seja verdadeira a presença de Allan Kardec presidindo o Congresso, então, vale questionar: Por que motivo o Espírito Bezerra de Menezes não aproveitou esse momento tão solene e revelou que Kardec reencarnou-se como Chico? Por que foi dito que estava ali o Espírito Kardec e não o Espírito Chico, este não foi aquele, segundo alguns acreditam?

O que podemos concluir disso tudo é que é bem pouco provável que o Espírito Kardec, se reencarnado como Chico, pudesse se manifestar tantas vezes como se comprovou, dado

---

[79] ······· ANUÁRIO ESPÍRITA 2008, p. 91.

que, as atividades o médium mineiro, na seara espírita, lhe absorviam seis dias por semana e, geralmente, ia se deitar de madrugada, segundo seu próprio depoimento, em fevereiro de 1964:

> Pergunta: O que faz à noite?
>
> Resposta: Nas noites de **segunda, sextas-feiras e sábados, estou em contato com o público**, nas reuniões da Comunhão Espírita Cristã, em Uberaba, **habitualmente das dezenove até a madrugada**. Nas noites de quartas-feiras, coopero nas reuniões íntimas de desobsessão na mesma organização espírita a que me referi. **Nas noites de terças e quintas-feiras, trabalho com Emmanuel e outros orientadores espirituais na formação de livros mediúnicos** e nas noites de domingo faço uma pequena pausa, para estudar os assuntos gerais da semana ou descansar os olhos de atividade intensiva.
>
> Pergunta – A que horas se deita?
>
> Resposta: – **Nunca me deito antes das duas da madrugada**. (grifo nosso)[80]

Em *Chico Xavier, Mandato de Amor*, temos a seguinte informação:

> Poderíamos dizer que a vida de Chico Xavier é toda ela constituída de trabalho incessante. **Ele trabalha o dia todo, a noite toda**. Apesar de estar às vésperas de completar 80 anos de idade física, o que aconteceu no dia 2 de abril, **Chico tem descansado muito pouco. Então, desde que se aposentou, ele trabalha o tempo todo em casa. A sua vida toda, os seus**

---

80 ······· UNIÃO ESPÍRITA MINEIRA. *Chico Xavier, Mandato de Amor*, p. 211-212.

minutos todos, são dedicados ao trabalho de divulgação da mensagem espírita. (7/90) (grifo nosso)[81]

E, segundo nos informa dona Nena Galves, Chico "dormia quatro, cinco horas no máximo, o suficiente."[82]

Para se dar crédito à hipótese de Chico ser Kardec, como já o dissemos, por várias vezes, seria imprescindível levantar todas as mensagens do Espírito Kardec, especificando dia e hora de início e término, para ver se, naqueles momentos nos quais o Codificador se comunicou, em algum ponto do planeta, Chico estava dormindo ou numa situação na qual o seu Espírito não precisasse comandar seu corpo físico. Fica aí o desafio para os que advogam essa hipótese.

Por que estamos sugerindo que se faça esse levantamento? Pelo simples fato de que a manifestação de Espírito de pessoa viva somente é possível caso ela não esteja no estado de vigília. É o que, ainda que resumidamente, falaremos agora.

Estamos recortando alguns trechos do nosso texto "Manifestação de Espírito de pessoa viva: é possível no estado de vigília?" para montar esse resumo, ajustados para dar um sentido lógico na leitura. Recomendamos aos interessados reportarem, caso haja interesse, ao texto original, disponível em nosso site.[83]

---

81 .... NOBRE. *Lições de Sabedoria: Chico Xavier aos 23 Anos da Folha Espírita*, p. 185.

82 .... GALVES. *Chico Xavier, Luz em Nossas Vidas*, p. 211.

83 .... http://www.paulosnetos.net/viewdownload/5-artigos-e-estudos/675-manifestacao-de-espirito-de-pessoa-viva-e-possivel-em-estado-de-vigilia

Vejamos o que foi dito na *Revista Espírita 1858*, mês de maio, quando Kardec comenta uma das perguntas feitas ao Espírito Mozart: *"O médium poderia se pôr em relação com a alma de um vivo, e em que condições?"*, cuja resposta foi: *"Facilmente, se o vivente dorme."* Eis o seu comentário:

> **Se uma pessoa viva for evocada no estado de vigília, pode adormecer no momento da evocação, ou, pelo menos, experimentar um entorpecimento e uma suspensão das faculdades sensitivas**; mas, muito frequentemente, a evocação não dá resultado, sobretudo se não for feita com uma intenção séria e benevolente. (grifo nosso)[84]

A relação direta da necessidade de o Espírito não utilizar o corpo físico é condição *sine qua non* para que o Espírito de uma pessoa viva possa se manifestar; é o que se estabelece aqui e ficará mais claro, ainda, no que depreenderemos do pensamento de Kardec, ao longo deste estudo.

Importantes são essas informações relativas ao tema constam no Capítulo XXV – Das evocações, item 284 que trata, especificamente, da "**Evocação de pessoas vivas**", do qual destacamos as seguintes questões:

> 37. A encarnação do Espírito constitui obstáculo absoluto à sua evocação?
>
> "Não, mas **é necessário que o estado do corpo permita que no momento da evocação o Espírito se desprenda**. Quanto mais elevado for em categoria o mundo onde se acha o Espírito encarnado, tanto mais facilmente ele virá, porque em tais mundos os corpos são menos materiais."

---

[84] KARDEC. *Revista Espírita* 1858, p. 138.

38. Pode-se evocar o Espírito de uma pessoa viva?

"Sim, visto que se pode evocar um Espírito encarnado. **O Espírito de um vivo também pode, em seus momentos de liberdade, se apresentar sem ser evocado**, dependendo da simpatia que tenha pelas pessoas com quem se comunica."

39. Em que estado se acha o corpo da pessoa cujo Espírito é evocado?

"**Dorme, ou cochila**; é quando o Espírito está livre."

43. É absolutamente impossível evocar-se o Espírito de uma pessoa acordada?

"Embora difícil, não é absolutamente impossível, porque a evocação produz efeito, **pode acontecer que a pessoa adormeça. Mas o Espírito não pode comunicar-se, como Espírito, senão nos momentos em que a sua presença não é necessária à atividade inteligente do corpo**."

OBSERVAÇÃO – **Prova a experiência que a evocação feita durante o estado de vigília pode provocar o sono, ou, pelo menos, um torpor aproximado do sono, embora semelhante efeito só se possa produzir por ato de uma vontade muito enérgica** e se existirem laços de simpatia entre as duas pessoas; de outro modo, a evocação nenhum resultado dá. **Mesmo no caso de a evocação poder provocar o sono, se o momento é inoportuno, a pessoa, não querendo dormir, oporá resistência e, se sucumbir, seu Espírito ficará perturbado e dificilmente responderá. Conclui-se daí que o momento mais favorável para a evocação de uma pessoa viva é o do sono natural**, porque, estando livre, seu Espírito pode vir ter com aquele que o chama, da mesma maneira que pode ir a outro lugar. Quando a evocação é feita com consentimento da pessoa e esta procura dormir para esse efeito, pode acontecer que essa preocupação retarde o sono e perturbe o Espírito. Por isso, o sono não forçado é sempre preferível. (grifo em itálico do original, em negrito nosso)[85]

Então, se conclui que a condição, para que um Espírito de uma pessoa viva possa se manifestar, se prende ao estado em que ela se encontra, quer dizer, se desperta ou dormindo. A manifestação mais facilmente ocorrerá no estado de sono, que deve ser o preferível, pois *"é necessário que o estado do corpo permita que no momento da evocação o Espírito se desprenda."*

Chamamos a atenção ao que está no início da observação de Kardec: "Prova a experiência que a evocação feita durante o estado de vigília pode provocar o sono, ou, pelo menos, um torpor aproximado do sono."

Na *Revista Espírita* 1867, também encontramos algo interessante no artigo sobre "Os pressentimentos e os prognósticos", do qual transcrevemos o seguinte trecho:

> Para ser advertido, de maneira oculta, do que se passa ao longe e cujo conhecimento não podemos ter senão num futuro mais ou menos próximo pelos meios comuns, é preciso que alguma coisa se desembarace de vós, veja e ouça o que não podemos perceber pelos olhos e pelos ouvidos, para dela reportar a intuição ao nosso cérebro. Essa alguma coisa deve ser inteligente, uma vez que compreende, e que, frequentemente, de um fato atual prevê as consequências futuras; é assim que temos, às vezes o pressentimento do futuro. Essa alguma coisa não é outra do que nós mesmos, nosso ser espiritual, que não está confinado no corpo como um pássaro numa gaiola, mas que, semelhante a um balão cativo, se afasta momentaneamente da terra, sem deixar de a ela estar ligado.

---

85 .... KARDEC. *O Livro dos Médiuns*, 2013, p. 314-315.

É sobretudo nesses momentos em que o corpo repousa, durante o sono, e **o Espírito, aproveitando o repouso, que ele deixa o cuidado de seu envoltório, recobra em parte a sua liberdade** e vai haurir, no espaço, entre outros Espíritos, encarnados como ele ou desencarnados, e naquilo que vê, as ideias das quais traz a intuição ao despertar.

Essa emancipação da alma, frequentemente, tem lugar no estado de vigília, nos momentos de absorção, de meditação e de devaneio, onde a alma parece não estar mais preocupada com a Terra; sobretudo, ela ocorre, de maneira mais efetiva e mais ostensiva, nas pessoas dotadas do que se chama dupla vista ou visão espiritual. (grifo em itálico do original, em negrito nosso)[86]

A condição indispensável para que o Espírito de uma pessoa viva, em estado de vigília, possa se manifestar é que haja emancipação de sua alma, fato que só ocorre *"nos momentos de absorção, de meditação e de devaneio"*, portanto, são situações que não permitem ao encarnado estar consciente. Por não estar literalmente dormindo é que se diz que está em estado de vigília, termo, certamente, não apropriado para designar esses estados, pois são estados em que a pessoa, estando acordada, demonstra estar "distante", com o pensamento bem longe do que acontece ao seu redor.

Em *Obras Póstumas*, no capítulo "Manifestações dos Espíritos", há uma referência a aparição de pessoas vivas — bicorporeidade, do qual transcrevemos:

A faculdade, que a alma possui, de emancipar-se e de desprender-se do corpo durante a vida pode dar lugar a

---

86 ······· KARDEC. *Revista Espírita* 1867, p. 338.

fenômenos análogos aos que os Espíritos desencarnados produzem. **Enquanto o corpo se acha mergulhado em sono, o Espírito, transportando-se a diversos lugares, pode tornar-se visível e aparecer sob uma forma vaporosa, quer em sonho, quer em estado de vigília.** Pode igualmente apresentar-se sob forma tangível, ou, pelo menos, com uma aparência tão idêntica à realidade, que possível se torna a muitas pessoas estar com a verdade, ao afirmarem tê-lo visto ao mesmo tempo em dois pontos diversos. Ele, com efeito, estava em ambos, mas apenas num se achava o corpo verdadeiro, achando-se no outro o Espírito. Foi este fenômeno, aliás muito raro, que deu origem à crença nos homens duplos e que se denomina de *bicorporeidade*. (grifo nosso)[87]

A condição da emancipação do Espírito para que se apresente em outro local é que *"o seu corpo se acha mergulhado em sono"*. Desprendido o seu Espírito, que é de uma pessoa viva, este pode aparecer para outra pessoa no momento em que ela estiver dormindo ou mesmo em estado de vigília, simples assim.

Em *O Livro dos Médiuns*, cap. VII – "Bicorporeidade e transfiguração", lemos:

> 119. Voltemos ao nosso assunto. **Quando isolado do corpo, o Espírito de uma pessoa viva, do mesmo modo que o Espírito de alguém que morreu, pode mostrar-se com todas as aparências da realidade**. Além disso, pelos mesmos motivos que já explicamos, pode adquirir tangibilidade momentânea. Foi este fenômeno, designado de ***bicorporeidade***, que deu motivo às histórias de homens duplos, isto é, de indivíduos cuja presença simultânea em dois lugares diferentes se chegou a

---

[87] ······· KARDEC. *Obras Póstumas*, p. 62.

comprovar. Citamos aqui dois exemplos, tirados, não das lendas populares, mas da história eclesiástica.

Santo Afonso de Liguori e Santo Antônio de Pádua […].

Resolvemos evocar e interrogar Santo Afonso acerca do fato acima. Eis as respostas que ele nos deu:

1. *Poderias explicar-nos esse fenômeno?*

"Perfeitamente. Quando o homem, por suas virtudes, chegou a desmaterializar-se completamente; quando conseguiu elevar sua alma para Deus, **pode aparecer em dois lugares ao mesmo tempo**. Eis como: ao sentir que lhe vem o sono, o Espírito encarnado pode pedir a Deus lhe seja permitido transportar-se a um lugar qualquer. **Seu Espírito, ou sua alma, como quiseres, abandona então o corpo, acompanhado de uma parte do seu perispírito, e deixa a matéria impura num estado próximo do da morte**. Digo *próximo* do da morte, porque no corpo ficou um laço que liga o perispírito e a alma à matéria, laço este que não pode ser definido. O corpo aparece, então, no lugar desejado. Creio ser isto o que queres saber." (grifo em itálico do original, em negrito nosso)[88]

Situação também que ocorre no estado de sono. A correção de Kardec sobre a divisão da alma é oportuna, pois se nada falasse a afirmação do Espírito geraria além de confusão uma contradição com a questão 137 de *O Livro dos Espíritos*, que adiante citaremos.

Vejamos, resumidamente, o que aconteceu aos santos citados:

Santo Afonso de Liguóri foi canonizado por se ter mostrado simultaneamente em dois lugares diferentes. **Achando-se**

---

88 ······· KARDEC. *O Livro dos Médiuns*, 2013, p. 129-130.

> adormecido em Arienzo, pôde assistir à morte do papa Clemente XIV, em Roma, e anunciou, ao despertar, que acabava de ser testemunha desse acontecimento.
>
> O caso de **Santo Antônio de Pádua** é célebre. **Estando em Pádua a pregar, interrompeu-se de repente, em meio do sermão e adormeceu. Nesse mesmo instante, em Lisboa**, seu pai, acusado falsamente de homicídio, era conduzido ao suplício. Santo Antônio aparece, demonstra a inocência de seu pai e faz conhecer o verdadeiro culpado. (grifo nosso)[89]

O detalhe comum nos dois casos é que os seus personagens estavam adormecidos, comprovando, portanto, a tese que estamos defendendo. Em relação a Santo Antônio de Pádua o termo "adormeceu", certamente, refere-se a um estado de êxtase em que ele caiu.

Apresentaremos agora um comentário de Kardec que põe fim à crença de que as manifestações de Espíritos de pessoas vivas podem ocorrer em estado de vigília.

> 121. O indivíduo que se mostra simultaneamente em dois lugares diferentes tem, portanto, dois corpos. Mas desses dois corpos, somente um é real, o outro é simples aparência. Pode-se dizer que o primeiro tem a vida orgânica e que o segundo tem a vida da alma. Quando o indivíduo desperta, os dois corpos se reúnem e a vida da alma volta ao corpo material. **Não parece possível – pelo menos não temos exemplo algum do fato e a razão o demonstra – que, quando separados, os dois corpos possam gozar, simultaneamente e no mesmo grau, da vida ativa e inteligente.** […]. (grifo nosso)[90]

---

89 ······· DENIS. *Depois da Morte*, p. 147.

90 ······· KARDEC. *O Livro dos Médiuns*, 2013, p. 131.

Portanto, isso demonstra que é totalmente impossível a manifestação de um Espírito de pessoa viva através de um médium e, ao mesmo tempo, ele manter conversação com outras pessoas através do seu próprio corpo. Mais complicado ainda é considerar que um Espírito faça isso se manifestando em uma das suas personalidades de vidas passadas, como querem alguns para justificarem suas crenças.

Com o título de "O Espírito de um lado e o corpo de outro" Kardec narra a evocação e os diálogos que se estabeleceram quando da manifestação de uma pessoa viva, no caso, o Sr. Conde de R... C..., que havia se colocado à disposição para essa experiência. Vejamos uma das perguntas constantes do diálogo que se deu na primeira manifestação ocorrida a 23 de novembro de 1859:

> 34. **Tendes consciência de vossas existências precedentes?**
> – Muito confusamente: está ainda aí uma diferença que esqueci; depois do desligamento completo, que se segue à morte, as lembranças são sempre mais precisas; atualmente **são mais completas do que durante a vigília, mas não o bastante para poder especificá-las de um modo inteligível**. (grifo nosso)[91]

Acreditamos que aqui se tem elemento para ver da enorme dificuldade, ou quiçá da impossibilidade, do acesso total às suas vidas passadas para poder encenar uma delas no presente, quando em emancipação da alma.

Vejamos um trecho das explicações do item 455, intitulado "Resumo teórico do sonambulismo, do êxtase e da segunda vista", de *O Livro dos Espíritos*, cap. VIII, "Emancipação da Alma":

---

[91] .... KARDEC, *Revista Espírita* 1860, p. 15.

A emancipação da alma se manifesta, às vezes, no estado de vigília e produz o fenômeno conhecido pelo nome de segunda vista, que dá aos que a possuem a faculdade de ver, ouvir e sentir *além dos limites dos nossos sentidos*. Percebem as coisas ausentes por toda parte onde a alma possa estender a sua ação; veem, por assim dizer, através da vista ordinária e como por uma espécie de miragem.

No momento em que o fenômeno da segunda vista se produz, o estado físico do indivíduo se acha sensivelmente modificado; o olho tem algo de vago: ele fita sem ver; toda a sua fisionomia reflete uma espécie de exaltação. Constata-se que os órgãos visuais são alheios ao fenômeno, já que a visão persiste, apesar da oclusão dos olhos. [...]. (grifo em itálico do original, em negrito nosso)[92].

Então, a bem da verdade, no estado de vigília aqui referido não se produz senão com uma modificação nas condições de atividade sensitiva, porquanto, o "indivíduo se acha sensivelmente modificado: o olho tem algo de vago: ele fita sem ver; toda a sua fisionomia reflete uma espécie de exaltação", isso prova que ele está em algum estado alterado de consciência e não propriamente desperto ou acordado, ou seja, em pleno estado de vigília.

Na *Revista Espírita* 1867, encontramos essa mesma informação:

> Essa emancipação da alma, frequentemente, **tem lugar no estado de vigília, nos momentos de absorção, de meditação e de devaneio, onde a alma parece não estar mais preocupada com a Terra**; sobretudo, ela ocorre, de maneira mais efetiva

---

92 .... KARDEC. *O Livro dos Espíritos*, p. 228.

e mais ostensiva, nas pessoas dotadas do que se chama dupla vista ou visão espiritual. (grifo nosso)[93]

Confirma-se o estado alterado de consciência.

Em *A Gênese*, cap. XIV, "Os fluidos", tópico II, "Explicação de alguns fenômenos considerados sobrenaturais", que trata da vista espiritual ou psíquica, dupla vista, sonambulismo e sonhos, lemos:

> O Espírito, portanto, sente-se feliz em deixar o corpo, como o pássaro ao deixar a gaiola; aproveita todas as ocasiões para dele se libertar, de todos os instantes em que a sua presença não é necessária à vida de relação. É o fenômeno designado como emancipação da alma, o qual se produz sempre durante o sono. **Toda vez que o corpo repousa e que os sentidos ficam inativos, o Espírito se desprende.** (*O Livro dos Espíritos*, Livro II, cap. VIII)
>
> Nesses momentos ele vive da vida espiritual, enquanto que o corpo vive apenas da vida vegetativa; **acha-se, em parte, no estado em que se encontrará após a morte; percorre o espaço, conversa com os amigos e com outros Espíritos, livres ou encarnados como ele.** (grifo nosso)[94]

Levando-se em conta que "toda vez que o corpo repousa e que os sentidos ficam inativos, o Espírito se desprende", então não é impróprio concluir que se o corpo não estiver repousando e os sentidos permanecem ativos, não ocorrerá a emancipação da alma.

---

93 ······· KARDEC. *Revista Espírita* 1867, p. 338.

94 ······· KARDEC. *A Gênese*, p. 247.

O Espírito de uma pessoa viva, permanecendo em estado de vigília, pode manifestar-se, ou seja, se emancipar do corpo e entrar em sintonia com um médium, para, através deste, se manifestar a alguém? Segundo o Espiritismo a resposta é: não!

Como vimos, há, pelo menos, duas correntes no movimento espírita que advogam ser Chico Xavier o Codificador em nova reencarnação; porém, entram em conflito na lista que apresentam das supostas reencarnações de Kardec; uma delas cita João Evangelista[95] e a outra aponta João Batista[96].

Relembremos que na reunião da Sociedade de Paris, realizada em 14 de dezembro de 1860, o próprio Kardec evoca João Evangelista, fato que não era novidade, já que, por várias vezes, se manifestou através da Senhorita J...[97]. O que temos aqui, senão um Espírito de pessoa viva evocando a si mesma?

Apresentamos o relato de que, na presença de Kardec, o Espírito de João Batista foi evocado como sendo o protetor espiritual do grupo espírita de Saint-Just, que também o tinham como protetor da Humanidade.[98] Era também protetor da Sociedade Espírita de Saint-Jean d'Angély, onde sempre se manifestava[99].

---

95 ······· Emanuel, disponível em: http://www.vinhadeluz.com.br/site/noticia.php?id=2010

96 ······· IPEAK, disponível em: http://www.ipeak.com.br/site/newsletter_conteudo.php?id=562&idioma=1

97 ······· KARDEC. *Revista Espírita* 1861, p. 5.

98 ······· KARDEC. op. cit., p. 292.

99 ······· KARDEC. *Revista Espírita* 1862, p. 327-328.

Esses são apenas alguns problemas criados pelos que insistem em "descobrir" as reencarnações de Kardec, como se isso fosse algo importante do ponto de vista doutrinário.

O presente estudo mostra, portanto, que o Espírito de uma pessoa viva não pode se manifestar quando seu corpo está em pleno estado de vigília. Logo, isso não pode ser usado como argumento para sustentar a hipótese de que Chico e Kardec sejam o mesmo Espírito. Como disse Kardec: *"o que queremos, antes de tudo, é o triunfo da verdade, de qualquer parte que venha, não tenho a pretensão de ter sozinho a luz."*[100]; fora o fato de que *"Cada um está no direito de manter suas convicções"*.[101]

Encontramos algo bem interessante no artigo "A propósito de reencarnações" de autoria de Manuela Vasconcelos, cujo nome completo é Maria Manuela Graça de Vasconcelos (1932-)[102], escritora e pesquisadora que esteve à frente da direção da Comunhão Espírita Cristã de Lisboa, em Portugal, sobre uma evocação de São Luís a respeito de Kardec. Vejamos o que nele se fala:

> Em 1998, o "Grupo Espírita Bezerra de Menezes", de S. José do Rio Preto, S.P., do Brasil, (novavoz@zaz.com.br), coloca na Internet a transcrição de uma mensagem de 10 de Setembro do mesmo ano, recebida numa reunião mediúnica daquele Grupo, e depois da evocação que fizeram ao Espírito São

---

100 ······· KARDEC. *Revista Espírita* 1859, p. 67.

101 ······· KARDEC. *O Livro dos Médiuns*, 2007, p. 37.

102 ······· Conforme consta em: http://vida-depois-vida.blogspot.com.br/2009_10_01_archive.html

Luís – que cremos terá sido o mesmo que colaborou com o Paracleto, para a codificação da Doutrina dos Espíritos.

Perguntado se era o mesmo daquela época, respondeu que *"represento nesse instante o **Espírito São Luís** a que vos referis. Formamos uma comunidade a serviço do Espírito de Verdade, que opera o movimento de transformação do vosso mundo."*

Depois de breve diálogo sobre o Espiritismo e os Espíritos que trabalharam com Kardec, foi-lhe perguntado:

– **"Poderia falar-nos a respeito da reencarnação de Allan Kardec?**

– **"Especulação sobre a qual não existe qualquer indício que mereça crédito. O Codificador do Espiritismo não voltou à matéria densa desde que a deixou. Habita planos distantes das regiões em que nos encontramos.** Serve aos ditames traçados pelo Alto para a espiritualização do planeta. É uma das entidades mais ocupadas com o planejamento desse trabalho.

– **"E quanto à mensagem que fala da sua volta à Terra, existente no livro Obras Póstumas?**

– **"Foi feita sob o domínio do espírito da época. É produto das mesmas causas que deram origem à ideia de que as mudanças na situação da humanidade ocorreria em alguns anos.**

– "Kardec voltará a reencarnar?

– *"O codificador é um Espírito de alta hierarquia e só encarna com a finalidade de cumprir missão."*

O diálogo continua ainda, mas aquilo que nos interessa está aqui transcrito, como mais uma... opinião, informação?... Como lhe chamar? Estamos a tentar unicamente, com esta pesquisa, sermos o mais lúcidos e honestos – não só porque procuramos sê-lo sempre, mas também para transmitirmos, a quem nos leia, a mesma verdade que nós conseguimos encontrar. Mas... onde está essa verdade? (grifo nosso)[103]

---

103 ······· VASCONCELOS. *A Propósito de Reencarnações*, p. 16-17.

O questionamento da autora faz sentido diante de tantas informações truncadas que surgem no meio espírita, ela constatou, logo no início de sua pesquisa, que existem três personagens, que dizem ser Kardec, viveram na mesma época, vejamos o que ela diz:

> Temos, assim, **três autores diferentes para três afirmativas diferentes**, referentes a personalidades reencarnadas na mesma época, que eles entenderam (cada um dos autores, note-se), que seria mais tarde o mesmo Espírito reencarnado como Denizard Rivail, ele mesmo uma reencarnação posterior à do sacerdote druida Allan Kardec, do qual toma o nome para a apresentação da Codificação: **Pedro e Tomé, companheiros, mais ou menos da mesma idade, seguidores e apóstolos de Jesus e o eremita João**[104], que assistiu à prisão e morte do Divino Amigo... (grifo nosso)[105]

Em nossa pesquisa descobrimos mais outros dois personagens que devem ser acrescentados a essa lista de três, quais sejam, João Evangelista e João Batista, portanto, agora são cinco contemporâneos de Jesus que dizem ser Kardec: Pedro, Tomé, João Evangelista, João Batista e o eremita João.

---

104 .... "Lendo o livro 'HERCULANUM', do Espírito Conde J. W. Rochester, ditado à médium mecânica Wera Krijanowsky, 1ª edição, de 1972, edição Lake, **nele encontramos a figura de um eremita, de nome João**, [...]." (grifo nosso) (VASCONCELOS, op. cit., p. 4)

105 .... VASCONCELOS. op. cit., p. 7.

A MISSÃO DE CHICO TERIA SIDO COMPLEMENTAR À DE KARDEC?

Nosso objetivo é o de analisar a produção literária de cada um desses personagens, para verificar se há alguma relação íntima entre a missão de ambos, como querem alguns confrades ao afirmarem ser Chico Xavier a reencarnação de Allan Kardec, advogando que as obras produzidas pelo "Mineiro do Século" completam as do Mestre Lionês.

É importante deixar bem claro que as coisas que falaremos não têm outro objetivo senão o de uma análise dos fatos e, jamais, o de depreciar algum desses personagens, pelos quais temos profunda admiração e respeito.

Em *Obras Póstumas*, temos que, numa reunião na casa do Sr. Baudin, a 17 de janeiro de 1857, Kardec é informado, através da médium Srta. Baudin, que retornaria para completar a sua obra, o que está registrado no artigo "Primeira notícia de uma nova encarnação":

> O Espírito prometera escrever-me uma carta por ocasião da entrada do ano. Tinha, dizia, qualquer coisa de particular a me dizer. Havendo-lha eu pedido numa das reuniões ordinárias, respondeu que a daria na intimidade ao médium, para que este ma transmitisse. É esta a carta:
> "Caro amigo, não te quis escrever terça-feira última diante de toda a gente, porque há certas coisas que só particularmente se podem dizer.

"Eu queria, primeiramente, falar-te da tua obra, a que mandaste imprimir. (*O Livro dos Espíritos* entrara para o prelo.) Não te afadigues tanto, da manhã à noite; passarás melhor e a obra nada perderá por esperar.

"Segundo o que vejo, és muito capaz de levar a bom termo a tua empresa e tens que fazer grandes coisas. Nada, porém, de exagero em coisa alguma. Observa e aprecia tudo judiciosa e friamente. Não te deixes arrastar pelos entusiastas, nem pelos muito apressados. Mede todos os teus passos, a fim de chegares ao fim com segurança. Não creias em mais do que aquilo que vejas; não desvies a atenção de tudo o que te pareça incompreensível; virás a saber a respeito mais do que qualquer outro, porque os assuntos de estudo serão postos sob as tuas vistas.

"Mas, ah! a verdade não será conhecida de todos, nem crida, senão daqui a muito tempo! Nessa existência não verás mais do que a aurora do êxito da tua obra. **Terás que voltar, reencarnado noutro corpo, para completar o que houveres começado e, então, dada te será a satisfação de ver em plena frutificação a semente que houveres espalhado pela Terra**.

"Surgirão invejosos e ciosos que procurarão infamar-te e fazer-te oposição: não desanimes; não te preocupes com o que digam ou façam contra ti; prossegue em tua obra; trabalha sempre pelo progresso da Humanidade, que serás amparado pelos bons Espíritos, enquanto perseverares no bom caminho.

"Lembras-te de que, há um ano, prometi a minha amizade aos que, durante o ano, tivessem tido um proceder sempre correto? Pois bem! declaro que és um dos que escolhi entre todos."

Teu amigo que te quer e protege. – **Z**. (grifo nosso)[106]

Cerca de três anos e meio mais tarde, mais precisamente em 10 de junho de 1860, Kardec, em sua própria casa,

---

106 ······· KARDEC. *Obras Póstumas*, p. 323-324.

conversando com o Espírito de Verdade, por intermédio da médium Sra. Schimidt, recebe novo aviso, conforme se vê no artigo "Minha Volta":

> Pergunta (à Verdade) – Acabo de receber de Marselha uma carta em que se me diz que, num seminário dessa cidade, estão estudando seriamente o Espiritismo e de *O Livro dos Espíritos*. Que se deve augurar desse fato? Será que o clero toma a coisa a peito?
>
> Resposta – Não podes duvidar disso. Ele a toma muito a peito, porque lhe prevê as consequências e grandes são as suas apreensões. Principalmente a parte esclarecida do clero estuda o Espiritismo mais do que o supões; não creias, porém, que seja por simpatia; ao contrário, é à procura de meios para combatê-lo e eu te asseguro que rude será a guerra que lhe fará. Não te incomodes; continua a obrar com prudência e circunspeção; tem-te em guarda contra as ciladas que te armarão; evita cuidadosamente em tuas palavras e nos teus escritos tudo o que possa fornecer armas contra ti.
>
> Prossegue em teu caminho sem temor; ele está juncado de espinhos, mas eu te afirmo que terás grandes satisfações, **antes de voltares para junto de nós "por um pouco"**.
>
> P. – Que queres dizer por essas palavras: "por um pouco"?
>
> R. – **Não permanecerás longo tempo entre nós. Terás que volver à Terra para concluir a tua missão, que não podes terminar nesta existência**. Se fosse possível, absolutamente não sairias daí; mas, é preciso que se cumpra a lei da Natureza. **Ausentar-te-ás por alguns anos e, quando voltares, será em condições que te permitam trabalhar desde cedo**. Entretanto, há trabalhos que convém os acabes antes de partires; por isso, dar-te-emos o tempo que for necessário a concluí-los.
>
> NOTA – Calculando aproximadamente a duração dos trabalhos que ainda tenho de fazer e levando em conta o tempo da minha ausência e os anos da infância e da juventude, até a

idade em que um homem pode desempenhar no mundo um papel, **a minha volta deverá ser forçosamente no fim deste século ou no princípio do outro**. (grifo nosso)[107]

Não resta dúvida que o objetivo dessa volta de Kardec, como lhe assegurou o seu guia, o Espírito de Verdade, seria para que pudesse terminar a sua missão. Que missão? Vejamos o que, em 30 de abril de 1856, na casa do Sr. Roustan, pela médium Srta. Japhet, é dito a Kardec sobre ela:

> Eu assistia, desde algum tempo, às sessões que se realizavam em casa do Sr. Roustan e começara aí a revisão do meu trabalho, que posteriormente formaria *O Livro dos Espíritos*. (Veja-se a Introdução.) Numa dessas sessões, muito íntima, a que, apenas assistiam sete ou oito pessoas, falavam estas de diferentes coisas relativas aos acontecimentos capazes de acarretar uma transformação social, quando o médium, tomando da cesta, espontaneamente escreveu isto:
>
> "Quando o bordão soar, abandoná-lo-eis; apenas aliviareis o vosso semelhante; individualmente o magnetizareis, a fim de curá-lo. Depois, cada um no posto que lhe foi preparado, porque de tudo se fará mister, pois que tudo será destruído, ao menos temporariamente. Deixará de haver religião e uma se fará necessária, mas verdadeira, grande, bela e digna do Criador... Seus primeiros alicerces já foram colocados... **Quanto a ti, Rivail, a tua missão é aí.** (Livre, a cesta se voltou rapidamente para o meu lado, como o teria feito uma pessoa que me apontasse com o dedo.) A ti, M..., a espada que não fere, porém mata; contra tudo o que é, serás tu o primeiro a vir. **Ele, Rivail, virá em segundo lugar: é o obreiro que reconstrói o que foi demolido.**"

---

[107] KARDEC. op. cit., p. 331-332.

NOTA – **Foi essa a primeira revelação positiva da minha missão** e confesso que, quando vi a cesta voltar-se bruscamente para o meu lado e designar-me nominativamente, não me pude forrar a certa emoção. [...]. (grifo nosso)[108]

Então, a missão confiada a Kardec foi a de colocar os primeiros alicerces de uma religião, como fica claro, pelo menos para nós, do que lhe foi dito nessa mensagem.

Em 7 de maio de 1856, o Espírito Hahnemann, em comunicação pela médium Srta. Japhet, diante de uma pergunta de Kardec, confirma-lhe a importante missão de que se achava revestido. Nessa oportunidade, Kardec também lhe questionou sobre a previsão de graves acontecimentos em vias de ocorrer:

> Pergunta – A comunicação há dias dada faz presumir, ao que parece, acontecimentos muito graves. Poderás dar-nos algumas explicações a respeito?
>
> Resposta – Não podemos precisar os fatos. O que podemos dizer é que haverá muitas ruínas e desolações, pois são chegados os tempos preditos de uma renovação da Humanidade.
>
> P. – Quem causará essas ruínas? Será um cataclismo?
>
> R. – Nenhum cataclismo de ordem material haverá, como o entendeis, mas flagelos de toda espécie assolarão as nações; a guerra dizimará os povos; as instituições vetustas se abismarão em ondas de sangue. Faz-se mister que o velho mundo se esboroe, para que uma nova era se abra ao progresso.
>
> P. – **A guerra** não se circunscreverá então a uma região?
>
> R. – Não, abrangerá a Terra.
>
> P. – Nada, entretanto, neste momento, parece pressagiar uma tempestade próxima.

---

108 ······· KARDEC. op. cit., p. 308.

R. – **As coisas estão por fio de teia de aranha, meio partido**.

P. – Poder-se-á, sem indiscrição, perguntar **donde partirá a primeira centelha?**

R. – **Da Itália**. (grifo nosso)[109]

Numa sessão em casa do Sr. Baudin, a 12 de maio de 1856, o Espírito de Verdade, guia de Kardec, aborda esse acontecimento, confirmando-o. De sua fala, retiramos este trecho por julgá-lo importante: *"[...] Os acontecimentos pressentidos certamente se **darão em tempo próximo**, mas que não pode ser determinado"*. (grifo nosso)[110]

Para situarmos, essa referência, certamente, é sobre a Primeira Guerra Mundial, que iniciou em 1914; portanto, 58 anos depois dessa previsão, tida como "estão por um fio de teia de aranha" e "se darão em tempo próximo". Temos que convir que a noção de tempo para os Espíritos é bem diferente da nossa, razão pela qual firmar data sobre a previsão de Kardec voltar por "por um pouco", pode-se correr o risco de se errar "em muito".

Vejamos o que o Espírito de Verdade fala na sequência do trecho mencionado há pouco:

P. – Disseram os Espíritos que os tempos são chegados em que tais coisas têm de acontecer: em que sentido se devem tomar essas palavras?

R. – Em se tratando de coisas de tanta gravidade, **que são alguns anos a mais ou a menos?** Elas nunca ocorrem

---

109 ······· KARDEC. op. cit, p. 309-310.

110 ······· KARDEC. op. cit., p. 311.

bruscamente, como o chispar de um raio; são longamente preparadas por acontecimentos parciais que lhes servem como que de precursores, quais os rumores surdos que precedem a erupção de um vulcão. Pode-se, pois, **dizer que os tempos são chegados, sem que isso signifique que as coisas sucederão amanhã. Significa unicamente que vos achais no período em que se verificarão**. (grifo nosso)[111]

Diante disso, perguntamos: o que são alguns anos a mais ou a menos com relação à previsão da volta de Kardec? Aliás, ele próprio havia previsto sua volta como vimos: *"a minha volta deverá ser forçosamente no fim deste século ou no princípio do outro"*.[112]; entretanto, trata-se, obviamente, de opinião pessoal dele, que muito bem poderia não ter se realizado como previu, especialmente diante disso que acabamos de colocar.

Outra situação ocorrida pode também somar a esse ponto relativo ao tempo. Kardec relata que calculava que ainda lhe faltava cerca de dez anos para a conclusão dos seus trabalhos[113], o que lhe foi confirmado por um de seus correspondentes; aproveitando a reunião de 24 de janeiro de 1860, em casa do Sr. Forbes, ele pergunta a seu guia:

> Pergunta (à Verdade) – Como é que um Espírito, comunicando-se em Limoges, onde nunca fui, pôde dizer precisamente o que eu pensava acerca da duração dos meus trabalhos?
>
> Resposta – **Nós sabemos** o que te resta a fazer e, por conseguinte, **o tempo aproximado de que precisas para acabar**

---

111 ······· KARDEC. op. cit., p. 311.

112 ······· KARDEC. op. cit., p. 324.

113 ······· KARDEC. op. cit., p. 327.

a tua tarefa. É, portanto, muito natural que alguns Espíritos o tenham dito em Limoges e algures, para darem uma ideia da amplitude da coisa, pelo trabalho que exige.

Entretanto, não é absoluto o prazo de dez anos; pode ser prolongado por alguns mais, em virtude de circunstâncias imprevistas e independentes da tua vontade.

NOTA – (*Escrita em dezembro de 1866*) – Tenho publicado quatro volumes substanciosos, sem falar de coisas acessórias. Os Espíritos instam para que eu publique A Gênese em 1867, antes das perturbações. Durante o período da grande perturbação terei de trabalhar nos livros complementares da Doutrina, que não poderão aparecer senão depois da forte tormenta e para os quais me são precisos de três a quatro anos. **Isso nos leva, o mais cedo, a 1870, isto é, em torno de 10 anos**. (grifo nosso)[114]

Embora, Kardec tenha errado por apenas um ano a data do seu retorno ao mundo espiritual, não podemos deixar de ressaltar que, em sua resposta, o Espírito de Verdade deixou bem claro que o tempo previsto não era absoluto, podendo, em virtude de fatos imprevistos, ser ampliado.

Podemos mencionar, como bons exemplos, as duas grandes guerras mundiais, como prováveis "fatos imprevistos" que poderiam alterar os planos iniciais. A primeira entre 1914 a 1918 e a segunda de 1939 a 1945, que acreditamos serem acontecimentos suficientes para que os planos fossem "prolongados por alguns anos", porque é fácil compreender que nos dois períodos não existiram as condições propícias para se completar o que faltou (faltou?) na Codificação empreendida por Kardec, em meados do Século XIX.

---

114 ······· KARDEC. op. cit, p. 328.

Considerando tudo isso, não vemos como precisar a nova encarnação de Kardec no ano de 1910, data em que nasceu o nosso estimado Chico Xavier, e, a bem da verdade, nem em qualquer uma outra data.

O confrade Antônio Corrêa de Paiva (? -) que, segundo Wilson Garcia, foi "também, um dos amigos do médium mineiro que há mais de 40 anos priva de sua intimidade"[115], nos oferece uma outra hipótese:

> Ponderando sobre a missão e obra de Allan Kardec, **compreensível é admitirmos que a referência de "fim e começo de século", só poderia acontecer considerando o século espírita**, ainda assim, ressalvados os dizeres dos Espíritos, acima mencionados. Sim, é isto mesmo! Os fatos nos dizem que, hoje, decorridos cerca de cento e quarenta anos da Codificação, ainda não temos, supomos, nem *quarenta por cento de conhecimento da Doutrina Espírita*, isso fazendo alusão apenas aos espíritas conscientes, ou melhor dizendo: *aos que leem Kardec, pelo menos no Pentateuco*.
>
> Assim sendo, que razão teria a *volta de Kardec* com outra parte da Codificação?... (grifo itálico do original, em negrito nosso)[116]

Se considerarmos um século de Doutrina, as coisas mudam totalmente de foco e faz sentido o fato de Kardec ainda não ter reencarnado, como se conclui de suas manifestações como Espírito na erraticidade.

Voltemos, por necessário, ao momento em que o Espírito Z, pela primeira vez, informa a Kardec sobre sua nova

---

115 ······· GARCIA. *Chico, Você é Kardec?*, p. 77.

116 ······· PAIVA. *Será Chico Xavier a Reencarnação de Allan Kardec*, p. 59-60.

encarnação, pois queremos destacar esse trecho: "Terás que voltar, reencarnado noutro corpo, para completar o que houverdes começado e, então, dada te será **a satisfação de ver em plena frutificação a semente que houverdes espalhado pela Terra.**" (grifo nosso)[117]

Wantuil e Thiesen, fizeram as seguintes considerações sobre isso:

> E aqui vale reprisar algumas palavras de Zéfiro e Didier, antes analisadas: Kardec veria em plena frutificação a semente; **mas, se hoje ainda, mais de um século decorrido, encontramo-nos no tempo da florescência, que precede e anuncia a frutificação, como poderia Kardec, ao reencarnar no período por ele esperado e por alguns aguardado, topar com a frutificação?** Não significa isto que a interpretação deve ser jungida a um tempo em escala assaz diversa da comum? [...] (grifo nosso)[118]

Concordamos com essa conclusão dos dois pesquisadores, autores da obra *Allan Kardec (pesquisa biobibliográfica e ensaios de interpretação)*, por vermos sentido nela.

E, voltando a um ponto atrás, vejamos como o próprio Kardec fala de sua missão:

> **O nosso papel pessoal**, no grande movimento de ideias que se prepara pelo Espiritismo e que começa a operar-se, **é o de um observador atento, que estuda os fatos para lhes descobrir a causa e tirar-lhes as consequências**. Confrontamos todos os que nos têm sido possível reunir, comparamos e comentamos

---

117 ······ KARDEC. *Obras Póstumas*, p. 323.

118 ······ WANTUIL e THISEN. *Allan Kardec (Pesquisa Biobibliográfica e Ensaios de Interpretação)*, p. 92.

as instruções dadas pelos Espíritos em todos os pontos do globo e depois coordenamos metodicamente o conjunto; em suma, estudamos e demos ao público o fruto das nossas indagações, sem atribuirmos aos nossos trabalhos valor maior do que o de uma obra filosófica deduzida da observação e da experiência, sem nunca nos considerarmos chefe da doutrina, nem procurarmos impor as nossas ideias a quem quer que seja. Publicando-as, usamos de um direito comum e aqueles que as aceitaram o fizeram livremente. […]. (grifo nosso)[119]

Outra coisa importante na maneira de agir de Kardec era o fato dele nunca ter aceitado uma opinião isolada; fazia questão absoluta de que os pontos doutrinários fossem concordes com o que falavam vários Espíritos, por intermédio de vários médiuns, estranhos uns aos outros. Na "Introdução" de *A Gênese*, ele deixa isso bem claro:

> Sem embargo da parte que toca à atividade humana na elaboração desta doutrina, a iniciativa da obra pertence aos Espíritos, porém **não a constitui a opinião pessoal de nenhum deles**. Ela é, e não pode deixar de ser, a **resultante do ensino coletivo e concorde por eles dado.** Somente sob tal condição se lhe pode chamar doutrina dos Espíritos. Doutra forma, não seria mais do que a doutrina de um Espírito e apenas teria o valor de uma opinião pessoal.
>
> **Generalidade e concordância no ensino, esse o caráter essencial da doutrina**, a condição mesma da sua existência, donde resulta que todo princípio que ainda não haja recebido a consagração do controle da generalidade não pode ser considerado parte integrante dessa mesma doutrina. Será uma

---

[119] KARDEC. *A Gênese*, 2007, p. 45.

simples opinião isolada, da qual não pode o Espiritismo assumir a responsabilidade.

Essa coletividade concordante da opinião dos Espíritos, passada, ao demais, pelo critério da lógica, é que constitui a força da doutrina espírita e lhe assegura a perpetuidade. Para que ela mudasse, fora mister que a universalidade dos Espíritos mudasse de opinião e viesse um dia dizer o contrário do que dissera. Pois que ela tem sua fonte de origem no ensino dos Espíritos, para que sucumbisse seria necessário que os Espíritos deixassem de existir. É também o que fará que prevaleça sobre todos os sistemas pessoais, cujas raízes não se encontram por toda parte, como com ela se dá. (grifo nosso)[120]

Considerando o papel da missão de Kardec e essa sua forma de agir, será que podemos ver tudo isso na maneira de Chico Xavier tratar o que escrevia em suas obras? Será que um tempo curto, em torno de apenas quatro décadas no mundo espiritual, o fez esquecer completamente disso, para agir de forma contrária? Como Kardec mesmo informa, ele utilizou-se do que chamou de Controle Universal do Ensino dos Espíritos, o que significa que analisava e comparava várias mensagens para, daí sim, tirar algum ponto que merecia ser incluído nas obras espíritas; entretanto, não vimos esse mesmo expediente sendo adotado por Chico Xavier, considerando o curto tempo em que esteve na erraticidade; caso este fosse Kardec, ele deveria ter na memória integral esse conhecimento, de forma a fazer uso dele nessa sua suposta nova encarnação.

Curioso é que Kardec nunca empregou, em qualquer uma de suas obras, a expressão "Nosso Senhor Jesus Cristo"; entretanto, Chico, em suas duas participações no "Programa

---

120 .... KARDEC. op. cit., 2007. p. 45.

Pinga-fogo", em julho e dezembro de 1971, utilizou-a por dezoito vezes.

Kardec, homem culto, formou-se no mais respeitado estabelecimento de ensino de sua época, o instituto educacional dirigido por Johann Heinrich Pestalozzi (1746-1827), ou simplesmente, Pestalozzi, em Yverdon, na Suíça. Dedicou parte de sua vida à educação, contribuindo com várias obras para o aperfeiçoamento e reforma do ensino na França. Foi membro de 12 associações culturais francesas, incluindo a Academia Real de Arras.

Alguém poderá pensar que a participação de Chico no programa *Pinga-fogo*, ele demonstrou uma cultura incomum, quem sabe fosse o próprio Kardec a dialogar com os vários entrevistadores. Estaria correta uma avaliação nesse sentido? Bom, para respondermos a essa questão vejamos o que Saulo Gomes relata na obra *Pinga-fogo com Chico Xavier*:

> "Segundo Nena e Francisco Galves, que hospedaram Chico na véspera do programa, ele passou a noite em claro, pedindo ajuda ao Espírito Emmanuel, caminhando pelos jardins da casa.
> [...]
> **Chico respondeu a todas as perguntas, segundo ele, sob a inspiração muito direta de Emmanuel, que lhe "assoprava" aos ouvidos as respostas**, em uma bela interação entre dois mundos! (grifo nosso)[121]

O repórter Almyr Guimarães (1924-1991), o coordenador do programa *Pinga-fogo*, passa a palavra a Chico, cuja fala está registrada no tópico "Primeiras palavras", do qual destacamos o seguinte trecho:

---
121 .... GOMES, *Pinga-fogo com Chico Xavier*, p. 12.

Estou confiante no **Espírito de Emmanuel, que prometeu assistir-nos pessoalmente, entretanto sou um instrumento muito imperfeito** e declaro com sinceridade que, ante as respostas que foram formuladas, responderei aquelas que puder encontrar em mim recursos para esclarecer.* Mas quanto a quaisquer outras perguntas de que **eu não seja capaz para oferecer a ele a necessária instrumentação**, eu rogo desculpas a todos.

* **Nota original do autor:** Após 40 anos de convivência com Emmanuel, Chico não recebia apenas a inspiração do ser mentor. Em carta escrita a Herculano Pires, confessa ter sido literalmente conduzido: "**Emmanuel conseguiu controlar-me para, ele mesmo, unido a mim, numa simbiose em que eu estava semiconsciente, responder ou fazer-me responder às perguntas que iam surgindo.** Ainda não sei bem como se desenrolou tudo aquilo que, de modo completo, só consegui ver na reprise aqui em Uberaba. Claramente por mim – ou melhor – **conscientemente, só estive, eu mesmo, no 'Pinga-Fogo', no instante em que o nosso caro Emmanuel se afastou alguns momentos, para que eu contasse o caso do avião** [ver pág. 100]. E, **no fim do programa, quando finda a mensagem do poeta Cyro Costa, ele, Emmanuel, me permitiu entrar em contato com a minha mãe desencarnada**. Então, por mais que eu reagisse, não pude reprimir as lágrimas." (Francisco Cândido Xavier, J. Herculano Pires e Espíritos Diversos, Chico Xavier pede licença, p. 45) (grifo nosso)[122]

---

122 ······· GOMES, op. cit., p. 24.

Portanto, fica bem claro, pelo aqui transcrito, que todas as respostas de Chico no programa *Pinga-fogo* pode-se dizer que foi Emmanuel quem as deu. Por meio da mediunidade muito sensível do nosso querido Mineiro do Século, o seu Mentor foi quem, na verdade, respondeu a todas as perguntas propostas pelos entrevistadores.

Sem qualquer demérito, porque as condições econômicas assim o exigiam, Chico Xavier só cursou o primário, e não temos notícia de que tenha participado de alguma academia cultural, como reconhecimento pelo que escrevia, que, aliás, nunca disse que provinha dele mesmo, mas dos Espíritos.

Como Chico se via:

> Quanto a mim, **sou apenas médium, e um muito falho**. Os médiuns se continuam uns aos outros através do tempo. **Não me sinto com qualquer tarefa especial** que exija um continuador ou uma continuação específica, porque **o trabalho que tem sido conferido a mim pela bondade dos mensageiros da Espiritualidade Superior poderia ter sido entregue a qualquer outro médium**, e eu não tenho a pretensão de ter substitutos, porque estou na condição da grama: quando um pé de grama desaparece, outro surge. (grifo nosso)[123]

Chico confessa ao jornalista Fernando Worm (1929-) o seguinte:

> [...] No meu setor mediúnico, decerto pela escassez de meus recursos, **os amigos espirituais sempre me situaram na parte evangélica**, declarando que as investigações de ordem científica encontram estudiosos e observadores com facilidade,

---

[123] ······· GALVES. *Chico Xavier, Luz em Nossas Vidas*, p. 206.

sem que o mesmo aconteça no campo religioso em que se nos faz quase que obrigatório o contato com irmão em sofrimento e provas, tribulações e obstáculos, às vezes muito maiores do que os nossos. (grifo nosso)[124]

Bem diferente do que fez Kardec, quando da Codificação Espírita, que teve que trabalhar nas três vertentes intrínsecas a ela – ciência, filosofia e religião.

Quando Chico quis se embrenhar a campo com algum tipo de pesquisa eis o que lhe aconteceu:

[...] Certo dia, há muitos anos[125], eu quis estudar o fenômeno da psicografia em mim mesmo e, no meu entusiasmo pelo assunto, perguntei a Emmanuel, o que pensava ele a respeito. Ele me respondeu: "**Se a laranjeira quisesse estudar pormenorizadamente o que se passa com ela, na produção de laranjas, com certeza não produziria fruto algum**. Não queremos dizer, com isso, que o estudo para assuntos de classificação em mediunidade deva ser desprezado. Desejamos tão só afirmar que assim como as laranjeiras contam com pomicultores e botânicos que as definem, assim também os médiuns contam com autoridades humanas que os analisam pelo tipo de serviço que oferecem. Vamos trabalhar! Para nós, o que interessa agora é trabalhar." (grifo nosso)[126]

---

[124] NOBRE. *Lições de Sabedoria: Chico Xavier aos 23 Anos da Folha Espírita*, p. 161.

[125] O prefácio data de 3 de outubro de 1967.

[126] BARBOSA. *No Mundo de Chico Xavier*, p. 121; MACHADO. *Chico Xavier: Uma Vida de Amor*, p. 63.

Em *Chico Xavier, Mandato de Amor*, há uma entrevista com D. Carmem Pena Perácio, concedida ao jornal *Espírita Mineiro* (**E.M.**), da qual destacamos:

> **E.M.** – Com respeito à tarefa dos livros mediúnicos, a senhora observou mais alguma coisa?
>
> **Resposta:** – Sim. Numa de nossas reuniões, nos primeiros tempos do Centro Espírita Luiz Gonzaga, em Pedro Leopoldo, me foi mostrado um quadro fluídico que, na época, nenhum de nós entendeu. Mediunicamente, **vi que do teto estava "chovendo livros" sobre a cabeça de Chico** e sobre todo o grupo. Mais tarde, quando foi publicado o "Parnaso de Além Túmulo", vim a saber, através de um Espírito amigo, que **a visão fora criada por Emmanuel, que desejava avisar-nos, simbolicamente, quanto à missão que Chico viria a desempenhar, recebendo livros do plano espiritual**. Posso dizer que o quadro da "chuva de livros" foi maravilhoso. Decorridos quase quarenta anos, guardo-o ainda em minha memória, como se tudo tivesse acontecido ontem! (grifo nosso)[127]

Seria um ótimo momento para que Emmanuel revelasse a Chico que ele era Kardec, que vinha completar sua missão; não é mesmo? Pois bem, a missão de Chico está clara: psicografia, ou seja, receber mensagens dos Espíritos e, como ainda veremos, tudo sobre o controle total e absoluto do seu nobre Mentor.

Vejamos o que se encontra em *Chico Xavier, Mandato de Amor* sobre o tema:

> Refletindo em mais esta alta lição de Espiritualidade, solidificamos ainda mais em nós a certeza de que **Chico Xavier não**

---
[127] .... UNIÃO ESPÍRITA MINEIRA. *Chico Xavier, Mandato de Amor*. p. 216.

reencarnou somente com a tarefa de ser o medianeiro extraordinário de tantos livros, mas igualmente com a missão de ensinar-nos a vivenciar o Evangelho do Cristo, apontando para o movimento espírita o rumo certo. (grifo nosso)[128]

Através de Wilson Garcia, temos informação sobre a opinião do Dr. Ary Lex (1916-2001) em relação aos nossos dois personagens:

> "**Kardec** foi um pensador e pedagogo ilustre, com numerosas obras, antes de se tornar espírita. Em todos os livros da Codificação e em todos os volumes da Revista Espírita, é com enorme brilhantismo que expõe suas ideias e que refuta as objeções mais perigosas. Foi um organizador, um esclarecedor, um líder nato, escolhido a dedo pelos mentores espirituais. Cultura invulgar, clareza de pensamento, expositor cristalino". (grifo nosso)[129]
>
> "**Chico Xavier** nenhuma dessas qualidades possui de si mesmo. Tudo de grandioso e profundo que saiu de sua pena proveio de luminares da Espiritualidade; mas é um médium portentoso. As ideias dele mesmo são expressas sem conteúdo filosófico ou científico". (grifo nosso)[130]

Na verdade, é preciso se utilizar da capacidade de discernimento para se perceber a diferença no perfil dos dois envolvidos, o que não se consegue, quando se deixam aflorar as emoções, que geram o sentimentalismo, com o qual se cega os olhos de forma a não se ver os fatos.

---

128 ······· UNIÃO ESPÍRITA MINEIRA. op. cit., p. 117.

129 ······· GARCIA. *Chico. Você é Kardec?*, p. 130.

130 ······· GARCIA. op. cit., p. 131.

HÁ ALGUMA RELAÇÃO ENTRE O GUIA DE KARDEC E O DE CHICO?

TEMOS, ainda, um outro ponto que não podemos deixar de mencioná-lo: é em relação à identificação do guia de Kardec. Ao abordar esse tema queremos comparar a participação na codificação espírita dos guias dos personagens envolvidos – Kardec e Chico Xavier.

Na obra *Expoentes da Codificação Espírita*, material organizado por Maria Helena Marcon (1950-) e publicado pela Federação Espírita do Paraná, encontramos que Emmanuel, o mentor de Chico, é o personagem que assina a mensagem intitulada "O egoísmo", inserida no Capítulo XI, item 11 de *O Evangelho Segundo o Espiritismo*[131], fato que o pesquisador Luciano Napoleão da Costa e Silva (1925-) informa ter Chico lhe dito isso[132]. Essa foi a sua única participação nas obras que formam o corpo doutrinário do Espiritismo; portanto, excetuando-se essa, não há mais uma só linha em que fique provado que Emmanuel tenha participado ativamente nessa formação.

Apenas um parêntese, no "Programa Pinga-fogo II", Chico Xavier, respondendo a um dos entrevistadores, fala do seu encontro com Emmanuel:

---

131 ······· MARCON. *Expoentes da Codificação Espírita*, p. 41.

132 ······· COSTA E SILVA. *Chico Xavier, O Mineiro do Século*, p. 52.

> **Quando ouvimos o Espírito de Emmanuel pela primeira vez**, e que ele nos fez compreender a importância do assunto, nós **nos informamos com ele de que, em outras vidas, abusamos muito da inteligência**, nós, em pessoa, e que nesta consagraríamos as nossas forças para estar com ele na mediunidade, nos serviços de Nosso Senhor Jesus Cristo, no espiritismo, e por isso mesmo coloquei minha vida nas mãos de Jesus e nas mãos dos bons Espíritos. (grifo nosso)[133]

Assim, é de se novamente indagar: por que Emmanuel, nesse momento, não informou a Chico que ele veio para completar sua missão, uma vez que, encarnado como Kardec, ele não teve tempo suficiente para levá-la à meta final? O contraste é evidente, já que Kardec foi antecipadamente informado de sua missão.

Por outro lado, o Espírito de Verdade, o guia de Kardec, teve participação muito mais ativa, tendo, inclusive, vários relatos de reuniões nas quais o Codificador confabulou com ele. Podemos ainda citar as quatro mensagens constantes do Capítulo VI – O Cristo Consolador, de *O Evangelho Segundo o Espiritismo*, que são assinadas por ele. Além disso, ele é identificado como o Espírito que dirigia, presidia ou coordenava a plêiade de Espíritos envolvidos na Codificação.

Para ilustrar, citamos os nomes dos Espíritos que Lhe estavam subordinados: Afonso de Liguori, Arago, Benjamim Franklin, Channing, Chateaubriand, Delphine de Girardin, Emmanuel, Erasto, Fénelon, Francisco Xavier, Galileu Galilei, Hahnemann, Henri Heine, Rousseau, Joana d'Arc, João Evangelista, Lacordaire, Lamennais, Lázaro, Massillon, Pascal,

---

133 ······· GOMES. *Pinga-fogo com Chico Xavier*, p. 234.

Paulo de Tarso, Platão, Sanson, Santo Agostinho, São Bento, São Luís, Sócrates, Swedenborg, Timóteo, Joana de Angelis (um Espírito amigo), Cura D'Ars, Vicente de Paulo, Adolfo (bispo de Argel), Dr. Barry, Cárita, Dufêtre (bispo de Nevers), François (de Génève), Isabel (de França), Jean Reynaud, João (bispo de Bordéus), Julio Olivier, Morlot e V. Monod.[134]

Então, se Chico for mesmo Kardec, em nova encarnação, poderíamos dizer que, de uma certa forma, houve uma espécie de retrocesso em relação aos guias, pois o de Kardec, além de ter concebido a Doutrina Espírita, coordenou os demais Espíritos na elaboração desta, enquanto o de Chico, como coordenado (ou subordinado) na missão anterior, deu apenas uma mensagem evangélica sobre o tema "O Egoísmo". Isso é algo bem estranho, pois na missão anterior seu guia um destacado líder que tinha vários assessores, dentre eles um mais simples e, na seguinte, teve como guia, justamente, esse referido assessor. Não é isso um contrassenso?

Ademais, a relação direta do guia com o seu protegido também nos remete à evidente superioridade do Espírito Allan Kardec em relação ao de Chico, a quem Emmanuel, o próprio guia do Chico, se refere como "um dos mais lúcidos discípulos do Cristo".[135] Ainda que isso necessariamente não faça de Kardec um Espírito não mais preso ao ciclo das reencarnações, certamente, o coloca numa situação mais favorável do que a de Chico, sem qualquer desmerecimento, porquanto

---

134 .... MARCON. *Expoentes da Codificação Espírita*, toda a obra.

135 .... XAVIER. *A Caminho da Luz*, p. 194.

sabemos ser uma situação temporária que faz parte do processo evolutivo de todos nós.

Em depoimento no "Programa Pinga-fogo", conforme vimos um pouco acima, Chico diz que Emmanuel lhe informou que "em outras vidas, abusamos muito da inteligência, nós, em pessoa"; portanto, comparando-se as duas informações de Emmanuel a respeito dos dois personagens, percebemos que o Codificador foi melhor avaliado, o que justifica concluir-se que ambos não podem ser a encarnação do mesmo Espírito.

Não cabe aqui apresentarmos todas as provas que indicam quem era o personagem Espírito de Verdade; porém, diremos que a nossa convicção de que é Jesus tem como base uma extensa pesquisa que fizemos, da qual resultou no texto "Espírito de Verdade, quem seria ele?"[136] Citaremos aqui o mínimo dele para que esse nosso argumento não fique totalmente no ar.

Trazemos como primeira testemunha Alexandre, instrutor espiritual, que, na obra Missionários da Luz, entremeio de suas elucidações diz a André Luiz: "*[...] Por que audácia incompreensível imaginais a realização sublime sem vos afeiçoardes ao Espírito de Verdade, que é o próprio Senhor?*" (grifo nosso)[137]

Na Codificação, os Espíritos designavam o Espírito de Verdade com as seguintes expressões: "**nosso mestre bem-amado**"

---

136 ······· http://www.paulosnetos.net/viewdownload/10-ebook/530-espirito-de-verdade-quem-seria-ele-ebook

137 ······· XAVIER. *Missionários da Luz*, p. 99.

(Erasto)[138]; "**mestre de todos nós**" (Erasto)[139]; "**o Filho de Deus**" (Antoine)[140]; "**meu senhor e vosso**" (Erasto)[141] (grifo nosso)

O Espírito Hahnemann, que, em vida, fundou a Homeopatia (1779), afirmou *"[...] cada um procurará, pela melhoria de sua conduta, adquirir esse direito que **o Espírito de Verdade, que dirige este globo**, conferirá quando for merecido."* (grifo nosso)[142]

De Chico temos esse depoimento sobre os povos que não conhecem Jesus: "[...] Eles também estão sobre a tutela do **governador espiritual da Terra**[143], que é o Nosso Senhor Jesus Cristo". (grifo nosso)[144]. Certamente, como não há dois governadores, só nos cabe concluir que Jesus e o Espírito de Verdade são o mesmo personagem.

Não temos dúvida alguma de que Kardec sabia exatamente quem era o Espírito de Verdade; não revelou porquanto seguiu à risca a orientação que lhe fora dada logo no início: *"recomendo-te muita descrição, se quiseres sair-te bem."*[145]

---

138 ······· KARDEC. *Revista Espírita* 1861, p. 305.

139 ······· KARDEC. op. cit., p. 348/350.

140 ······· KARDEC. *Revista Espírita* 1862, p. 343.

141 ······· KARDEC. *Revista Espírita* 1868, p. 51.

142 ······· KARDEC. *Revista Espírita* 1864, p. 16.

143 ······· Nota da transcrição: Esta informação está descrita em detalhes na obra *A caminho da luz*, de Emmanuel, onde a história da civilização é narrada à luz do espiritismo.

144 ······· GOMES. *Pinga-fogo com Chico Xavier*, p. 243.

145 ······· KARDEC. *Obras Póstumas*, p. 313.

Em nota acrescida às respostas dadas pelo Espírito de Verdade, numa reunião realizada na casa do Sr. Baudin, a 09 de abril de 1856, Kardec tece as seguintes considerações:

> A proteção desse Espírito, cuja **superioridade eu então estava longe de imaginar**, jamais, de fato, me faltou. A sua solicitude e a **dos bons Espíritos que agiam sob suas ordens**, se manifestou em todas as circunstâncias de minha vida, quer a me remover dificuldades materiais, quer a me facilitar a execução dos meus trabalhos, quer, enfim, a me preservar dos efeitos da malignidade dos meus antagonistas, que foram sempre reduzidos à impotência. (grifo nosso)[146]

Caso o Espírito de Verdade fosse apenas um Espírito superior não teria sentido algum Kardec ter dito de forma bem destacada o seguinte: *"cuja superioridade eu estava tão longe de imaginar"*.

Ademais, podemos confirmar essa identificação comparando mais duas falas de Kardec:

> [...] o Espiritismo [...]. Vem cumprir, nos tempos preditos, o que o Cristo anunciou e preparar a realização das coisas futuras. O Espiritismo é obra **do Cristo, que ele mesmo preside**, assim como preside, conforme igualmente o anunciou, **à regeneração que se opera** e prepara o Reino de Deus na Terra. (grifo nosso)[147]
>
> [...] reconhece-se que o Espiritismo realiza todas as promessas do Cristo com respeito ao Consolador anunciado. Ora, como é o **Espírito de Verdade que preside ao grande movimento de regeneração**, a promessa da sua vinda se acha

---

146 ······· KARDEC. op. cit., p. 307.

147 ······· KARDEC. *O Evangelho Segundo o Espiritismo*, p. 40.

por essa forma cumprida, porque, de fato, é ele o verdadeiro Consolador. (grifo nosso)[148]

Utilizando-nos de uma matemática bem elementar, visando simplificar, temos: Se "Cristo = preside", e também "Espírito de verdade = preside"; então, "Cristo = Espírito de Verdade". Ademais, não há sentido algum os Espíritos envolvidos na Codificação terem dois presidentes; não é mesmo?

A mensagem do item 5 de *O Evangelho Segundo o Espiritismo*, que tem a assinatura de Espírito de Verdade, é a mesma; diferenciam-se em umas quatro linhas apenas, da que é analisada em *O Livro dos Médiuns*, cap. XXI, mensagem IX, em que Kardec afirma ter ela sido recebida por um dos melhores médiuns da Sociedade Espírita de Paris, ou seja, dá-nos o recado de que é confiável, em que a assinatura é de Jesus de Nazaré. Teria o Codificador a intenção de nos enganar? Não vemos razão para isso, portanto, tomando-se em relação os dois personagens que assinam exatamente a mesma mensagem. Só podemos concluir, por óbvio, que o Espírito de Verdade é, de fato, Jesus de Nazaré.

Isso também fica evidente pelo teor da mensagem assinada pelo Espírito de Verdade a propósito de *A Imitação do Evangelho* (*O Evangelho Segundo o Espiritismo*), dada em Bordeaux, em maio de 1864, da qual destacamos:

> Um novo livro acaba de aparecer; é uma luz mais brilhante que vem clarear o vosso caminho. **Há dezoito séculos eu vim, por ordem de meu Pai, trazer a palavra de Deus aos homens de**

---

148 ······· KARDEC. *A Gênese*, 2007, p. 43.

vontade. Esta palavra foi esquecida pela maioria, e a incredulidade, o materialismo, vieram abafar o bom grão que eu tinha depositado sobre vossa Terra. [...].

Há várias moradas na casa de meu Pai, eu lhes disse há dezoito séculos. Estas palavras o Espiritismo veio fazer compreendê-las. (grifo nosso)[149]

Considerando o século XIX, correspondente à data em que essa mensagem foi recebida, perguntamos: A quem poderíamos atribuir o *"há dezoito séculos eu vim, por ordem de meu Pai"* e *"eu lhes disse há dezoito séculos"*? Se resta, ainda, alguma dúvida, então que também se veja essa fala de Jesus constante do Evangelho de João (14,2): *"Na casa de meu Pai, há muitas moradas"*; ela tem algo a ver com essa mensagem? Tão claro que é, que julgamos nem ser necessário desenhar.

Kardec, de certa feita, afirmou "**A qualificação de Espírito de Verdade** não pertence senão a um e pode ser considerado como nome próprio; ela é **especificada no Evangelho**." (grifo nosso)[150]

Em pesquisa nos Evangelhos, deparamos com Jesus utilizando a expressão *"Em verdade vos digo"*, por sessenta vezes. Ainda há uma fala bem sintomática, é aquela em que disse *"Eu sou o caminho, a verdade e a vida. Ninguém vem ao Pai a não ser por mim."* (Jo 14,6), cujo início que poderia ser dito dessa forma: *"Eu sou o Caminho. **Eu sou a Verdade**. Eu sou a Vida"*. Isso, para nós, é o suficiente para se identificar quem poderia ser denominado a Verdade.

---

149 ······· KARDEC. *Revista Espírita* 1864, p. 399.

150 ······· KARDEC. *Revista Espírita* 1866, p. 222.

Em *O Evangelho Segundo o Espiritismo*, no cap. VI, "O Cristo Consolador", temos o seguinte trecho da mensagem do item 6, assinada pelo Espírito de Verdade:

> 6. **Venho ensinar e consolar os pobres deserdados**. Venho dizer-lhes que elevem a sua resignação ao nível de suas provas; que chorem, **pois a dor foi sagrada no Jardim das Oliveiras**, mas que esperem, pois os anjos consoladores lhes virão enxugar as lágrimas.
>
> [...] o trabalho das vossas mãos vos fornece aos corpos o pão terrestre, mas **vossas almas** não estão esquecidas; e **Eu, o divino jardineiro, as cultivo** [...]. Nada fica perdido no Reino de nosso Pai [...]. (grifo nosso)[151]

[...] um detalhe bem particular em uma delas é dito algo importante para relacionar o Espírito de Verdade a Jesus, mas que passa despercebido a muitos. Trata-se da expressão "o jardineiro divino"; embora Jesus nunca a tenha usado, referindo-se a si próprio, ela tem significado relevante, pois, após a sua ressurreição, Ele aparece a Madalena, que o confunde com o jardineiro (João 20,15); assim, cabe-nos dar um caráter alegórico para essa visão, no sentido de nos considerarmos "plantas" do seu jardim. [...]

Aqui terminamos a transcrição, sigamos em frente.

Compare-se com essa mensagem de Emmanuel, citada por Clóvis Tavares (1915-1984):

> Não olvides, desse modo, a tua própria abnegação, na desincumbência dos compromissos que assumes no santuário doméstico, situando as flores humanas que Deus te confia na

---

151 .... KARDEC. *O Evangelho Segundo o Espiritismo*, p. 102.

presença do **nosso Mestre e Senhor**, de vez que, conduzindo-as com o teu exemplo ao hálito do **Jardineiro Divino**, oferecerás, mais tarde, ao Supremo Senhor o fruto de tua mais alta esperança, em plenitude de alegria e vitória, por haveres honrado na beleza do lar a bênção da criação, que é a glória maior da vida. (Emmanuel) (grifo nosso)[152]

Pois bem; veja-se que Emmanuel utiliza a expressão "Jardineiro divino" para designar Jesus, tal e qual a que o Espírito de Verdade usou para referir-se a si mesmo, o que, para nós, não é mera coincidência; dizem respeito ao mesmo personagem.

Um testemunho bem oportuno dessa identificação de Jesus, como sendo o Espírito de Verdade, é o de Santo Agostinho (354-430), filósofo, escritor, bispo e teólogo cristão, que disse:

> Pois, se como todos os seres racionais, nós julgamos dos que nos são inferiores conforme a verdade, **ao se tratar da própria Verdade, ela é que nos julga**, unicamente, ao lhe estarmos unidos.
> **Ao se tratar da Verdade em pessoa (Jesus Cristo)**, nem mesmo o Pai o julga, porque ele não lhe é inferior. E quando o Pai julga, é por essa Verdade que ele julga. (grifo nosso)[153]

Ademais, corroborando a nossa conclusão, temos o confrade pesquisador Washington Luiz Nogueira Fernandes (1964-), de São Paulo, com o artigo "**32 evidências de ser Jesus o Espírito Verdade e as respostas para os setes argumentos dos**

---

152 ······ TAVARES. *Amor e Sabedoria de Emmanuel*, p. 73-74.

153 ······ AGOSTINHO. *A Verdadeira Religião – O Cuidado Devido aos Mortos*, p. 83.

negadores", publicado no *Anuário Espírita 2008*[154], no qual relaciona todos os pontos por nós levantados em nossa pesquisa.

Washington Fernandes encomendou do artista plástico Ismael Tosta Garcia (1955-), uma representação de uma reunião na Sociedade Espírita de Paris, que resultou nessa belíssima imagem[155]:

Reunião de fev/1862 na SPEE - Sociedade Parisiense de Estudos Espírita - França

Falta-nos uma importante testemunha, que não podemos deixar de mencionar, que é a própria mãe de Chico, dona Maria João de Deus (1881-1915), que lhe dá vários conselhos, dos quais destacamos o seguinte trecho: "Reflete que, se **a Verdade** tem exigido muito de ti, é que o teu débito é enorme

---

154 ······· FERNANDES. 32 *Evidências de Ser Jesus o Espírito Verdade e as Respostas Para os Sete Argumentos dos Negadores*, p. 51-62.

155 ······· http://www.ccdpe.org.br/wp-content/gallery/dependencias-do-ccdpe/DSC00549.JPG

diante da Lei Divina." (grifo nosso)[156] Certamente, que o "a Verdade" é uma referência a Jesus.

Temos, ainda, mais três outras fontes para corroborar que o Espírito de Verdade é Jesus:

1ª) João Evangelista

Em *A Gênese*, cap. XV, falando sobre a Tentação de Jesus, a certa altura diz João:

> "Pesai bem os ensinamentos que os Evangelhos contêm; sabei distinguir o que ali está em sentido próprio, ou em sentido figurado, e os erros que vos hão cegado durante tanto tempo se apagarão pouco a pouco, cedendo lugar à brilhante luz da Verdade." — João Evangelista, Bordeaux, 1862. (grifo nosso)[157]

Não temos dúvida de que "a brilhante luz da Verdade" é Jesus.

2ª) Sr. Jobard[158]

---

156 ······ XAVIER. *Cartas de Uma Morta*, p. 66.

157 ······ KARDEC. *A Gênese*, 2013, p. 293.

158 ······ Necrologia. O Espiritismo vem de perder um de seus adeptos mais fervorosos e mais esclarecidos. O Sr. Jobard, diretor do museu real da indústria de Bruxelas, oficial da Legião de Honra, membro da Academia de Dijon e da Sociedade de Encorajamento de Paris, morreu em Bruxelas, de um ataque de apoplexia, em 27 de outubro de 1861, com a idade de sessenta e nove anos, era nascido em Bassey (Haute-Marne), em 14 de maio de 1792. Fora sucessivamente engenheiro do cadastro, fundador do primeiro estabelecimento de litografia na Bélgica, diretor do Industrial e do Correio belga, redator do Bulletin de l'Industrie Belge, da Presse, e, em último lugar, do Progrès International. A Sociedade Parisiense de Estudos Espíritas conferira-lhe o título de presidente honorário. (KARDEC. *Revista Espírita* 1861, p. 385)

De seu artigo "Sobre o valor das comunicações espíritas", retiramos esse trecho:

> [...] **É por isso que o Espírito-Santo, o Espírito de Verdade, nos recomenda o desprezo das coisas terrenas**, que não podemos carregar, nem assimilar, para só pensarmos nos bens espirituais e morais, que nos acompanham e nos servirão pela eternidade, não só de distração, mas como degraus para nos elevarmos incessantemente na grande escada de Jacó, na incomensurável hierarquia dos Espíritos. (grifo nosso)[159]

A comparação do Espírito de Verdade com o Espírito Santo, é algo singular.

3ª) Emmanuel

Em *O Consolador*, Emmanuel falando sobre os médiuns que confiam em si mesmos, diz o seguinte: "[...] **Os descrentes chegarão à Verdade**, algum dia, e **a Verdade é Jesus**. [...]" (grifo nosso)[160]

No livro *Lições de Sabedoria*, autoria de Marlene Nobre, lemos, no tópico "A figura veneranda de Jesus", esse trecho, que se inicia com a pergunta de Fernando Worm (**FW**):

> FW – Sobre a natureza e evolução do Espírito de Cristo: Ele ascendeu pela escala evolutiva normal em outros mundos ou foi criado Espírito já puro?
>
> [Chico] Sempre que indagamos sobre isso aos Amigos Espirituais, não sei se por reverência **ou se eles consideram oportuno adiar para nós o total conhecimento da Verdade**, informaram nossos Benfeitores que o Espírito de Jesus Cristo

---

159 ······· KARDEC. *Revista Espírita* 1860, p. 309.

160 ······· XAVIER. *O Consolador*, p. 217.

lhes surgiu tão imensamente alto nos valores da Evolução e sublimação que há necessidade de mais tempo para isso. Até que o consigam, sentem-se os Amigos da Vida Maior perante o Cristo como quem se vê iluminado por uma luz forte demais para ser analisada sem os instrumentos precisos. (julho de 1976) (grifo nosso)[161]

Essa referência a Verdade, se não estivermos enganados, pode ser considerada como referindo-se a Jesus. Ora, Kardec foi "assessorado" por Jesus, Chico e os coordenadores de sua mediunidade não tinha ainda instrumentos precisos para analisá-lo, o que poderíamos concluir...

Vimos tomarem da obra *Nos Céus da Galia*, psicografia de Carlos A. Baccelli (1952-), ditado pelo Espírito Irmão José, para afirmar que o Espírito de Verdade é João Batista. Vejamos o que, a certa altura, se diz nessa obra:

> No livro "Boa Nova", de autoria de Humberto de Campos, pela lavra mediúnica de Chico Xavier, **ao referir-se ao Precursor**, o célebre autor, que, na feitura de sua obra consultou os arquivos existentes na Espiritualidade, menciona nada menos que cinco vezes a **João Batista como sendo o missionário da Verdade, deixando evidente que a João caberia, séculos mais tarde, a tarefa de restaurar o Evangelho**, em sua primitiva pureza, nas luzes da Doutrina Espírita. (grifo nosso)[162]

---

161 ······· NOBRE. *Lições de Sabedoria: Chico Xavier aos 23 Anos da Folha Espírita*, p. 29.

162 ······· BACCELLI. *Nos Céus da Gália*, p. 136-137.

Como sempre nos pautamos pela orientação de que "não se deve aceitar cegamente tudo o que vem deles [os Espíritos]"[163], fomos à obra mencionada no texto para conferir a informação que se passa sobre João Batista.

Primeiramente, devemos ressaltar que, apesar de muitos confrades tomarem o conteúdo da obra "Boa Nova" como relatos de fatos acontecidos, é bom lembrar que o autor espiritual pondera: "[...] reconheci que os planos espirituais têm também o seu folclore. [...]" e que "Dos milhares de episódios desse folclore do céu, consegui reunir trinta e trazer ao conhecimento do amigo generoso que me concede a sua atenção. [...]" (XAVIER, 1987, p. 12); então, sendo **folclore** não são fatos verdadeiros; simples assim.

Quanto à questão de nela, por cinco vezes, se ter mencionado a João Batista como missionário da Verdade (e ser "missionário de" não é ser o próprio, diga-se de passagem), não é bem assim como o autor espiritual quis colocar; por isso, nos vimos na necessidade de transcrevê-las, para análise:

1ª) Cap. 2 – Jesus e o precursor:

> Transcorridos alguns anos, vamos encontrar o Batista na sua **gloriosa tarefa de preparação do caminho à Verdade**, precedendo o trabalho divino do amor, que o mundo conheceria em Jesus-Cristo.
>
> **João**, de fato, partiu primeiro, a fim de executar as operações iniciais para grandiosa conquista. Vestido de peles e alimentando-se de mel selvagem, esclarecendo com energia e deixando-se degolar **em testemunho à Verdade**, ele precedeu a lição da misericórdia e da bondade. O Mestre dos mestres

---

[163] ······· KARDEC. *O Livro dos Espíritos*, p. 147.

quis colocar a figura franca e áspera do seu profeta no limiar de seus gloriosos ensinos e, por isso, encontramos em **João Batista** um dos mais belos de todos os símbolos imortais do Cristianismo. Salomé representa a futilidade do mundo, Herodes e sua mulher o convencionalismo político e o interesse particular. **João era a verdade, e a verdade, na sua tarefa de aperfeiçoamento**, dilacera e magoa, deixando-se levar aos sacrifícios extremos.

Como a dor que precede as poderosas manifestações da luz no íntimo dos corações, ela recebe o bloco de mármore bruto e lhe trabalha as asperezas para que a obra do amor surja, em sua pureza divina. **João Batista foi a voz clamante do deserto. Operário da primeira hora, é ele o símbolo rude da verdade** que arranca as mais fortes raízes do mundo, para que o reino de Deus prevaleça nos corações. Exprimindo a austera disciplina que antecede a espontaneidade do amor, a luta para que se desfaçam as sombras do caminho, **João** é o primeiro sinal do cristão ativo, em guerra com as próprias imperfeições do seu mundo interior, a fim de estabelecer em si mesmo o santuário de sua realização com o Cristo. Foi por essa razão que dele disse Jesus: "Dos nascidos de mulher, João Batista é o maior de todos." (grifo nosso)[164]

João Batista pode sim ter vindo como missionário da Verdade; porém, a sua missão é a de precursor do Cristo, exatamente, a quem estamos colocando como sendo o Espírito de Verdade, ou, simplesmente, a Verdade.

E, ao final do primeiro parágrafo da transcrição, fica claro que a afirmação é de que "João era a verdade"; mas, em relação a "a verdade, na sua tarefa de aperfeiçoamento" e não, como entendido, ser ele o Espírito de Verdade.

---

164 ······· XAVIER. *Boa Nova*, p. 24.

2ª) Cap. 3 – Primeiras Pregações:

> Nos primeiros dias do ano 30, antes de suas gloriosas manifestações, **avistou-se Jesus com o Batista, no deserto triste da Judeia**, não muito longe das areias ardentes da Arábia. Ambos estiveram juntos, por alguns dias, em plena Natureza, no campo ríspido do jejum e da penitência do grande precursor, até que o Mestre Divino, despedindo-se do companheiro, demandou o oásis de Jericó, uma bênção de verdura e águas entre as inclemências da estrada agreste. De Jericó dirigiu-se então a Jerusalém, onde repousou, ao cair da noite. (grifo nosso)[165]

Novamente, menciona João Batista na condição de precursor de Jesus, nada mais além que isso.

3ª) Cap. 4 – A Família Zebedeu:

> Tiago e João, que **já conheciam as pregações do Batista** e que o tinham ouvido na véspera, tomados de emoção se lançaram para ele, transbordantes de alegria:
> – Mestre! Mestre! exclamavam felizes. (grifo nosso)[166]

Apenas dá notícia das pregações de João Batista, que os discípulos Tiago e João conheciam, antes de tornarem-se discípulos de Jesus.

4ª) Cap. 17 – Jesus na Samaria:

> André, Tiago e Filipe estavam espantados com o que tinham visto e ouvido. Aparentemente o Mestre fora aureolado de imenso êxito; entretanto, verificaram a profunda incompreensão do

---

[165] XAVIER. op. cit., p. 25.

[166] XAVIER. op. cit., p. 31.

povo. Foi então que Jesus, com a serenidade de todos os instantes, os esclareceu cheio da sua bondade imperturbável:

— Não vos admireis da lição deste dia. **Quando veio, o Batista procurou o deserto**, nutrindo-se de mel selvagem. Os homens alegaram que em sua companhia estava o espírito de Satanás. A mim, pelo motivo de participar das alegrias do Evangelho, chamam-me glutão e beberrão. [...] (grifo nosso)[167]

Volta a citá-lo como precursor do Messias.

5ª) Cap. 21 — A Lição da Vigilância:

Jesus fitou serenamente os companheiros e, ao cabo de longa conversação, em que lhes falara confidencialmente dos serviços grandiosos do futuro, perguntou com afetuoso interesse:

— E que dizem os homens a meu respeito? De alguma sorte terão compreendido a substância de minhas pregações?!...

João respondeu que seus amigos o tinham na conta de Elias, que regressara ao cenário do mundo depois de se haver elevado ao céu num carro flamejante; Simão, o Zelote, relatou os dizeres de alguns habitantes de Tiberíades, **que acreditavam ser o Mestre o mesmo João Batista ressuscitado**; Tiago, filho de Cleofas, contou o que ouvira dos judeus na Sinagoga, os quais presumiam no Senhor o profeta Jeremias. (grifo nosso)[168]

Esse João citado no início do terceiro parágrafo é o Evangelista. E a menção ao nome de João Batista foi feita para dizer que alguns do povo pensavam que Jesus era ele ressuscitado.

Das cinco citações do nome de João Batista, nenhuma delas trata-o como missionário do Espírito de Verdade, coordenador ou presidente da plêiade de Espíritos envolvidos no

---

167 .... XAVIER. op. cit., p. 117.

168 .... XAVIER. op. cit., p. 141-142.

projeto da Codificação Espírita. Assim, ao se destacá-lo na posição de "missionário" e de "representante" da Verdade, que viria "mais tarde", o autor espiritual, se não estivermos enganados, está relacionando João Batista à função de ser também o precursor da Doutrina Espírita. Mas isso não faz sentido algum, pois não há nenhuma previsão ou profecia, como queiram, que diz tal coisa.

Depois de Jesus afirmar que João era o maior entre os nascidos de mulher, acrescentou concluindo o seu raciocínio: *"No entanto, o menor no reino de Deus é maior do que ele."* (Lucas 7,28) Ora, se João Batista é menor no plano Espiritual, como poderia ser ele o próprio Espírito de Verdade, que comandava todos aqueles Espíritos cujos nomes citamos às páginas 102-103? Isso é outra coisa que não vemos sentido algum.

Por outro lado, não descartamos a possibilidade desse trecho transcrito ser apenas um produto da crença do próprio médium, que acabou por "contaminar" o que o Irmão José houve por bem relatar nessa obra.

Continuamos com os questionamentos: Houve retrocesso por parte de Kardec, agora no corpo de Chico? Kardec falseou ou Chico despistou? Pela envergadura moral dos dois, a razão aponta para um só caminho: o registrado nos textos.

É interessante como uma coisa acaba nos remetendo a outra. Em *Obras Póstumas*, na data de 10 de junho de 1860, num diálogo com o Espírito de Verdade, Kardec recebe a seguinte orientação: "Prossegue em teu caminho sem temor; ele está juncado de espinhos, mas eu te afirmo que terás grandes satisfações antes de voltares para junto de nós '**por um pouco**'." (grifo nosso)¹⁶⁹

Vejamos o que consta em Wantuil e Thiesen:

> Lembremo-nos do Evangelho: Jesus também dissera, uma vez, aos seus discípulos: "**Um pouco** e já não me vereis, e **outra vez um pouco** e ver-me-eis." (...) "Indagais entre vós o que vos disse: **Um pouco** e já não me vereis, e **outra vez um pouco** e ver-me-eis?" O texto está em João, 16 – entre os versículos 1 a 33, nos quais se acha a promessa da vinda do Paracleto). (grifo em itálico do original, em negrito nosso)¹⁷⁰

A expressão está mais especificamente nos versículos 16 a 19; porém, há outros passos em que Jesus também usa a expressão "**por um pouco**"; vejamo-los na versão da Bíblia Sagrada publicada pela SBTB:

João 5,35: *"Ele era a candeia ardia e alumiava, e vós quisestes alegrar-vos por* **um pouco** *de tempo com a sua luz."* (grifo nosso)

João 12,35: *"Disse-lhes, pois, Jesus: A luz ainda está convosco por* **um pouco** *de tempo. Andai enquanto tendes a luz, para que as trevas não vos apanhem; pois quem anda nas trevas não sabe para onde vai."* (grifo nosso)

João 13,33: *"Filhinhos, ainda* **por um pouco** *estou convosco. Vós me buscareis, mas, como tenho dito aos judeus: Para onde eu vou, não podeis vós ir; eu vo-lo digo também agora."* (grifo nosso)

Certamente, que aqui temos um indício a mais para identificar Jesus como sendo o Espírito de Verdade.

---

169 ······ KARDEC. *Obras Póstumas*, p. 332.

170 ······ WANTUIL e THISEN. Allan Kardec (*Pesquisa Biobibliográfica e Ensaios de Interpretação*) Vol. III, p. 79.

O escritor Paulo Henrique Figueiredo (1966-), pesquisador e editor da revista *Universo Espírita*, infelizmente, já fora de circulação, declara que teve acesso aos documentos constantes dos arquivos de Canuto de Abreu, os quais continham cartas inéditas de Kardec, vejamos o que diz:

> [...] O eminente pesquisador espírita **Canuto Abreu (1892-1980), anos antes da Segunda Guerra Mundial, esteve em Paris** em busca de documentos históricos sobre o Espiritismo. Quando visitou a livraria de Leymarie, na época administrada por um sobrinho deste colaborador muito próximo de Kardec, **teve acesso a uma caixa repleta de manuscritos. Assim, Canuto trouxe para o Brasil algumas dezenas de cartas inéditas de Kardec**. Isso foi possível por que o Codificador fazia uma duplicata de toda carta enviada, seja de próprio punho ou pelas mãos de Amélie Gabrielle Boudet, sua esposa. (grifo nosso)[171]

Nessas cartas de Kardec, teria algo interessante para o nosso tema, de forma a nos ajudar nessa identificação que estamos elaborando? Felizmente, sim, vejamos:

> Pois bem, **as cartas estão sendo agora mantidas pelo neto de Canuto. Numa delas**, depois de comentar as dificuldades na divulgação do Espiritismo, **Kardec afirma que soube, por meio de comunicação mediúnica, o fato do Espírito da Verdade ser Jesus**: "Não sei se conseguiria ter calma e controlar minha emoção se soubesse antes que **o Espírito com quem conversei semanalmente era o meigo rabino de Nazaré**". [...]. (grifo nosso)[172]

---

[171] ······ FIGUEIREDO. *Questione. In Universo Espírita*, p. 7.

[172] ······ FIGUEIREDO. op. cit., p. 7.

A corroboração disso encontramos num estudo realizado na Sala "Evolução e Vida – Livro Apocalipse de João Evangelista", pelo confrade Carlos Alberto Braga Costa, médium e escritor, em seu depoimento gravado em vídeo, no qual ele diz o seguinte:

> Já existe um documento que está na Federação Espírita Brasileira, um legado de Canuto de Abreu aonde tem um texto original escrito pelo próprio punho de quem? Allan Kardec, o Codificador da Doutrina Espírita. E nesse texto ele escreve "O Espírito de Verdade é Jesus.[173]

A informação que aqui trazemos, por duas fontes distintas, é taxativa de que Kardec sabia que Jesus, realmente, era o Espírito de Verdade.

Na obra *Eurípedes, o Médium de Jesus*, publicada pela Editora Esperança e Caridade, constam mensagens recebidas pelo médium Eurípedes Barsanulfo, na cidade de Sacramento, MG, durante o período de 1906 a 1909. Destacamos apenas o seguinte trecho de uma recebida em 01 de julho de 1907, tendo como sido ditada por Maria, serva de Deus:

> **Entre vós está o grande enviado de Jesus, o Espírito da Verdade. Atentos, ouvi-lhe a voz**, abri-vos os corações aos seus transcendentalíssimos ensinamentos (...) Uni-vos e, impulsionados por um só desejo erguei vossos olhos ao Céu e dai graças ao Deus pela misericórdia que ainda teve para

---

[173] ⋯⋯ http://www.redeamigoespirita.com.br/video/miss-o-cr-stica-apocalipse-15, entre o trecho de 57':50" a 59':51", disponível também em: https://vimeo.com/146332322

convosco, enviando-vos este novo instrutor, **este novo guia, este novo salvador**. (grifo nosso).[174]

Temos que fazer uma observação, em relação à primeira frase, para que não sejamos enganados pela forma de expressar no texto. Se ela tivesse sido escrita dessa forma: "Entre vós está o grande enviado de Jesus: (dois pontos) o Espírito da Verdade", seria bem fácil entendermos que se estava falando de uma pessoa enviada; porém, no texto como está estruturado, ou seja, "Entre vós está o grande enviado de Jesus, (vírgula) o Espírito da Verdade", trata-se de um aposto, que explica o que lhe antecede; portanto, a expressão "Espírito da Verdade" é um qualificativo com o qual se designa a Jesus.

Será que deveria ser Eurípedes a quem se poderia identificar como o "entre vós está o grande enviado"? Ou, quem sabe, não seria o próprio Kardec?

Podemos ter mais firmeza dessa identificação quando, ao final, se diz "este novo instrutor, este novo guia, este novo salvador", expressão que não se aplica a ninguém mais, a não ser a Jesus, que, como visto, é o Espírito de Verdade.

---

[174] ······ EEC. *Eurípedes, o Médium de Jesus – Mensagens Inéditas Recebidas por Eurípedes Barsanulfo Entre 1906-1909*, p. 96.

CHICO NÃO DISSE SER KARDEC PORQUE NÃO SE LEMBRAVA?

AMIGOS nos informaram de um certo comentário postado na Internet no qual o autor diz que Chico não afirmou ser Kardec porque ele não se lembrava disso.

Aqui, vemos mais uma contradição entre os próprios defensores da hipótese "Chico é Kardec"; enquanto alguns afirmam que ele não se lembrava, outros já dizem que Chico se lembrava, porquanto confessou, a alguns "amigos" e ao filho adotivo, que era o Codificador; provando, com isso, que não se entendem entre si.

Para iniciar o desenvolvimento de nossa análise, colocaremos o seguinte trecho do comentário:

> REENCARNAÇÃO DE ELIAS (ENTREVISTA COM JOÃO BATISTA):
>
> Para descobrir quem era esta figura, enviaram de Jerusalém uma comitiva para ver e interrogar João Batista acerca de suas práticas. Na realidade eles queriam saber se João era o Messias. JOÃO QUEM É VOCÊ? É ELIAS? JOÃO DISSE: "NÃO SOU". "É O PROFETA?" ELE DISSE, NÃO. Disseram então os mensageiros de Jerusalém: diga-nos quem é você para que respondamos aos que nos enviaram. João respondeu citando o profeta Isaias: "Eu sou a voz que clama no deserto, preparai o caminho do Senhor, endireitai as suas veredas" (Jo 1.20-23).
>
> No livro do profeta Malaquias, os últimos dois versos do Antigo Testamento predizem que Deus enviará Elias: Eis que eu vos enviarei o profeta Elias, antes que venha o grande e

terrível Dia do Senhor; ele converterá o coração dos pais aos filhos e o coração dos filhos a seus pais, para que eu não venha e fira a terra com maldição (Ml 4:5-6)

INTERPRETAÇÃO DOS PROTESTANTES E CATÓLICOS da Rede Amiga Cristã: "Ele afirmou que veio para cumprir algumas profecias do Velho Testamento, mas DEIXOU BEM CLARO QUE NÃO ERA ELIAS"...

A IDENTIFICAÇÃO DOS DOIS PERSONAGENS COMO SENDO O MESMO ESPÍRITO ESTÁ BEM CLARO NAS ESCRITURAS. O retorno de Elias foi anunciado pelo anjo Gabriel: "[...] o anjo disse-lhe: Não temas, Zacarias, porque foi ouvida a tua oração; e tua mulher Isabel te dará a luz um filho, e por-lhe-ás o nome de João. E converterá muitos dos filhos de Israel ao Senhor seu Deus; e irá adiante dele com o espírito e a virtude de Elias, a fim de reconduzir os corações dos pais para os filhos" (Lucas 1:13).

Outra passagem que assinala a identificação do profeta como sendo o próprio João Batista é quando os apóstolos Pedro, Tiago e João perguntaram a Jesus, após a Transfiguração, sobre a volta de Elias: "Por que, pois, os escribas dizem que é preciso que Elias venha antes? Mas Jesus lhes respondeu: é verdade que Elias deve vir e restabelecer todas as coisas; mas eu vos declaro que Elias já veio, e não o conheceram, mas trataram como lhes aprouve. É assim que eles farão sofrer o Filho do Homem. ENTÃO SEUS DISCÍPULOS COMPREENDERAM QUE ERA DE JOÃO BATISTA QUE LHES HAVIA FALADO". (Mateus 17:10)

No Novo Testamento, Jesus Cristo diz 17 vezes "QUEM TEM OUVIDOS PARA OUVIR, OUÇA"". Algumas declarações do Apóstolo Chico não são para todos os ouvidos, como não são as do seu Mestre!

Se Chico dissesse que era Kardec é que saberíamos que não era. Alguém alguma [vez] ouviu declaração de Kardec a dizer que era João Huss e Platão? Ele sabia que era João Huss e tem documentos assinados por ele (na posse de Canuto Abreu) em que ele reconhece essa revelação da espiritualidade superior de que fora Platão.

Logicamente um Espírito Superior desta envergadura tem a humildade de forma explícita as suas vidas pregressas.

O que diriam se Chico se ufanasse que era Kardec? Os mesmos espíritas do costume que o combateram desde o início diriam que além de fascinado estava completamente louco. Com o mesmo tipo de argumentos daqueles que hoje por várias "fugas psicológicas" decretam que isso é impossível e que aqueles que o defendem são fanáticos e idolatram Chico.

Como estamos em paz com nossas consciências e convicções silenciaremos perante essas acusações.

João Batista cumpriu até hoje aquilo que Prometeu perante o Cristo: "É necessário que ele cresça e que eu diminua." (João 3:3o) Tal como CHICO testemunhou, KARDEC revelou-se pelas SUAS obras. O ESPÍRITO DA VERDADE ACONSELHOU KARDEC E CHICO SEGUIU O SEU CONSELHO.[175]

Realmente João Batista negou ser o profeta Elias, fato que pode causar surpresa para quem está iniciando nos estudos espíritas, mas não a um veterano, que bem sabe (ou deveria saber) ser isso, absolutamente, normal dentro daquilo que se pode encontrar na Codificação. Ademais a grande maioria de nós não se lembra mesmo das reencarnações anteriores, que, só por raríssimas exceções e por razões que desconhecemos, não se encontram sob o véu do esquecimento. E quando ocorre de se lembrar, geralmente, são apenas fragmentos e não tudo quanto lhe aconteceu em seu passado espiritual.

---

175 ······· EMANUEL. *Reencarnação de Elias (Entrevista com João Batista)*: https://www.facebook.com/notes/nuno-emanuel/eliasjo%C3%A3o--batistaesp%C3%ADrito-da-verdade-jesusallan-kardec-chico-xavier/1191299347551269/

Em *Sabedoria do Evangelho*, o professor, teólogo e filósofo Carlos T. Pastorino (1910-1980) nos oferece interessante explicação, sobre esse caso de João Batista; vejamo-la:

> **Por que então diz João que "não é Elias"? Porque de fato João Batista não era Elias; ele FORA Elias em vida anterior, mas na atual não mais o era; era, sim, João Batista.** A personalidade muda, de encarnação para encarnação: quando o ser (individualidade) reencarna, abandona por completo a personalidade anterior que morre ("uma só vez", Hebr., 9:27) e assume nova personalidade (embora a possa "reassumir", quando novamente libertado de seu corpo físico, como ocorreu com João Batista que, depois de desencarnar, reassumiu a personalidade de Elias e conversou com Jesus no Tabor, Mat. 17:3 e Marc. 9:4). **Então, João Batista FOI outrora Elias, mas NÃO É MAIS Elias, é João**. O comentador católico Monsenhor Louis Pirot, de quem muito nos servimos nestes comentários, escreve uma frase preciosa ao esclarecer a resposta do Batista: "mas enfim, tratava-se de Elias em pessoa e, nesse sentido, João Batista só podia responder negativamente" ("La Sainte Bible", vol. 10, pág. 321). Embora desconhecendo a técnica da reencarnação, e por isso negando-a, Pirot acertou: a PESSOA (personalidade) de Elias era uma; a PESSOA (personalidade) de João Batista era outra, totalmente diferente. Todavia, a INDIVIDUALIDADE, o SER, ou o ESPÍRITO (não a alma!) de ambos era UM SÓ. Duas contas de um rosário são duas contas diferentes, mas o fio que as liga faz que elas sejam "um rosário" e "um fio" só. Outro exemplo: cada membro de nosso corpo é independente – o braço não é a perna – mas o que faz que eles formem parte de UM SER apenas, é nosso ESPÍRITO que os unifica num só corpo.
>
> Aliás, são Gregório Magno (Homilia VII in Evangelium, Patr. Lat. t. 76 col. 1100) escreve: "Em outro local (Mat. 11:13-14), sendo o Senhor interrogado pelos discípulos quanto à vinda de Elias, respondeu: Elias já veio, e se quereis sabê-lo é João que é Elias. João, interrogado, diz o contrário: eu não sou Elias... É que João era Elias

pelo Espírito que o animava, mas ele não era Elias em pessoa. O que o Senhor diz do Espírito de Elias, João o nega da pessoa". Conforme vemos, exatamente nosso ponto de vista, concordando plenamente com a tese reencarnacionista. (grifo nosso)[176]

Quem sabe se esse argumento do Prof. Pastorino, aliás, bem lógico por sinal, não leve a um maior entendimento do motivo da negativa de João.

Entretanto, é importante que vejamos os textos dos Evangelhos visando descobrir se temos algo neles para acrescentar:

a) Jesus relaciona João Batista à profecia de Malaquias:

"É de João que a Escritura diz: 'Eis que eu envio o meu mensageiro à tua frente; ele vai preparar o teu caminho diante de ti'. (Mateus 11,10). (grifo nosso)[177]

b) Jesus claramente identifica João como sendo Elias:

"E se vocês o quiserem aceitar, **João é Elias que devia vir**. *Quem tem ouvidos, ouça'."* (Mateus 11,14-15). (grifo nosso)[178]

c) Diante da manifestação do Espírito Elias, junto com Moisés, no monte Tabor, os discípulos, em dúvida, perguntaram a Jesus:

"'Por que motivo os escribas dizem que é preciso que Elias venha primeiro? Ele respondeu: "Elias certamente virá primeiro, para restaurar tudo. [...] Eu, porém vos digo: **Elias já veio, e fizeram com ele tudo o que quiseram** *como dele está escrito'."* (Marcos 9,11-13, ver tb Mateus 17,10-13). (grifo nosso)[179]

---

[176] PASTORINO. *Sabedoria do Evangelho*. Vol. 1, p. 106-107.

[177] Bíblia Sagrada – Edição Pastoral, p. 1252.

[178] Ibidem, p. 1252.

[179] Bíblia de Jerusalém, p. 1772.

Portanto, como Jesus, Espírito puro por excelência, além de, diretamente, relacionar João Batista ao cumprimento da profecia de Malaquias, também afirmou, sem meias palavras, que "**João é Elias**"; particularmente não temos nenhuma razão plausível para não aceitarmos essa identificação e ficar com opinião de João Batista, que não teve acesso a seu passado, com o qual, certamente, confirmaria o que foi dito por Jesus. Parece-nos ser bem o caso de se aplicar o "**somos de ontem e nada sabemos**" (Jó 8,9).

Identificamos, pelo menos, dois grupos defensores de Chico ser Kardec; um deles procura sustentar que Chico havia confidenciado isso a algum(ns) outro(s) amigo(s). Mas aqui temos um problema, pois há também outros amigos de Chico que dizem exatamente o contrário; mais à frente citaremos alguns deles. Agora, com o que entendemos com a fala acima, nos passam a ideia de que Chico não se lembrava de ter sido Kardec, semelhante ao que aconteceu com João Batista.

Nesses grupos há os que defendem que Kardec teria sido João Evangelista, enquanto outros o têm como João Batista, embora eles tenham sido contemporâneos. Ademais, se Kardec tivesse vivido antes dos dois, só um poderia ser Kardec; mas, como é o contrário, Kardec somente poderia ser um dos dois.

Ao longo de debates com contraditores da reencarnação, que tempos atrás fomos quase que forçados a participar, eles sempre nos apresentavam o argumento de que João, o Batista, apenas teve um "ministério" semelhante ao de Elias, mas que, sem dúvida, não eram o mesmo Espírito; portanto, dentro dessa "linha de pensamento", não há como sustentar que João Batista é Elias em nova encarnação.

Apresentamos, no quadro a seguir, os principais pontos em que se via semelhança entre os dois personagens, tomados como base para os argumentos de combate à crença na reencarnação:

As semelhanças entre os dois profetas:	
ELIAS	JOÃO BATISTA
Vivia no deserto nas margens do Rio Quirite.	Vivia no deserto nas margens do Rio Jordão.
Um profeta (médium).	Um profeta (médium).
Andava vestido com pelos e cingido com uma cinta de couro.	Andava cingido com uma pele de camelo.
Alimentava-se parcamente com o que lhe trazia um corvo.	Alimentava-se de gafanhoto e mel.
Era de temperamento impulsivo.	Era de temperamento exaltado.
Reprovou frontalmente o comportamento do Rei Acab (ou Acabe).	Reprovou o comportamento de Herodes.
Era detestado pela Rainha Jezebel.	Era detestado por Herodíades.
Era fiel ao monoteísmo hebraico.	Era fiel à Lei de Moisés.
Era tido com o precursor do Messias.	Acreditava-se precursor do Cristo.
Pregava sobre o arrependimento e castigo.	Pregava sobre o arrependimento e castigo.

Acrescente-se a tudo isso, o fato de Elias ter, pessoalmente, degolado 450 sacerdotes de Baal (deus da fertilidade e da vida), conforme narrado em 1 Reis 18,40, e como João Batista morreu degolado por ordem de Herodes, cumprindo-se, assim, a inexorável lei que estabelece: *"todos os que lançam mão da espada, à espada perecerão"* (Mateus 26,52).

O profeta Elias, o tisbita, segundo o Dicionário Barsa, viveu no tempo em que o rei de Israel era Acab (873-854 a.C.); então, temos que perto de 900 anos o separa da época em que viveu João Batista; isso é interessante, pois, num tempo tão longo desse, ainda se vê uma relação forte de costumes/caráter entre um e outro. Presumimos que sendo de apenas 40 anos o tempo que separa Kardec e Chico, supondo o Codificador reencarnado, este deveria ser muito mais parecido (costumes/caráter) com o seu suposto personagem antecessor.

É oportuno citarmos:

> "Para cada nova existência, **o Espírito traz consigo o que adquiriu nas anteriores, em aptidões, conhecimentos intuitivos, inteligência e moralidade**. Cada existência é assim um passo adiante no caminho do progresso." (grifo nosso)[180]

Opina o jornalista e professor Fausto de Vito (1924-2015), ex-diretor de "A Flama Espírita": "[...] não parece ao leitor que 40 anos de intervalo (de 1869 a 1910 menos 9 meses) seriam insuficientes para uma tão radical mudança na feição individual do Espírito? Afinal, **Chico e Kardec têm personalidades tão diferentes!**" (grifo nosso)[181]

Informa-nos o confrade Clovis Tavares algo bem interessante sobre Chico:

---

[180] KARDEC. *O Céu e o Inferno*, p. 35.

[181] PAIVA. *Será Chico Xavier a Reencarnação de Allan Kardec*, p. 13.

[...] E **nosso querido Chico**, na maravilhosa potencialidade de sua memória mediúnica, qual se fora misterioso "arquivo de microfilmes", **recorda-se dos preparativos de sua atual reencarnação**, quando era trazido pelos Benfeitores Espirituais, muitas vezes, ao lar humílimo da inesquecível autora de "*Cartas de uma Morta*", a bondosa Maria João de Deus... (grifo nosso)[182]

Estranho é o fato de Chico não se lembrar de que foi o Codificador (aliás o que faz é justamente o contrário, ou seja, nega ter sido), pois, em se preparando para reencarnar, certamente, ele ainda era Kardec (Espírito).

Em depoimento, Arnaldo Rocha ressaltou que o seu amigo Chico Xavier tinha uma "[...] capacidade incrível de recordar vidas passadas [...]".[183] Wilson Garcia, por sua vez, informa: "[...] Vemos, portanto, que entre todas as virtudes de Chico Xavier, tem ele uma a mais: a de se lembrar da vida anterior e com tal requinte de detalhes que faria a alegria dos investigadores da reencarnação, [...]"[184] Se tudo isso for mesmo verdade, e, pessoalmente, acreditamos que sim, como explicar tanta diversidade de costumes/caráter entre os dois que, taxativamente, dizem ser o mesmo Espírito?

Em outras partes do presente estudo poderemos confirmar que Chico, de fato, lembrava-se de algumas vidas passadas. Pedimos, caro leitor, sua atenção especial quando falarmos da regressão que Emmanuel fará em Chico, levando-o para o massacre da noite de São Bartolomeu, onde ele se verá como uma jovem adolescente.

---

182 .... TAVARES. *Trinta Anos com Chico Xavier*, p. 95.

183 .... UNIÃO ESPÍRITA MINEIRA. *Chico Xavier, Mandato de Amor*, p. 71.

184 .... GARCIA. *Chico, Você é Kardec?*, p. 118.

E aí, cabe a questão: Por que Chico nunca disse que era Kardec, de forma pública ou em alguma entrevista? Fato curioso é que sempre nos apresentam ele, o Chico, confessando a "amigos", nunca de algo escrito por ele ou na própria voz dele e, tampouco, seu Mentor, Emmanuel, por via mediúnica confiável, o tenha apresentado como tal.

Podemos destacar dois depoimentos com informações de que Chico tinha conhecimento de suas reencarnações através de obras ditadas por Emmanuel e um em que diz que tiveram reencarnações interligadas:

1º – R. A. Ranieri

> [...] Através dos livros: *Há Dois Mil Anos*, *50 Anos Depois*, *Renúncia e Ave Cristo!*, ficamos sabendo de algumas reencarnações de Emmanuel, Chico Xavier e outros companheiros.[185]
>
> Em "**Ave Cristo!**" – Emmanuel é Basílio, o músico e filósofo e **Chico é Blandina**. Em "**Renúncia**", – Emmanuel é o Padre Damiano e **Chico é Alcione**. "**Há Dois Mil Anos**", – Emmanuel é Públius Lentulos e **Chico, Flávia, sua filha** bem-amada, que encontrou a cura nas mãos misericordiosas do Mestre. Tão íntima é a ligação que une os dois que vem do tempo de Cristo. Estiveram juntos com o Senhor e sentiram sua gloriosa Presença! (grifo nosso)[186]

2º – Luciano Napoleão Costa e Silva

> Não podemos nos esquecer de que Chico, em muitas vidas, como já citamos acima, foi filho (a) de Emmanuel (Públius

---

[185] RANIERI. *Recordações de Chico Xavier*, p. 26.

[186] RANIERI. op. cit., p. 26.

Lentulus). Por exemplo, **no livro Há dois mil anos, foi Flávia e, no livro Ave Cristo, foi a filha de Basílio**. (grifo nosso)[187]

3º – Mário Boari Tamassía

No artigo "A Posição Religiosa de Chico Xavier", o escritor Mário B. Tamassía (1916-1993), a certa altura, lembra que:

> [...] Clovis Tavares escreveu uma excelente obra, "Amor e Sabedoria de Emmanuel", na qual encontramos os pontos de referência, através dos quais constatamos que **Chico Xavier e Emmanuel tiveram uma longa vida espiritual, interligados.** [...]. (grifo nosso)[188]

Os três autores corroboram o relacionamento íntimo entre Emmanuel e Chico, fato que o próprio Chico confirmou.

E, especificamente, da obra *Chico, Diálogos e recordações...*, na qual, como dito, se têm revelações de Arnaldo Rocha, que seria o quarto autor a corroborar, conseguimos elaborar o seguinte quadro pelo qual procuramos correlacionar as épocas em que foram contemporâneos:

---

187 .... COSTA E SILVA. *Chico Xavier, o Mineiro do Século*, p. 40.

188 .... TAMASSÍA. *A Posição Religiosa de Chico Xavier*. Folha Espírita – Edição Especial Comemorativa dos 50 anos de Mediunidade de Chico Xavier, p. 95.

Local/época	Emmanuel	Chico	(1)
Egito – no tempo de Quéops 2589 a 2555 a.C.	"Emmanuel, Chico e outros amigos estavam juntos nessa fase."		p. 238.
Egito c. 800 a.C.	Simas (grão-sacerdote)	Chams (Faraó)	p. 105-106.
Delfos, Grécia – c. 600 a.C.	Sacerdote (tio)	Sacerdotisa (sobrinha)	p. 170.
Roma, Itália – c. 60 a.C.	(Pai Publius Cornelius Lentulus Sura, avô de Público Cornelius Lentulus/ Emmanuel)	Lucina (tia)	p. 113
Roma e Palestina – 26 a 79 d.C.	Públio L. Cornélio (pai)	Flávia (filha)	p. 121-122.
Chipre – 233 a 256 d.C.	Basílio (pai)	Lívia (filha)	p. 237-238.
Itália – Séc. XIII	João de São Paulo (cardeal)	Lucrezja di Colonna	p. 269
Espanha – 1479 a 1555	Manoel de Nóbrega (padre)	Joanna de Castela, a louca	p. 159-161.
França, Arras. Séc. XVIII – Rev. Francesa	Jean Jaques Turville	Jeanne d'Arencout	p. 139-140.
(1) COSTA. *Chico, Diálogos e Recordações...*, Belo Horizonte: UEM, 4.ª ed., 2012.			

Embora essas informações não possam ser tomadas como "prova científica" merecem credibilidade, porquanto entre as pessoas que as passaram algumas foram, de fato, amigas de Chico Xavier, razão pela qual podem, muito bem, nas reuniões íntimas, ter ouvido tudo isso de Emmanuel ou do próprio Chico. Clovis Tavares passa informações sobre essas reuniões, às quais denomina "círculos de estudos":

> Citações, levantamentos históricos, intimidades biográficas maiores que as da "petite histoire", ilações, dignoses... **E com o desvelar do passado histórico do pequeno grupo**, o estudo dos mais inimagináveis problemas ligados à etiologia das quedas e recidivas espirituais em nossa milenária peregrinação pelos caminhos do planeta. (grifo nosso)[189]

São, portanto, informações que se convergem para um ponto comum.

Um outro ponto importante é o fato de que a reencarnação de Elias como João Batista foi declarada por um Jesus, Espírito Superior de primeira ordem, e no caso de Kardec/Chico, não temos nenhum Espírito desse quilate informando-nos sobre isso.

---

189 ...... TAVARES. *Amor e Sabedoria de Emmanuel*, p. 127.

O PSIQUISMO DE CHICO ERA MASCULINO OU FEMININO?

A**NTES** de adentrarmos ao tema é preciso fazer algumas considerações, pois acreditamos que há possibilidade de alguém dizer que nós estamos depreciando a imagem Chico Xavier ao considerá-lo uma "alma feminina", por essa razão vamos nos antecipar trazendo alguma coisa da Codificação e de Léon Denis, continuador de Kardec na propagação do Espiritismo.

Vejamos o seguinte comentário de Kardec à questão 202, quando os Espíritos Superiores afirmaram que encarnar no corpo de homem ou de mulher é algo que pouco importa ao Espírito, o que vai ditar a sua escolha é as provas pelas quais queira passar:

> Os Espíritos encarnam como homens ou como mulheres, porque não têm sexo. Como devem progredir em tudo, **cada sexo, como cada posição social, lhes oferece provações, deveres especiais e novas oportunidades de adquirirem experiência**. Aquele que fosse sempre homem só saberia o que sabem os homens. (grifo nosso)[190]

Então, encarnar nos diferentes sexos faz parte do processo evolutivo de cada um de nós; portanto, não há sentido algum em fazer desse fato como algo de cunho depreciativo.

Vemos isso com maior clareza nesta fala de Léon Denis, em que ele aponta o encarnar num corpo feminino como fator

---

[190] .... KARDEC. *O Livro dos Espíritos*, p. 131.

necessário ao desenvolvimento dos sentimentos que sustentam as mais nobres virtudes humanas:

> Os Espíritos afirmam que, **encarnando de preferência no sexo feminino, se elevam mais rapidamente de vidas em vidas para a perfeição**, pois, como mulher adquirem mais facilmente estas virtudes soberanas: a paciência, a doçura, a bondade. Se a razão parece predominar no homem, na mulher o coração é mais vasto e mais profundo. (grifo nosso)[191]

É, de certa forma, também a valorização da mulher, em cujo corpo o Espírito progride mais depressa. Entender esse aprendizado fica fácil ao tomarmos esta fala de Kardec, cuja transcrição será realizada mais à frente: "O Espírito encarnado sofrendo a influência do organismo, seu caráter se modifica segundo as circunstâncias e se dobra às necessidades e aos cuidados que lhe impõe esse mesmo organismo. [...]."[192]

Vejamos, também, essa contribuição de Emmanuel, em *O Consolador*:

> 385 – *A mulher ou o homem, em particular, possuem disposições especiais para o desenvolvimento mediúnico?*
> – **No capítulo do mediunismo não existem propriamente privilégios** para os que se encontram em determinada situação; **porém, vence nos seus labores quem detiver a maior porcentagem de sentimento. E a mulher, pela evolução de sua sensibilidade em todos os climas e situações, através dos tempos, está, na atualidade, em esfera superior à do

---

[191] .... DENIS. *Depois da morte*, 1987, p. 316.

[192] .... KARDEC. *Revista Espírita 1866*, p. 4.

homem, para interpretar, com mais precisão e sentido de beleza, as mensagens dos planos Invisíveis. (grifo nosso)[193]

Tendo o psiquismo feminino, por ter encarnado um considerável número de existências em corpo feminino, isso que Emmanuel explica fará todo o sentido se analisarmos a sensibilidade mediúnica do Chico, que, acreditamos, tão cedo encontraremos um outro médium que lhe iguale em relação a seu mediunato, quanto na própria produção de livros, e, porque não, na dedicação à causa Espírita.

Dito isso, sigamos em frente.

Vejamos esta relação das possíveis reencarnações de Chico, disponível no site da Editora *Vinha de Luz*[194], na qual o personagem da reencarnação anterior é Kardec:

---

[193] XAVIER. *O Consolador*, p. 214-216.

[194] http://www.vinhadeluz.com.br/site/noticia.php?id=1788

Vivências de um Espírito – Médium do Cristo	
Nomes	Épocas
Profeta Isaac	c. 1900 a.C.
Faraó Hatshepsut (mulher)	c. 1.470 a.C.
Faraó Chams (mulher)	c. 800 a.C.
Profeta Daniel	c. 622 a 550 a.C.
Platão	c. 428 a 348 a.C.
Druida Allan Kardec	c. 58 a 44 a.C.
João Evangelista	c. 10 a 103 d.C.
Santo Antão	251 a 356
Um sacerdote	c. 440 a 530
Francisco de Assis	1182 a 1226
Jan Huss	1369 a 1415
Manuel de Paiva	1508 a 1584
Hippolyte Léon Denizard Rivail	1804 a 1869
Chico Xavier	1910 a 2002
Fonte: http://www.vinhadeluz.com.br/site/noticia.php?id=1788	

Observe, caro leitor, que, de todos os personagens anteriores (13), apenas dois são mulheres (15,4%), isso faz com que a maioria seja de homens (84,6%), o que, de certa forma, estabeleceria um psiquismo masculino para o nosso Chico, mais à frente, após analisarmos a possibilidade de Kardec ser dois deles, você terá condições de avaliar se isso, ou seja, psiquismo masculino, faz sentido diante das informações que conseguimos coletar.

Apenas para adiantar um assunto, diremos que no artigo "As mulheres têm alma?", de autoria de Kardec, publicado na *Revista Espírita 1866*, mês de janeiro[195], cuja trans-

---

195 .... KARDEC. *Revista Espírita 1866*, p. 1-5.

crição faremos mais adiante, é que encontramos as bases doutrinárias para o que dissemos sobre a possibilidade de um Espírito conservar o psiquismo de determinado sexo. Com elas também poderemos justificar a resposta de Chico à jornalista Helle Alves (1927-), quando do programa Pinga-Fogo, que, também, mais à frente mencionaremos, em que ele fala da possibilidade de uma alma feminina vir num corpo masculino.

Focalizaremos apenas em dois personagens; são eles: João Evangelista e Francisco de Assis.

a) João Evangelista

Primeiramente, apresentaremos informações que, acreditamos, colocarão em sérias dúvidas a possibilidade de Kardec ser João Evangelista.

O jornalista e escritor Luciano dos Anjos (1933-2014), em seu artigo "As 5 (?) encarnações do codificador", que, segundo informa, foi publicado no *Reformador* (agosto 1974), apresenta o seguinte argumento a respeito do período 30-33 da EC:

> Remontemos ao pequeno período que vai do ano 30 ao ano 33 de nossa era. Período curto, é bem verdade, mas que encerra as mais profundas e gratas recordações de toda a cristandade. De 30 a 33 Jesus exerce seu celeste mandato. (Mantenho aqui os anos 30/33 apenas por tradição, pois hoje é sabido que nosso calendário gregoriano tem um erro de 4 anos para trás.) Foram 3 anos de surpresas, de deslumbramento, de paixão e de glória. Ter podido reencarnar nesse período, nessa faixa histórica, é merecimento e prêmio até mesmo para os que houveram de suportar terríveis provações. É natural também que se aceite como apanágio razoável a importância de terem os principais Espíritos responsáveis pela Terra participado dum modo

ou doutro da pregação de Jesus, da época de Jesus. Em outras palavras: é muito sensato que Kardec, Ghandi, Francisco de Assis, Emmanuel (este, com certeza), etc. tenham tido a 'sorte' de estar na Terra quando o Cristo nela se materializou, embora, evidentemente, isto não seja essencial à evolução de ninguém. Certo é que, se me afirmarem que Kardec viveu aqui no tempo de Jesus, em princípio aceito-o de bom grado.

Ora muito bem. Entre 30 e 33 teria reencarnado neste planeta um Espírito que se chamou Quirílius Cornélius. Seu pai fora soldado. A mãe e os tios habitavam a casa do avô, um rico e sábio filósofo. Esse avô quis fazer de Quirílius Cornélius um sábio também, mas o pai acabou conduzindo-o à carreira das armas. Estagiou pela primeira vez em Massília, na Gália. Dali foi destacado para servir em Jerusalém, na Judeia, província então governada, como é sabido, pelo procurador romano Pôncio Pilatos. Quirílius Cornélius tinha grande facilidade de aprender línguas. Em Jerusalém, passou a ocupar um cômodo na casa de certo galileu, homem pobre, de numerosa família, mas muito honesto. Uma de suas filhas, jovem muito bonita chamada Abigail, veio a agradar sobremaneira a Quirílius. Foi ali, naquela casa e naquele ambiente, que ele ouviu falar pela primeira vez em Jesus, com quem irá posteriormente ter contato pessoal. Quem era **Quirílius Cornélius? Seria Allan Kardec? Onde se encontram essas informações?** Numa obra seríssima, muito bem-feita, de grande repercussão mundial, ditada por respeitável autor espiritual, psicografada por médium de excepcionais recursos e, finalmente – o que é importantíssimo – editada sob a chancela da Federação Espírita Brasileira, em tradução de Manuel Quintão. Trata-se do livro 'Herculanum', do conde J. W. Rochester (na realidade, o poeta inglês John Wilmot, desencarnado em 1680, boêmio e cortesão de Carlos II, da Inglaterra), livro recebido pela médium mecânica Wera Krijanowsky, de nacionalidade russa. **A informação sobre**

Allan Kardec é apresentada de forma muito clara e muito explícita. O ponto essencial se contém à pág. 351, da 4.ª edição, e está vazado nos seguintes termos:

'A esses, como conquistá-los? Como encontrar a pista de suas almas? **Tu mesmo, tu, valoroso centurião que não há muito foste Allan Kardec; tu que na última encarnação foste Allan Kardec; tu que na última encarnação te devotaste à fundação de uma doutrina que esclarece e consola a Humanidade, quantos dissabores não amargaste?**'

Mais adiante, à página 353:

'**Depois, o Espírito Kardec ascendeu aos páramos infinitos.**'

Com a revelação sobre Quirílius Cornélius podemos seguir curto fio de ariadne e bater noutra figura referida naquele mesmo livro. Trata-se do eremita João, que, aliás, na narrativa de Rochester, é a personagem que interessa. **Quirílius só surge porque João recorda sua encarnação anos atrás, ao tempo do Cristo. A rigor, a personagem de 'Herculanum' é João, o eremita**. Vivia ele no ano 79, época da erupção do Vesúvio, numa espécie de gruta, perto da cidade de Herculano. Era um homem alto que comumente aparecia envolto num hábito cinzento. Tinha idade avançada, porém denotando vigor e porte. Na história, é uma figura austera, centro dos principais acontecimentos, embora surgindo muito poucas vezes no enredo. A referência principal de Rochester está contida a partir da pág. 191 da edição citada. **João, o eremita, aparece narrando, à personagem central da história, passagens de sua vida pretérita, quando tinha sido o centurião Quirílius Cornélius**.

Era então o responsável por Jesus, na prisão, mas, como não acreditava na culpa do Salvador, propôs-lhe uma troca: tomaria o seu lugar, deixando que Jesus se evadisse; morreria pelo Cristo. Este, porém, lhe teria respondido:

— *"Agradeço-te e muito aprecio o teu devotamento, mas não posso aceitá-lo. Acaso consideras menor o meu sacrifício, se houvera de permanecer neste mundo em que me é tão difícil praticar o bem? Não, amigo, eu deploro a minha sorte, a mesma que tiveram os profetas que me precederam, mortos pelos homens. Mas, não suponhas, também, que eu desdenhe o sacrifício da tua vida (parou com os olhos no vácuo, dando à fisionomia uma feição singular), pois tu hás de morrer por mim e estou a ver as chamas da fogueira que te espera... Mas, isso não será por agora... (...)*

— "Que dizes com isso, meu pai João? Será que estejas mesmo fadado a morte assim horrível? – atalhou Caius.

— *"Filho, certa feita, cheguei a crer-me destinado à glória do martírio, quando milhares de irmãos tombaram imolados à sua, à nossa fé; e* **foi quando tive um sonho profético que me assinalou essa glória para existência futura**.[196] (grifo itálico do original, em negrito nosso)[197]

Pelo texto, fica claro que Quirílius Cornélius viveu na época de Jesus; daí, temos, ao mesmo tempo, três personagens, contemporâneos entre si, sendo Kardec reencarnado. Claro, não há como aceitar tal hipótese. Resta-nos, portanto, distinguir qual a informação é mais confiável para escolher dentre os três aquele que, de fato, poderia ser considerado uma antiga reencarnação de Kardec.

Na obra *Chico Xavier, 100 anos de amor*, contendo mensagens psicografadas por Chico Xavier, da qual trazemos para nossa pesquisa o capítulo 11, com mensagem de Bezerra de Menezes.

Dois missionários
Caridade material e moral são os temas da noite.

---

[196] .... Nota da transcrição: João Huss, queimado em Constança em 1415.

[197] .... Nota da transcrição: João Huss, queimado em Constança em 1415.

E estamos em outubro com a necessidade de lembrar dois heróis do Cristianismo: Allan Kardec e Francisco de Assis. O primeiro foi explicador dos ensinos do Mestre e o segundo foi aquele que soube vivenciar o Evangelho de Kardec, desde cedo, consagrou no estudo e observando o fenômeno de cadeiras e mesas deslocadas, notaram atenciosamente os resultados dos movimentos em derredor e, meditando sobre isso, na prece foi chamado pelo Espírito da Verdade para organizar as ideias que todos esses eventos consubstanciavam e dedicou-se de tal modo à caridade moral que, de 1857[198] a 1869, em doze anos consecutivos, compendiou em livros e escritos outros a Doutrina Espírita que a todos[199] nos beneficia, formando a primeira confraria e a primeira livraria para explicar os ensinamentos do Senhor. Nunca se irritou com as pedradas[200] e sarcasmos e sim nos deu o ensinamento dos livros que nos auxiliam a compreender nossos deveres e destinos, baseando-se nas lições e ensinamentos do Senhor e evidenciando a supremacia do Cristianismo, traçou a pergunta-resposta nº 625, em *O Livro dos Espíritos*, mostra-nos no Divino Mestre o alvo a que todos devemos alcançar. Partiu da Terra, trabalhando e escrevendo por amor ao Divino Amigo e a todos nós na Humanidade.

A ele, a nossa homenagem e o dever de seguir-lhe o exemplo santo.

X

Francisco de Assis, nasceu de pais ricos mas depois de alguns anos na primeira juventude em que abdicou a prazeres e

---

198 ······· Corrigido: no texto está "1852", mas no manuscrito original consta "1857".

199 ······· Corrigido: no texto está "1852", mas no manuscrito original consta "1857".

200 ······· Corrigido: no texto está "pecados", mas no manuscrito original consta "pedradas".

companhias, sem apoio espiritual, voltou-se para o Evangelho e, advertido pelo progenitor sobre os gastos, devolveu-lhe as próprias roupas que vestia. Aos quase vinte anos alistou-se[201] na milícia de Gualtieri[202] de Brienne, no entanto em 1202, chamado a exercícios de guerra, revelou-se desatento aos movimentos de guerra, pois Gualtieri servira a um exército do Papa, foi por esse comandante demitido, sob a pecha[203] de covarde, mas tomado de amor a Jesus, vislumbrou o Mestre[204], a cuja frente se ajoelhou em oração, logo fundou[205] a confraria formada por muitos companheiros e, em seguida a caminho revelado em Spoleto, confirmou-se sua fé que desposara. […]

[…]

E de 1205 até 3 de outubro de 1226 viajou, muitas vezes, com Frei Leão, em peregrinações para auxiliar doentes, especialmente leprosos aos quais manifestava carinho paternal e depois da pregação comunicando o Evangelho às comunidades da Itália, do Egito e da própria Terra Santa, faleceu, quase nu na primeira cuba Igreja de Santa Maria dos Anjos, nos arredores de Assis.

-o-

São estes missionários, recordados agora, em 3 de outubro, nos anos 1869 e outro em 1226. A distância no tempo não lhes

---

201 ······· Corrigido: no texto está "distou-se", mas no manuscrito original consta "alistou-se".

202 ······· Corrigido: no texto está "Gualtueri", mas o nome correto é "Gualtieri".

203 ······· Corrigido: no texto está "perda", mas no manuscrito original consta "pecha".

204 ······· Corrigido: no texto está "inventou o presente", mas no manuscrito original consta "vislumbrou o Mestre".

205 ······· Corrigido: no texto está "formou", mas no manuscrito original consta "fundou".

desfigura a grandeza e apresentamos o assunto para convidar-vos à fidelidade, ao trabalho, à tolerância e à persistência.

Que o Senhor nos abençoe e nos ensine a seguir-lhes os exemplos, porque este é o caminho dos que escolhem a caridade, o amor, a vida e a luz, a fim de estarmos hoje e sempre na sagrada presença de Jesus.

Bezerra de Menezes[206]

Aqui temos que Kardec e Francisco de Assis são dois missionários, ou seja, dois Espíritos em que cada um teve a sua relevante missão. Mas não vamos nos iludir achando que os partidários de "Chico é Kardec" aceitarão pacificamente isso. Então, que nos digam por qual razão Bezerra de Menezes não afirmou que ambos eram o mesmo Espírito?

A inspiração para o título desse livro em que colocamos Kardec e Chico como dois missionários podemos dizer que está aqui, embora só tenhamos tido conhecimento dessa mensagem de Bezerra bem ao final de nossa pesquisa.

Através da obra *Francisco de Assis*, ditada pelo Espírito Miramez, ao médium João Nunes Maia (1923-1991), temos, segundo esse autor espiritual, que Francisco de Assis é João Evangelista em nova roupagem[207]. Disso, concluímos que se Kardec não for o "Vidente de Patmos", consequentemente, não será o "Poverello de Assis" e vice-versa.

Não podemos deixar de registrar que Miramez também faz relação de João Evangelista com o discípulo amado[208]. Bem

---

206 ······· XAVIER. *100 Anos de Amor*, p. 120-130.

207 ······· MAIA. *Francisco de Assis*, p. 43.

208 ······· MAIA. op. cit., p. 368.

disse Kardec que: "[...] cada um fala segundo suas ideias, e o que eles dizem é, muitas vezes, apenas a sua opinião pessoal; eis o motivo por que se não deve crer cegamente em tudo o que dizem os Espíritos. [...]"[209] Acrescentando, mais à frente, que "[...] eles não emitem mais que a sua opinião pessoal, que pode ser mais ou menos acertada, e conservar ainda um reflexo dos prejuízos terrestres de que se não despojaram [...]".[210]

Em *Roma e o Evangelho*, publicação da FEB, o autor D. José Amigó y Pellícer (?), apresenta no tópico "Comunicações ou ensino dos espíritos", da Parte Segunda, trinta e nove mensagens espirituais, ocorridas a partir de maio de 1873, quando se iniciou o Círculo Cristiano-Espiritista de Lérida (Espanha), até outubro de 1877.

Entre os Espíritos manifestantes encontram-se São Luís, Fénelon, S. João Evangelista, Santo Agostinho e Lamennais, que participaram da Codificação Espírita, além de duas do próprio Allan Kardec[211], óbvio, na condição de desencarnado.

Na possibilidade de Kardec ter sido João Evangelista, as comunicações que levam a assinatura de ambos é algo bem estranho, estaria evidenciada a "dupla personalidade" caso sejam o mesmo Espírito? Não temos notícias, em nenhuma obra da Codificação, que um só Espírito tenha se manifestado, numa mesma época, em mais de um de seus personagens

---

209 ······ KARDEC. *O Que é o Espiritismo*, p. 107.

210 ······ KARDEC. op. cit., p. 185.

211 ······ De João Evangelista, temos as mensagens n° 14, 28, 39, e de Kardec as de n° 26 e 30.

de vidas anteriores. É certo que um Espírito pode tomar a aparência que quiser para se fazer reconhecer, mas como sendo dois personagens, é, reafirmamos, muito estranho, até mesmo porque nós não conhecemos a aparência de nenhum dos dois para que pudéssemos identificá-los.

E por falar em "dupla personalidade", é, provavelmente, também o caso de João Batista, pois, segundo alguns confrades, ele era o Espírito de Verdade; então, temos que no círculo de Kardec ele se manifestava como esse personagem e em Saint-Jean d'Angély ele já se fazia passar por João Batista.

E já que mencionamos João Batista, na *Revista Espírita 1862*, encontramos várias evocações dirigidas a ele, em reuniões na Sociedade Espírita de Saint-Jean d'Angély, ocorridas no mês de agosto, que prontamente respondeu às questões levantadas.

Num dado momento, Guillaume Remone, um Espírito que também se manifestou, responde à pergunta onde se encontrava a sua mulher: "Não sei o que ela se tornou, **mas vos será fácil disso se informar, junto de vosso guia espiritual, São João Batista.**" (grifo nosso)[212]. Essa condição de "guia espiritual", pareceu-nos ser mais da própria Sociedade Espírita da cidade de Saint-Jean d'Angély.

No *Jornal da Mediunidade* n° 37, de outubro/novembro/dezembro de 2013, há um artigo em que se afirma que uma psicografia de Chico Xavier – uma poesia de Casimiro Cunha – confirma a "revelação" de que Kardec foi João Evangelista, do qual transcrevemos o seguinte trecho:

---

[212] KARDEC. *Revista Espírita 1862*, p. 327.

MANDATO DE AMOR – AOS ESPÍRITAS
Capítulo II – A Doutrina em Versos
AOS ESPÍRITAS
Se queres viver à luz
Do Espiritismo Cristão,
Guarda o Discípulo Amado
No templo do coração.
Ele foi o Mensageiro
Do Espírito da Verdade,
Unindo a Ciência e a Fé
Nas lutas da Humanidade.
Imita o seu sacrifício
Nas oficinas da Luz,
Praticando o ensinamento
Do Evangelho de Jesus.
Suporta a calúnia, o apodo,
O ridículo, o tormento,
Sem fugir à tua fé,
Nos dias do sofrimento.
Lembra o Discípulo e o Mestre,
Nosso Mestre e Salvador,
E farás do teu caminho
Um sacerdócio de Amor.
Casimiro Cunha
(Poema psicografado por Francisco Cândido Xavier, no dia 31 de março de 1938, em solenidade realizada pela União Espírita Mineira)
Do Livro "Mandato de Amor" – Geraldo Lemos Neto
Itens: "SÉCULO XX – AOS ESPÍRITAS", Editora UEM – União Espírita Mineira: http://www.uemmg.org.br/,
Livro: http://www.vinhadeluz.com.br/site/produto.php?n=32

O Discípulo Amado de Jesus, João Evangelista, foi o Mensageiro do Espírito da Verdade, Allan Kardec! (grifo do original)[213]

Veremos se João Evangelista poderia ser uma reencarnação de Kardec.

É importante ressaltar que o Espírito João Evangelista assina o "Prolegômenos" em *O Livro dos Espíritos*, o que nos coloca numa possível impropriedade da hipótese, caso ele fosse Kardec, porquanto, a manifestação do Espírito de pessoa viva só ocorre em estado em que o corpo físico esteja dormindo ou em êxtase, conforme demonstramos, em um desenvolvimento mais aprofundado desse tema com o título "Manifestação de Espírito de pessoa viva, é possível em estado de vigília?" Como de uma certa forma está ligado ao nosso assunto, recomendamos a você, caro leitor, a sua leitura; basta, para isso, acessar ao nosso site www.paulosnetos.net[214]

Dizemos isso porquanto encontramos informações que, a nosso ver, derrubam a hipótese dele ter sido Kardec, pois temos o próprio Codificador, presente numa reunião, na qual, a seu pedido, evocou-se o Espírito João Evangelista, o que se pode comprovar na *Revista Espírita 1861*, no relato da ata da reunião na Sociedade Espírita de Paris do dia 14 de dezembro de 1860; do qual destacamos este trecho:

---

[213] ······· *Jornal da Mediunidade* nº 37, p. 3.

[214] ······· http://www.paulosnetos.net/viewdownload/5-artigos-e-estudos/675-manifestacao-de-espirito-de-pessoa-viva-e-possivel-em-estado-de-vigilia.

3º Fato pessoal ao Sr. Allan Kardec e que pode ser considerado uma **prova de identidade do Espírito de um personagem antigo**. A Senhorita J... teve várias comunicações de João Evangelista, e cada vez com uma escrita muito caracterizada e muito diferente da sua escrita normal. **A seu pedido, o Sr. Allan Kardec**, tendo evocado esse Espírito, pela senhora Costel, achou que a escrita tinha exatamente o mesmo caráter da senhorita J..., embora o novo médium dela não tivesse nenhum conhecimento; além do mais o movimento da mão tinha uma doçura desacostumada, o que era ainda uma semelhança; enfim, as respostas concordavam em todos os pontos com aquelas feitas pela senhorita J... e nada na linguagem que não estivesse à altura do Espírito evocado. (grifo nosso)[215]

Não temos dúvida de que as "várias comunicações de João Evangelista", tendo como médium a Senhorita J..., ocorreram em reuniões na Sociedade Espírita de Paris, o que nos remete à possibilidade de que todas elas foram presididas por Kardec, uma vez que ele exerce a função de Presidente dessa Instituição, ou, na pior das hipóteses, com a sua presença.

Podemos acrescentar outra ocorrência da manifestação do Espírito João Evangelista. Essa se deu em 2 de novembro de 1864, na Sociedade Espírita de Paris, cujos participantes se reuniram "com o objetivo de oferecer uma piedosa lembrança aos seus colegas e aos seus irmãos em Espiritismo, falecidos".[216]

Após a locução de Kardec, abriu-se espaço para possível manifestação dos Espíritos. Vários se manifestaram e, entre

---

[215] .... KARDEC. *Revista Espírita 1861*, p. 5.

[216] .... KARDEC. *Revista Espírita 1864*, p. 353.

eles, o Espírito João Evangelista, que deu uma bela mensagem pela médium Senhora Costel.[217]

Como antes já dissemos, aqui temos um fato inusitado, caso persista a hipótese de João Evangelista ser Kardec, pois não há nada de lógico em evocar a si mesmo. A manifestação do Espírito de uma pessoa viva, só ocorre nos momentos em que o seu corpo esteja inativo (ou em êxtase), uma vez que, segundo Kardec, essa é a condição necessária para que a alma se emancipe.

Então, diante disso, caberia aos defensores da hipótese "Chico é Kardec! provarem (o ônus da prova cabe a quem afirma) que todas as vezes que o Espírito Kardec se manifestou, quando Chico Xavier estava vivo, este se encontrava dormindo ou em êxtase, para que seu Espírito pudesse se emancipar e manifestar como Kardec. Além disso, também teriam que provar que um Espírito encarnado teria condições de vencer o esquecimento do passado que lhe impõe a nova encarnação para assumir todo o conhecimento de sua personalidade anterior, para se portar como tal.

Resta-nos, ainda, ver se João Evangelista, realmente, teria sido o tal "discípulo amado", como se quer fazer crer. Sobre essa temática recomendamos a você, caro leitor, caso interesse o nosso texto "O discípulo a quem Jesus amava seria João?", disponível em nosso site.[218]

---

217 ······· KARDEC. op. cit., p. 362-363.

218 ······· http://www.paulosnetos.net/viewdownload/5-artigos-e-estudos/710-o-discipulo-a-quem-jesus-amava-seria-joao

Apenas para que não fique totalmente no ar essa questão, transcreveremos dele um pequeno trecho; é o que se segue a partir do próximo parágrafo até o final desse item.

Vejamos o que, em notas de rodapé, os tradutores bíblicos explicam a respeito dessa passagem:

> O anúncio da traição se apresenta numa cena dramática que permite contrapor ao traidor o "discípulo predileto" de Jesus. É a primeira vez que a expressão aparece e se repetirá a seguir. **O texto bíblico dá indícios não muito seguros para identificá-lo; uma tradição muito antiga o identificou com João Evangelista.** O que podemos dizer é que era uma personagem respeitada nas comunidades onde se escreveu ou se cristalizou o evangelho. (grifo nosso)[219]
>
> [...] O "discípulo que Jesus amava" aparece aqui pela primeira vez sob essa **designação enigmática** (cf. 19,25; 20,2; 21,7.20.24). (grifo nosso)[220]
>
> Aquele a quem ele amava. Tradicionalmente se identifica com João, filho de Zebedeu e autor deste evangelho. **Podia também ter sido seu irmão Tiago (21,2), que foi martirizado em 44 d.C.** (At 12,2). (grifo nosso)[221]

Destaca-se a honestidade dos tradutores, alguns deles possuidores de grande conhecimento bíblico e da história do cristianismo, em não terem como certa a identificação do "discípulo amado" como sendo João.

Ressaltamos que Russell P. Shedd (1929-), conceituado teólogo evangélico, PhD em Novo Testamento e editor da

---

219 ······· Bíblia do Peregrino, nota 13,21-30, p. 2594.

220 ······· Bíblia de Jerusalém, 2002, nota 13,23, p. 1878.

221 ······· Bíblia Shedd, nota 13,23, p. 1511.

Bíblia Shedd, autor da última transcrição, ainda nos aponta Tiago, o irmão de Jesus, como sendo a pessoa provável, fato que corresponde a uma de nossas hipóteses.

Finalizamos a transcrição que estávamos fazendo, retornemos, pois, ao caminho.

b) Francisco de Assis

Em 3 de outubro de 1950, na cidade de Pedro Leopoldo, MG, o médium baiano **Divaldo P. Franco** é o destinatário de uma mensagem do Espírito Francisco de Assis, recebida pela mediunidade de Chico.[222] Teríamos aqui um outro caso de manifestação de Espírito de pessoa viva em estado de vigília.

Quase um ano depois, precisamente, em 17 de agosto de 1951, o Espírito Francisco de Assis envia uma mensagem a Chico Xavier, pela mediunidade do **próprio Chico**, conforme constatamos em o jornal *Correio Espírita*.

Por pertinente, transcrevemos essa mensagem dirigida a Chico:

> (...) "O calvário do Mestre não se constituía tão somente de secura e aspereza... Do monte pedregoso e triste jorravam fontes de água-viva que dessedentaram a alma dos séculos. E as flores que desabrocharam no entendimento do ladrão e na angústia das mulheres de Jerusalém atravessaram o tempo, transformando-se em frutos abençoados de alegria no celeiro das nações.
>
> Colhe as rosas do caminho no espinheiro dos testemunhos... Entesoura as moedas invisíveis do amor no templo do coração!... Retempera o ânimo varonil, em contato com o

---

[222] SCUBERT. *O Semeador de Estrelas*, p. 281-283.

rocio divino da gratidão e da bondade!... Entretanto, não te detenhas. Caminha!... É necessário ascender.

Indispensável o roteiro da elevação, com o sacrifício pessoal por norma de todos os instantes. Lembra-te, Ele era sozinho! Sozinho anunciou e sozinho sofreu. Mas erguido, em plena solidão, no madeiro doloroso por devotamento à humanidade, converteu-se em Eterna Ressurreição.

Não tomes outra diretriz senão a de sempre. Descer, auxiliando, para subir com a exaltação do Senhor. Dar tudo para receber com abundância. Nada pedir para nosso EU exclusivista, a fim de que possamos encontrar o glorioso NÓS da vida imortal. Ser a concórdia para a separação. Ser luz para as sombras, fraternidade para a destruição, ternura para o ódio, humildade para o orgulho, bênção para a maldição...

Ama sempre. É pela graça do amor que o Mestre persiste conosco, mendigos dos milênios, derramando a claridade sublime do perdão celeste onde criamos o inferno do mal e do sofrimento.

Quando o silêncio se fizer mais pesado ao redor de teus passos, aguça os ouvidos e escuta. A voz Dele ressoará de novo na acústica de tua alma e as grandes palavras, que os séculos não apagaram, voltarão mais nítidas ao círculo de tua esperança, para que as tuas feridas se convertam em rosas e para que o teu cansaço se transubstancie em triunfo.

O rebanho aflito e atormentado clama por refúgio e segurança. Que será da antiga Jerusalém humana sem o bordão providencial do pastor que espreita os movimentos do céu para a defesa do aprisco?

É necessário que o lume da cruz se reacenda, que o clarão da verdade fulgure novamente, que os rumos da libertação decisiva sejam traçados. A inteligência sem amor é o gênio infernal que arrasta os povos de agora às correntes escuras, e terrificantes do abismo. O cérebro sublimado não encontra socorro no coração embrutecido. A cultura transviada da época em que jornadeamos, relegada à aflição, ameaça todos os serviços da Boa Nova, em seus mais íntimos fundamentos. Pavorosas ruínas fumegarão, por certo, sobre os palácios faustosos da humana grandeza, carente de humildade e o vento frio da desilusão soprará, de rijo, sobre os castelos mortos da dominação que, desvairada se exibe, sem cogitar dos interesses imperecíveis e supremos do Espírito.

É imprescindível a ascensão. A luz verdadeira procede do mais alto e só aquele que se instala no plano superior, ainda mesmo coberto de chagas e roído de vermes, pode, com razão, aclarar a senda redentora que as gerações enganadas esqueceram.

Refaze as energias exauridas e volta ao lar de nossa comunhão e de nossos pensamentos.

O trabalhador fiel persevera na luta santificante até o fim. O farol do oceano irado é sempre uma estrela em solidão. Ilumina a estrada, buscando a lâmpada do Mestre que jamais nos faltou.

Avança... Avancemos...

Cristo em nós, conosco, por nós e em nosso favor, e o Cristianismo que precisamos reviver à frente das tempestades, de cujas trevas nascerá o esplendor do Terceiro Milênio.

Certamente, o apostolado é tudo. A tarefa transcende o quadro de nossa compreensão.

Não exijamos esclarecimentos. Procuremos servir. Cabe-nos apenas obedecer até que a glória Dele se entronize para sempre na alma flagelada do mundo.

Segue, pois, o amargurado caminho da paixão pelo bem divino, confiando-te ao suor incessante pela vitória final.

O Evangelho é o nosso Código Eterno. Jesus é o nosso Mestre Imperecível. Subamos, em companhia Dele, no trilho duro e áspero.

Agora é ainda a noite que se rasga em trovões e sombras, amedrontando, vergastando, torturando, destruindo...

"Todavia, Cristo reina e amanhã contemplaremos o celeste despertar".[223]

Se Chico foi Francisco de Assis, temos algo bem inusitado: um Espírito, utiliza-se do próprio médium, como seu intermediário para dar conselhos para si mesmo. Confuso, caro leitor? Pois é, também o achamos.

Temos, em nossos arquivos, uma listagem proveniente da UEM – União Espírita Mineira com o nome de todas as casas espíritas a ela filiada. A data de sua elaboração é de 09 de maio de 2007, ou seja, quase cinco anos após o desencarne de Chico. Mas, qual a relação disso com a história? Ah!, sim, vamos dizer. É que nela estão listadas 26 instituições espíritas que trazem o nome **Francisco de Assis**, o que nos faz presumir seja ele o mentor/coordenador de todas elas.

Daí, ficamos curiosos para saber como Chico Xavier, supondo-o Francisco de Assis, via reencarnação anterior de Kardec, fez para, na condição de um encarnado, ou seja, seria a manifestação do Espírito de pessoa viva, assistir a todas essas instituições, uma vez que isso é algo próprio de Espírito desencarnado. E se ainda acrescentarmos todas as outras instituições que existem no Brasil, e pelo mundo afora, isso tornaria essa tarefa bem mais complexa.

Ainda nessa data acima, ou seja, de 17 de agosto de 1951, há uma outra mensagem de Francisco de Assis, também psicografada por Chico, dirigida a **Pietro Ubaldi**; isso ocorreu na

---

[223] http://www.correioespirita.org.br/mensagens/530-mensagem-de-francisco-de-assis

residência de Dr. Rômulo Joviano em Pedro Leopoldo, MG.[224] O confrade Clovis Tavares (1915-1984), publicou em sua obra *Trinta anos com Chico Xavier* essa mensagem em seu inteiro teor.[225] Então, temos nova manifestação de Espírito de pessoa viva, em estado de vigília; como elas se sucedem!

Em *Chico Xavier, Meus Pedaços do Espelho*, a autora Marlene Rossi Severino Nobre (1937-2015), ou simplesmente, Marlene Nobre, relata uma visita de Chico à Colônia Santa Marta, em Goiânia, sem, entretanto, citar a data. Vejamos esse interessante trecho do relato:

> Mas era de se ver a alegria dos pacientes, com a visita do Chico. Nessas ocasiões, acompanhava dona Elba Álvares, responsável pelo trabalho espiritual na Colônia, e uma grande caravana com muitos amigos.
>
> Em uma dessas visitas contou dona Elba a Carlos Baccelli.[226]
>
> Chico começou a chorar. Preocupada, ela perguntou ao médium se havia alguma coisa errada.
>
> – Não, minha irmã, está tudo bem... **É que o patrono espiritual da Colônia recebe-nos à porta**, dizendo que hoje abraçará e beijará conosco a todos os infelizes companheiros internados nesta casa...
>
> Quanta emoção! **O patrono espiritual da Colônia é o venerável Francisco de Assis.** Quanto exemplo! (grifo em itálico do original, em negrito nosso)[227]

---

224 ······· http://betemensagemdodia.blogspot.com.br/2012/04/mensagem-de-sao-francisco-de-assis.htm

225 ······· TAVARES. *Trinta anos com Chico Xavier*, p. 265-268.

226 ······· Nota da transcrição: BACCELLI, C. A. *Chico Xavier – mediunidade e coração*. São Paulo: Instituto Divulgação Editora André Luiz, 1985, p. 123.

227 ······· NOBRE. *Chico Xavier, Meus Pedaços do Espelho*, p. 386-387.

A alma de Chico dividiu-se em duas, apareceu e conversou com ele mesmo, apesar de o Espírito ser indivisível!? É exatamente isso que aconteceria, caso Chico fosse mesmo a reencarnação de Francisco de Assis, como querem que ele seja.

Tomando da obra *Eurípedes Barsanulfo, o Apóstolo da Caridade*, autoria de Jorge Rizzini (1924-2008), apresentaremos o médium **Eurípedes Barsanulfo** (1880-1918), sobre o qual, temos a seguinte informação:

> Recordam-se os leitores de que **Eurípedes Barsanulfo em vidas passadas na França** fora, respectivamente, eclesiástico, médico e professor. Essa informação veio através de Mariano da Cunha Júnior. Muitas outras reencarnações, é óbvio, ficaram gravadas com letras de outro na História da Terra. **Seu nome, então, era Francisco Bernardone, mas o povo o chamava de Francisco de Assis...**
>
> **Em verdade, são muitos os pontos de contato entre São Francisco e Eurípedes Barsanulfo.** [...]. (grifo nosso).[228]

Aqui vemos outra contradição entre os espíritas, pois há afirmativas conflitantes. Com isso, teríamos dois personagens para serem Francisco de Assis, quais sejam: Chico Xavier, como Kardec reencarnado e Eurípedes Barsanulfo, que, diga-se de passagem, foi contemporâneo de Chico por quase 8 anos e meio, considerando a data de seu nascimento (02.04.1910) com a do desencarne de Eurípedes (01.11.1918). Se estendermos mais a pesquisa, é bem provável que encontraremos outros Franciscos de Assis reencarnados por aí.

---

228 ...... RIZZINI. *Eurípedes Barsanulfo, o Apóstolo da Caridade*, p. 141.

É esse o resultado de agirmos emocionalmente, indo atrás de sabermos quem foi quem em vidas passadas, que, de prático, nada acrescenta de útil ao Movimento Espírita e, muito menos, à Doutrina Espírita.

Vejamos agora o que encontramos, em várias fontes, que aponta para Chico um psiquismo feminino.

Kardec, em a *Revista Espírita 1866*, oferece-nos suporte para situações como a detectada por alguns companheiros, especialmente, aqueles que conviveram no dia a dia das tarefas, em Pedro Leopoldo, quando as circunstâncias favoreceram para diálogos mais rotineiros e profundos, de que Chico possuía um psiquismo acentuadamente feminino:

> [...] **os Espíritos se encarnam nos diferentes sexos**; tal que foi homem poderá renascer mulher, e **tal que foi mulher poderá renascer homem**, a fim de cumprir os deveres de cada uma dessas posições, e delas suportar as provas.
> [...].
> **O Espírito encarnado sofrendo a influência do organismo, seu caráter se modifica segundo as circunstâncias e se dobra às necessidades e aos cuidados que lhe impõem esse mesmo organismo**. Essa influência não se apaga imediatamente depois da destruição do envoltório material, do mesmo modo que não se perdem instantaneamente os gostos e os hábitos terrestres; depois, **pode ocorrer que o Espírito percorra uma série de existências num mesmo sexo, o que faz que, durante muito tempo, ele possa conservar, no estado de Espírito, o caráter de homem ou de mulher do qual a marca permaneceu nele**. Não é senão o que ocorre a um certo grau de adiantamento e de desmaterialização que a influência da matéria se apaga completamente, e com ela o caráter dos sexos. Aqueles que se apresentam a nós como homens

ou como mulheres, é para lembrar a existência na qual nós os conhecemos.

Se essa influência repercute da vida corpórea à vida espiritual, ocorre o mesmo quando o Espírito passa da vida espiritual à vida corpórea. **Numa nova encarnação, ele trará o caráter e as inclinações que tinha como Espírito**; se for avançado, fará um homem avançado; se for atrasado, fará um homem atrasado. **Mudando de sexo, poderá, pois, sob essa impressão e em sua nova encarnação, conservar os gostos, as tendências e o caráter inerentes ao sexo que acaba de deixar**. Assim se explicam certas anomalias aparentes que se notam no caráter de certos homens e de certas mulheres. (grifo nosso)[229]

Resumindo, temos que um Espírito se encarnando por muito tempo em determinado sexo, pode, numa encarnação seguinte, trazer o psiquismo de que ficou "impregnado" por essas vivências anteriores num mesmo sexo; daí a razão de existirem homens afeminados e mulheres masculinizadas, como também os casos de transexualidade, fato que Kardec muito bem classificou de "*anomalias aparentes*", querendo dizer com isso que são fatos naturais.

Mas qual a relação disso com o Chico? Bom, em uma de suas respostas à jornalista Helle Alves, quando do "Programa Pinga-fogo", em 27 e 28 de julho de 1971, na TV Tupi, canal 4, São Paulo, temos algo que poderá nos ajudar o entendimento. Perguntado se na reencarnação o homem nasce sempre homem, mulher, mulher, Chico a responde, conforme destacamos nesse trecho que se segue:

[...] O mesmo pode acontecer com **a mulher que evoluiu muito, às vezes, do ponto de vista da inteligência**, e que

---

[229] ······· KARDEC. *Revista Espírita 1866*, p. 3-4.

desejando voltar à Terra para determinada tarefa do coração, junto da comunidade, **é possível que esse Espírito que esteve longamente na fieira das reencarnações femininas** e, por isso, mesmo, obtendo e fixando em si mesmo as qualidades femininas com muita intensidade, **é possível que esse Espírito afeiçoado às questões femininas venha no corpo de um homem**, para se isolar de compromissos que colocariam em risco o seu trabalho junto da comunidade. (grifo nosso)[230]

Após terminarmos de ler isso, imediatamente "a ficha caiu": Chico estava falando de si mesmo, não temos dúvida alguma disso. Bingo!

Na obra *Vida e Sexo*, uma fala de Emmanuel chamou-nos a atenção, pois, diante disso que Chico diz, nos pareceu que o nobre Mentor, também estaria se referindo a seu dedicado médium:

[...] E, ainda, em muitos outros casos, **Espíritos cultos e sensíveis, aspirando a realizar tarefas específicas na elevação de agrupamentos humanos** e, consequentemente, na elevação de si próprios, **rogam dos instrutores da Vida Maior que os assistem a própria internação no campo físico, em vestimenta carnal oposta à estrutura psicológica pela qual transitoriamente se definem**. Escolhem com isso **viver temporariamente ocultos na armadura carnal**, com o que **se garantem contra arrastamentos irreversíveis**, no mundo afetivo, de maneira a perseverarem, sem maiores dificuldades, nos objetivos que abraçam. (grifo nosso)[231]

---

230 .... GOMES. XAVIER. *Vida e Sexo*, p. 112., p. 54.

231 .... XAVIER. *Vida e Sexo*, p. 112.

Mas é quase que Emmanuel explicando a condição em que Chico reencarna, e que este, sutilmente, confidencia à jornalista Helle Alves.

Interessante é que, ao comprarmos a 4ª edição da obra *Chico, Diálogos e Recordações...*, publicada em 2012, notamos que o autor Carlos Alberto teve essa mesmíssima impressão, ao dizer: "Chico se refere à própria experiência."[232]

Em Divaldo Franco, na carta enviada a Carlos Alberto e Arnaldo Rocha, que mencionamos no início, também temos uma confirmação disso:

> Ele sempre me esclareceu que as **suas foram reencarnações femininas e que as roupagens atuais, eram mais para preservá-lo, sem que houvesse influenciado na sua psicologia**.
> Parabéns e êxito na divulgação das nobres verdades. (grifo nosso) [233]

Agora muito bem se explica o fato de Chico ter dito a Ranieri: "Eu, por exemplo, é a primeira encarnação de homem que tenho."[234] e também corrobora essa fala de Arnaldo Rocha a respeito de Chico, que, certamente, vem das confidências que este lhe fazia: "Somente agora, nesta última existência, com vistas às suas responsabilidades, ele reencarnou

---

[232] COSTA. *Chico, Diálogos e Recordações...*, 2012, p. 208.

[233] COSTA. 132º *Chico e Arnaldo – Amigos para Sempre*, disponível em: https://vimeo.com/163553197

[234] RANIERI. *Recordações de Chico Xavier*, p. 199.

como homem."[235] O contexto dessas duas citações – de Chico e Arnaldo – será visto um pouco mais à frente.

Interessante, também, é o que encontramos em sua outra obra intitulada *Recordações de Chico Xavier*, onde Ranieri narra:

> – Ora, Chico, vou lhe dizer uma coisa: a primeira vez que ouvi e vi o Clóvis falando em Belo Horizonte, lembro-me que disse:
> – Esse homem é Espírito de padre reencarnado! E tem mais, Chico, eu não acho que Espírito que sempre reencarnou como mulher passe facilmente a reencarnar como homem. Creio que haverá necessidade de uma travessia ou passagem gradativa assim como o Espírito de homem reencarnar como mulher. Você não acha?
> – Acho que é uma aventura. **Eu, por exemplo, é a primeira encarnação de homem que tenho. A Espiritualidade Superior, quando eu fui reencarnar, estava preocupada com isso, achava que eu poderia fracassar...** Há uma linha de reencarnação, acredito, da qual é muito difícil escapar. O Espírito precisa de se preparar para isso.
> O ensinamento ficou no ar. O Chico sorria e tomava uma xícara de café, após ter servido os outros. Depois, deu uma gargalhada.
> – Uai, Ranieri! **Lei é Lei, ninguém pode fugir dela!** [...]. (grifo nosso)[236]

Certamente, que aqui, nessa confissão de Chico, de que "**é a primeira encarnação de homem que tenho**", está a razão pela qual Ranieri considerava Chico uma "Alma feminina, inegavelmente Espírito delicado, pureza sem limites."[237] É ela também

---

235 ······· SILVEIRA, disponível em http://www.oconsolador.com.br/ ano4/204/entrevista.html

236 ······· RANIERI. *Recordações de Chico Xavier*, p. 199.

237 ······· RANIERI. *Chico – o Santo de Nossos Dias*, p. 56.

que pode dar suporte à relação das prováveis reencarnações do Chico, apresentadas um pouco mais atrás, porquanto, nela se vê que, em todas as suas reencarnações, em nosso Planeta, o seu Espírito utilizou-se de um corpo feminino.

Aliás, essa visão do Chico como uma "alma feminina" é também a do escritor Jorge Rizzini (1924-2008), conforme se vê nesse trecho de sua entrevista à revista *Universo Espírita*:

> **O que o senhor acha da opinião de que Chico Xavier é a reencarnação de Kardec?**
>
> É um pensamento tão ridículo esse, porque não tem absolutamente nada, nenhum indício que Chico pudesse ser a reencarnação de Kardec. O menor indício intelectual, físico, nada. As grandes virtudes do Chico são outras. Ele foi médium, um Espírito muito evoluído. Acompanhei-o por mais de meio século e ele jamais deixou transparecer essa ideia monstruosa, absurda, de que teria sido a reencarnação de Kardec. **Chico é uma alma feminina. Ele me falou das encarnações passadas dele, sempre como mulher. E ele reencarnou com um corpo de homem para poder desenvolver esse trabalho fantástico e esta fidelidade a Jesus. Mas a alma dele é feminina, ele sempre demonstrou isso. É uma alma maternal, ele é uma mãe, não é pai. Pai é Kardec**, um homem da verdade, firme ao falar. Para Kardec não tinha meio-termo. Para o Chico tinha, porque ele era o carinhoso, era o amor, ele perdoava todo mundo, dava rosa para todo mundo, era a mãe. (grifo nosso, exceto o da pergunta)[238]

Rizzini é taxativo quanto à questão de Chico ser Kardec, classifica isso como um pensamento ridículo.

Dessa fala de Rizzini não podemos deixar de ressaltar o seguinte trecho: "Chico é uma alma feminina. Ele me falou das

---

[238] .... Revista Universo Espírita, nº 24, ano 2, 2005, p. 9.

encarnações passadas dele, sempre como mulher. E ele reencarnou com um corpo de homem para poder desenvolver esse trabalho fantástico e esta fidelidade a Jesus." Agora, caro leitor, compare-o com resposta de Chico à jornalista Helle Alves e veja como tudo se encaixa, especialmente, se tomarmos essa parte: "é possível que esse Espírito que esteve longamente na fieira das reencarnações femininas e, por isso, mesmo, obtendo e fixando em si mesmo as qualidades femininas com muita intensidade, é possível que esse Espírito afeiçoado às questões femininas venha no corpo de um homem."

Um pouco mais à frente, veremos novas confirmações desse psiquismo feminino de Chico.

Para o conjunto de informações que estamos trazendo a este estudo é importante colocarmos alguma coisa do que Luciano dos Anjos disse ao listar as supostas reencarnações de Chico:

> [...] ali já estava inserido o verbete Francisco Cândido Xavier nos seguintes registros cronológicos, alguns nomes anotados nos primórdios da década de 60:
>
> Hatshepsut, rainha faraó (séc. XV a.C.) – Hebreia no Egito (entre o séc. XVIII a.C. e o séc. XIV a.C.) – Judia em Canaã (c. séc. XIII ou posterior) - cidadã grega (c. 600 a.C., séc. VII a.C.) – Chams, princesa (século VI a.C.) - cidadã síria (período a.C. até d.C.) – cidadã cartaginense (entre os séc. X a.C. e séc. II a.C.) – Flávia Lêntulus (séc. I) – Lívia (séc. III) – Joana, a Louca (1479-1555) – Verdun, abadessa (séc. XVI) – Jeanne d'Alencourt (séc. XVIII) – Ruth-Céline Japhet (1837) – Dolores del Sarte Hurquesa Hernandez (séc. XIX) – Francisco Cândido Xavier, o Chico Xavier (1910-2002)
>
> Por volta de 1999, **enviei para o Chico e, em 2008, também para o Divaldo Pereira Franco, o verbete de cada qual,**

pedindo-lhes que, se fosse o caso, me indicassem algum reparo aconselhável. **Nenhum dos dois se opôs a nada**.

A reencarnação do Chico como sendo a Ruth-Céline Japhet me havia sido repassada desde 4.8.1967, quando o Abelardo Idalgo Magalhães esteve com o médium em Uberaba e, lado a lado, foi anotando as vidas pregressas do Chico personificadas nos romances de Emmanuel.

Arnaldo Rocha é reconhecidamente espírita sério, honesto, de inatacável probidade.

Tenho esse quadro comigo até hoje com a assinatura do Abelardo. A Ruth-Céline não aparece porque não foi personagem de nenhum dos romances, mas o Abelardo também falou dela, a meu pedido, e recebeu a confirmação. Eu já sabia desde aquela década, em mero exercício especulativo. **Essa mesma confirmação o Divaldo Pereira Franco ouviu diretamente do Chico**, que tinha acabado de chegar de Paris, onde visitara o túmulo do Codificador. Ainda mais. **Muitos anos antes, foi o mesmo Chico quem fizera igual revelação para um dos seus maiores amigos e confidentes, o Arnaldo Rocha, marido da Meimei**, esse Espírito maravilhoso que nos ditou mensagens de elevado teor evangélico.

Destaco como importante que, de todos os que andam por aí se jactando de terem ouvido declarações do Chico, ou tirando conclusões por conta própria de que ele era Allan Kardec, nenhum deles viveu a intimidade vivida pelo Arnaldo Rocha. E, ainda este ano, quando mais uma vez esteve aqui em minha residência, **o Arnaldo voltou a me afirmar que o Chico era a Ruth-Céline Japhet**. Também há pouco menos de um mês, no programa da Globo News em homenagem ao centenário do Chico, ele retomou o assunto e, em resposta a pergunta que lhe foi feita, falou, até com certo enfado, que não passa de bobagem essa ideia de que Chico Xavier era Allan Kardec. **Anote-se que o Arnaldo Rocha é reconhecidamente espírita sério, honesto, de inatacável probidade. Ninguém, absolutamente ninguém, no momento, tem mais autoridade do que ele para colocar um ponto final nessa**

ficção que o bom senso e o conhecimento da doutrina espírita deveriam de há muito ter inumado. (grifo nosso)[239]

Arnaldo Rocha, em outro depoimento pessoal concedido ao confrade Guaraci Lima Silveira (1950-), publicado na revista eletrônica digital O Consolador, de número 204, de 10 de abril de 2011, responde a várias questões das quais destacamos:

Existem também informações de que Chico Xavier teria sido a encarnação de Allan Kardec. Contudo você tem dito que ele foi a reencarnação da Srta. Japhet, médium contemporânea de Kardec. Pode comentar sobre essa controvérsia?
O campo da fantasia pulula lamentavelmente no meio espírita. De Hatshepsut, princesa egípcia, por volta de 3.256 a.C., até 1890 quando desencarnou na Espanha, em Barcelona, **todas as reencarnações de Chico Xavier foram em corpos femininos, pois ele é um Espírito feminino.** <u>Somente agora, nesta última existência, com vistas às suas responsabilidades, ele reencarnou como homem</u>.

Dialogando com Chico, falei-lhe de uma dúvida que era constante em meu pensamento. Consta que uma vez por mês, ou na casa do Sr. Roustan ou na casa do Sr. Japhet, Kardec levava o material que seria *O Livro dos Espíritos*, e o Espírito Verdade fazia correções, aconselhando sua publicação em 18 de abril de 1857. Na casa do Sr. Roustan, Kardec falava sobre a médium (C), na do Sr. Japhet dava o nome todo da médium, Ruth-Céline Japhet. Chico corrigiu-me a expressão Japhet, dizendo que a pronúncia é "Japet"! A família era judia. Indaguei-lhe quem era Ruth Japet.

O que foi que o Chico lhe disse?
Respondeu-me sorrindo: "Você está conversando com ela..."

---

239 .... ANJOS, disponível em http://www.oconsolador.com.br/ano4/204/especial.html

Assim, Chico Xavier foi contemporâneo de Kardec e era a Srta. Japhet?

Ele mesmo disse isto a mim.

Pode nos dizer qual foi a verdadeira relação entre Kardec e a Srta. Japhet?

A Srta. Japhet era médium e ela sempre colaborou com ele, desde o início, quando se conheceram na casa da senhora Plainemaison. Kardec consultava os Espíritos por meio dela. (grifo em negrito do original, o sublinhado do negrito é nosso)[240]

Confirma, portanto, o que antes Arnaldo dissera a Carlos Alberto Braga Costa e que se encontra registrado em sua obra mencionada, em seus depoimentos a respeito das encarnações de Chico em corpo feminino e reforça que é a sua primeira encarnação como homem. Dos depoimentos de Arnaldo Rocha destaquemos o seguinte:

— Arnaldo, então Chico é um espírito feminino, se podemos nos expressar assim?

— Meu filho, busquemos a Codificação Espírita para nos auxiliar nas digressões. **Que Chico Xavier nos apresentou, nessa sua última reencarnação, um perfil feminino em sua essencialidade, não restam dúvidas.** O que fica para nós é o desejo real de apreender com a doutrina Espírita sobre o trâmite do espírito em suas polaridades sexuais. Tal compreensão é imprescindível para que não nos percamos em conjecturas que poderão nos fixar apenas na forma, esquecendo o conteúdo apresentado, não só através dessas despretensiosas recordações mas, acima de tudo, na exuberância espiritual desse Espírito de escol. (grifo nosso)[241]

---

240 .... SILVEIRA, disponível em http://www.oconsolador.com.br/ano4/204/entrevista.html

241 .... COSTA. *Chico, Diálogos, Recordações...*, 2006, p. 237-238.

É importante também que, em relação às supostas reencarnações de Chico Xavier, façamos uma comparação entre as informações de Luciano dos Anjos, publicadas na revista eletrônica digital *O Consolador*, com as que nos fornecem Carlos Alberto Braga Costa, através da obra *Chico, Diálogos e Recordações*...:

Chico, Diálogos e Recordações...
(autor Carlos Alberto Braga Costa, **publicação da União Espírita Mineira**).

Nome	Local	Época
Rainha Hatshepsut	Egito – Tebas	c. 1470 a.C.
nihil		
nihil		
Rainha Chams	Egito – Tanis	c. 800 a.C.
Sacerdotisa	Grécia – Atenas	c. 600 a.C.
Lucina	Itália – Roma	Itália – Roma
nihil		
nihil		
Flávia Cornélia	Roma e Palestina	26 a 79 d.C.
Lívia	Ciprus, Massilia, Lugdnm, Neapolis	233 a 256 d.C.
Clara	Lorena – França	Séc. XI
Lucrezja di Colinna	Itália -	Século XIII
Joana de Castela (a louca)	Espanha	1479 a 1555
Dama na corte francesa	França	1557
nihil		
Joanne d'Arencourt	França – Arras	Séc. XVIII – 1789 Rev. Francesa
nihil		
Dolores Del Sarte Hurquesa Hernandes	Espanha – Barcelona	Séc. XIX
Chico Xavier	Brasil – Pedro Leopoldo	1910 a 2002

Chico Xavier foi Ruth-Céline Japhet.		
(autor Luciano dos Anjos, **publicado em O Consolador nºs. 204 e 205, abr/2011**).		
Nome	Local	Época
Rainha Hatshepsut	Egito – Tebas	c. 1470 a.C.
Hebreia	Egito	Entre séc. XVIII e o XIV a.C.
Judia	Canaã	C; séc. XIII ou posterior
Rainha Chams	Egito – Tanis	Séc. VI a.C.
Sacerdotisa	Grécia – Atenas	c. 600 a.C.
nihil		
Cidadã Cartaginense	Não citado	Entre os séc. X a.C. e séc. II
Cidadã Síria	Síria	a.C. até d.C. (-)
Flávia Lêntulus	Não citado	Séc. I
Lívia	Não citado	Séc. III
nihil		
nihil		
Joana, a louca	Não citado	1479 a 1555
nihil		
Verdun, abadessa	Não citado	Séc. XVI
Joanne d'Arencourt	Não citado	Séc. XVIII
Ruth-Céline Japhet	Não citado	1837
Dolores Del Sarte Hurquesa Hernandez	Não citado	Séc. XIX
Chico Xavier	Brasil – Pedro Leopoldo	1910 a 2002

Das 14 citações de Luciano dos Anjos, 6 não constam em Carlos Alberto, portanto, sobram 8 em comum, o que representa 57,1%. Carlos Alberto, por sua vez, com 12 citações, não tem 4 citadas por Luciano, restam 8, ou seja, 66% em termos percentuais, logo, a maioria delas é confirmada pelos dois autores, que, por fontes diferentes, fizeram sua lista de reencarnações de Chico, na qual 8 delas são comuns aos dois.

Observe, caro leitor, que em todas essas supostas reencarnações de Chico Xavier, em ambos os autores – Carlos Alberto Braga Costa e Luciano dos Anjos –, ele veio em corpo feminino, razão pela qual se pode justificar seu perfil psíquico feminino.

Em *Chico Xavier, o Santo dos Nossos Dias*, encontramos também a informação de Chico ter vivido na Espanha, em sua fala ao amigo Ranieri:

> [...] Vejo cenas de Roma e **recordo especialmente a França**. Sabe, Ranieri, você tem mais facilidade para receber Espíritos europeus, franceses e ingleses, porque viveu em outras existências no meio dos escritores franceses. **Eu recebo com facilidade Espíritos de língua portuguesa e espanhola porque vivi em existências passadas na Espanha e em Portugal. Meu psiquismo é da língua portuguesa e espanhola.**
>
> – Quer dizer que os Espíritos mantêm a linguagem de certas encarnações? – perguntamos.
>
> – De certo. Digo mais, "no espaço das nações" geralmente os Espíritos falam a língua dessas nações. (grifo nosso)[242]

---

242 .... RANIERI. *Chico – o Santo de Nossos Dias*, p. 93.

Mais à frente, nessa mesma obra, Ranieri relata o que aconteceu numa reunião mediúnica, na qual o Chico serviu como médium de efeitos físicos:

> Luzes e vozes, através de sua prodigiosa mediunidade encheram o ambiente.
>
> Um silêncio sagrado percorreu os expectadores. Ali estava Chico, na sua simplicidade e no seu carinho, entregue às vibrações poderosas de entidades que penetravam o recinto.
>
> **Maravilhosa espanhola**, exibindo o véu diáfano que lhe compunha a mantilha, estalando imprevistas castanholas, deliciou os ouvintes com a sua presença inconfundível. Outros **Espíritos vieram**, uns após outros, ao recinto, **relembrando alguns as encarnações que o Chico e outras pessoas, que ali estavam, viveram na Espanha** de Fernando e Isabel. (grifo nosso)[243]

Confirma-se, portanto, a coerência das informações que nos são repassadas por dona Nena Galves, que, na sequência, veremos, no trecho acima em que se diz que vários Espíritos vieram *"relembrando alguns as encarnações que o Chico e outras pessoas, que ali estavam, viveram na Espanha"*.

Uma pena que Ranieri não listou as pessoas presentes, para que pudéssemos pesquisar se elas, depois dessa reunião, advogavam algo contrário a Chico não ter vivido na Espanha ou se, porventura, seriam partidários da hipótese "Chico é Kardec".

Além disso, é oportuno colocar essa afirmação de Ranieri: "No entanto, *nós nunca ouvimos o Chico dizer que ele era Allan*

---

[243] RANIERI. op. cit., p. 159.

Kardec e nem ouvimos dizer que ele afirmasse isso. Houve e há muita gente que acredita que ele o seja. [...]." (grifo nosso)[244]

Na obra *Até Sempre Chico Xavier*, de autoria de dona Nena Galves, temos a seguinte informação:

> Chico dedicou atenção especial para nós, como se fôssemos velhos amigos.
>
> Tempos depois, **ele confidenciou-nos que Emmanuel havia prometido que ele reencontraria familiares de outras vidas, já reencarnados em São Paulo**. Naquela época, Chico mudara-se recentemente para Uberaba e sentia falta de seus familiares. Consolava-se com as palavras de Emmanuel e esperava a nova família do passado que chegaria em breve.
>
> **Ele nos reconheceu prontamente**. Nós sentimos profunda atração por ele, mas **tivemos alguma dificuldade em relembrar o passado que pouco a pouco foi surgindo.** Voltamos assiduamente a Uberaba para visitá-lo. **Nesses encontros fraternos foram acentuando-se as lembranças do passado** e a alegria no trabalho doutrinário espírita. [...]. (grifo nosso)[245]

Confirma-se, portanto, que Chico se lembrava de vidas pretéritas, e que, no caso, teve uma ligação íntima com o casal Galves (Francisco e dona Nena) em vidas passadas. Pode-se até negar isso; porém, cabe, a quem o fizer, apresentar as provas que altere essa informação. O que não podemos é optar por fingir que não a vimos, pois mais valerá o "quem tem olhos de ver, veja!", parafraseando Jesus.

É bom que se informe: "Nena e Galves – amigos íntimos do médium, fundadores do Centro Espírita União, em São Paulo

---

[244] ...... RANIERI. op. cit., p. 63.

[245] ...... GALVES. *Até Sempre, Chico Xavier*, p. 32.

–, [...]"²⁴⁶ e "[...] ficamos sabendo que eles conheceram o médium no mês de maio de 1959, em Uberaba, E, desde então, são grandes amigos."²⁴⁷

Para corroborar essa informação, apresentamos os dois cartões-postais do arquivo pessoal de dona Nena, que consta de sua obra, nos quais o Chico, de próprio punho, confirma ter vivido na Espanha com o casal Galves – Francisco e Nena –, ao dizer "lembrança de nossa querida España"²⁴⁸

---

246 ······· NOBRE. *Chico Xavier, Meus Pedaços do Espelho*, p. 202.

247 ······· NOBRE. op. cit., p. 303.

248 ······· GALVES. *Até Sempre, Chico Xavier*, p. 21.

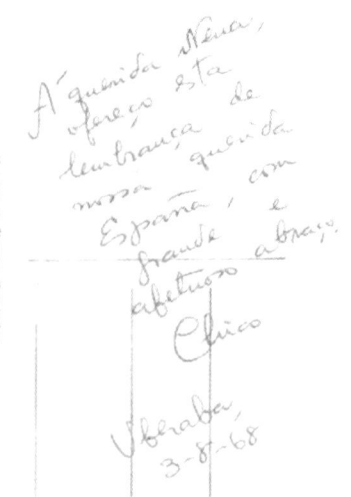

A manifestação da espanhola nos fez recordar que, na obra *Chico, Diálogos e Recordações...*, há, numa das falas de Arnaldo Rocha, uma referência a três mulheres espanholas:

Meses se passaram e a Senhora Aida Fassanello voltou à casa de Chico, levando um presente para Alma Querida. Tratava-se de um quadro pintado a óleo, muito bonito, que retratava uma cena no mínimo curiosa, de três espanholas com roupas do século XIX. Sentada sobre uma mesa, a primeira tocava uma guitarra, enquanto as outras duas dançavam com suas castanholas.

> Chico, muito emocionado com o presente, confidenciou-me: "**Ela conseguiu registrar, na tela do quadro, o que captou da história que lhe descrevi, sobre nossa amizade anteriormente vivida**. Éramos três grandes amigas, (Chico revela que a outra personagem se chamava Maria Yolanda – referindo-se a Dona Neném), e vivemos na cidade de Barcelona no século XIX, meu nome era Dolores del Sarte Hurquesa Hernandes". (itálico do original, grifo nosso)[249]

Esses dois cartões contêm a prova de que Chico tinha conhecimento que, em vida passada, vivera na Espanha. Mais à frente veremos que outro amigo de Chico confirmará isso.

No capítulo "Cartas de sonhos pessoais", da obra *Chico Xavier, Luz em Nossas Vidas*, dona Nena fala que "Sonhávamos juntos, Galves, eu e Chico, em rever a Espanha, viver e rever lugares que marcaram nossas vidas passadas. [...]."[250] Ela transcreve uma correspondência datada de 01-12-1966, onde Chico, a certa altura, confessa:

> [...] Como sempre, sentir-me-ei com vocês dois em todas as minhas pequeninas tarefas, no Brasil ou fora do Brasil, e beijo-lhes as mãos queridas e abnegadas, com o enternecimento de todos os dias. Louvado seja Deus, repito com toda a minh'alma! **Espero, sim, que possamos traçar um plano mais amplo para 1969, plano esse em que possamos visitar juntos a nossa querida Espanha.** Deus é sempre Bondade Infinita e Deus nos concederá essa felicidade. **Espero que a Divina Misericórdia nos permita essa peregrinação de reconhecimento e de amor! Rever os lugares onde erramos**

---

[249] .... COSTA. *Chico, Diálogos, Recordações...*, 2006, p. 236.

[250] .... GALVES. *Chico Xavier, Luz em Nossas Vidas*, p. 213.

e acertamos, oscular com a alma os tetos que nos cobriam as cabeças repletas de sonhos e aflições, sorver de novo as águas das fontes que nos acalentaram e que nos esperam em paz, carinhosas e puras, como tutoras materiais, a fim de abençoar-nos a esperança... Elas, decerto, nos perguntarão com as suas melodias sem palavras se ainda nos lembramos do tempo em que nos afagavam com as suas claras torrentes e creia que responderemos a elas com as nossas lágrimas de alegria e de reconhecimento, à maneira de filhos que retornam ao lar, depois de muito tempo, com imensas saudades represadas no coração! Tornaremos a ver os céus noturnos recamados de estrelas sobre as casas brancas das aldeias encantadas e, mais uma vez, acreditaremos que as estrelas pararam no firmamento a fim de escutarem as canções do povo e levá-los depois a Deus, envolvidos no perfume dos jardins e dos campos que sobem do chão para as Alturas!... Abraçaremos nas crianças agora desconhecidas antigas afeições recorporificadas ao hálito bendito da reencarnação e abençoando o Brasil, que nós amamos tanto, levaremos dele novas sementes de amor para **o solo em que lutamos intensamente, caindo e levantando, amando e sofrendo**, como quem leva um tesouro de bênçãos, encontrado longe do lar, para a alegria do regaço materno!

Como vocês dois podem observar, estamos num sonho lindo que Deus poderá converter em realidade. [...] (grifo nosso) [251]

Chico, alimentava o sonho de ir a Espanha com o casal Galves a fim de retornarem ao lugar onde viveram juntos. Essa carta do próprio punho de Chico, está reproduzida na obra *Chico Xavier, Luz em Nossas Vidas*, autoria de dona Nena Galves.[252]

---

251 .... GALVES. op. cit., p. 233-234.

252 .... GALVES. op. cit., p. 236-243.

Dessa obra ainda podemos citar trecho de outra carta de Chico ao casal Galves, quando ele viajava pela Carolina do Norte, EUA, cuja data é de 23.06.1966:

> [...] Estou com tanto serviço a fazer no aprendizado da língua inglesa e **com tanto anseio de estudar (ou melhor, recordar) o nosso castelhano**, para os serviços de nossos Benfeitores Espirituais, na Doutrina Abençoada que Jesus nos confiou que, se Deus quiser, farei oportunamente um curso de espanhol bem cuidado para o nosso trabalho. Sonhemos, trabalhemos e confiemos em Deus. (grifo nosso)[253]

Chico confirma, mais uma vez, que viveu na Espanha.

E a respeito da língua espanhola, algo interessante é dito por Chico quando narra a primeira aparição do Espírito Isabel de Aragão:

> "[...] A dama iluminada fitou uma imagem de Nossa Senhora do Pilar que eu mantinha em meu quarto e, em seguida, **falou em castelhano que eu compreendi**, embora sabendo que eu ignorava o idioma, em que ela facilmente se expressava [....]". (grifo nosso)[254]

Será que Chico entendeu o castelhano pelo motivo de ter vivido na Espanha, como para isso estão se convergindo os vários depoimentos?

Na obra *De amigos para Chico Xavier*, de autoria de Divaldinho Mattos, como é conhecido Divaldo Matos de Oliveira (1955-), onde várias pessoas de destaque no

---

253 ······· GALVES. op. cit., p. 222.

254 ······· COSTA. *Chico, Diálogo e Recordações...*, 2012, p. 26.

movimento espírita falam de Chico, citemos esse trecho do depoimento de Divaldo P. Franco, que também é mencionado em *Chico, Diálogos e Recordações...*[255]:

> Noutra oportunidade, eu levara-lhe os originais de um livro ditado pelo espírito Victor Hugo, porquanto, havia algumas informações que eu gostaria de apresentar ao querido amigo, a fim de receber-lhe a opinião sempre valiosa. Um pouco antes do almoço na residência, conversávamos com ele e um grupo de pessoas de diferentes cidades. **Havia um senhor espanhol, de Barcelona, que entretecia considerações sobre sua cidade. Chico referiu-se à Santa Casa de Misericórdia, onde teria estado internado em reencarnação anterior, citou a época e descreveu-a com detalhes, inclusive, a sua localização próxima a Montjuich,** hoje cemitério e área onde foram construídos estádio e ginásio para as olimpíadas que ali tiveram lugar há alguns anos...
>
> **Era tudo exato**. Porém, o mais fascinante e que, inesperadamente, ele voltou-se na minha direção e pediu-me que lesse um trecho do livro – que estava datilografado, citando a página, pois tinha interesse de ouvi-la. Era exatamente o assunto que eu houvera reservado para apresentar-lhe. Ao terminar a breve leitura, ele disse: "Segundo depreende, o assunto está claro e deve ser conservado conforme psicografado." Posteriormente o livro foi publicado e chama-se CALVÁRIO DE LIBERTAÇÃO, com prefácio de Dr. Bezerra de Menezes, psicografado naquela noite pelo referido médium... (9 de junho de 1979). (maiúscula do original, grifo nosso).[256]

Dessa revelação de Divaldo Franco, facilmente se depreende que Chico, em sua fala, acaba confirmando ter vivido

---

255 ······· COSTA. op. cit., p. 209-210.

256 ······· MATTOS, *De Amigos de Chico Xavier*, p. 131.

na Espanha em uma encarnação; portanto, temos outra fonte que confirma essa informação de várias outras pessoas.

Agora transcreveremos o que está narrado em páginas anteriores, uma vez que mudamos a ordem para, na sequência, esclarecer o que se conta na narrativa. Trata-se do episódio da noite de São Bartolomeu, que Ranieri também aborda em *Chico o Santo dos Nossos Dias*[257], mas optamos por transcrever o texto de *Recordações de Chico Xavier*:

> Chegamos a ler uma carta notável, há muitos anos, na Estação do Rocha, se não me engano, no Rio de Janeiro, em casa de dona Esmeralda Bittencourt, na qual **ele contava que certa ocasião**, se viu desprendido do corpo surgindo nas pedras das ruas de Paris. **Sentiu que saia das próprias pedras e se tornara uma menina de 9 anos**.[258] Viu-se caminhando pela rua e entrou nas portas de um palácio, subiu a escada, e, chegando a um salão, viu Catarina de Médici, o Duque de Guise, a Duquesa de Nemour e outra pessoa da qual não me lembro agora, mas que era filha ou filho de Catarina de Médici e discutiam o massacre a ser desencadeado, da **noite de São Bartolomeu**. [...].
>
> A criança assistiu à cena e **Chico que fora essa criança revelara a dona Esmeralda** que perdera quatro filhos em desastre, que aquela era uma das razões do seu sofrimento e de suas provas porque ela, Esmeralda Bittencourt fora a duquesa de Nemour, que colaborara decisivamente para que o massacre ocorresse. Dona Esmeralda, diante disso, falou-nos que assim compreendia de certa maneira as provas que Deus lhe impusera, levando-lhe os quatro filhos agora.
>
> De nossa parte, notamos um detalhe interessante: é que dona Esmeralda nesta vida se chamou Bittencourt sobrenome que no

---

257 .... RANIERI. *Chico – O Santo dos Nossos Dias*, p. 128-129.

258 .... Para Newton Boechat, no relato que se segue, a idade era de 15 anos.

final soa como Nemour e que com certeza também teria sido sobrenome ou título da Duquesa. **Além disso, a presença da criança que era o Chico demonstra uma ligação do Chico com os personagens da história francesa**, fato que se repetiu nas encarnações do Brasil onde Chico foi realmente, muito amigo de dona Esmeralda. Tão amigo que ela colecionava tudo que lhe caia nas mãos, relativamente a Chico Xavier. [...]. (grifo nosso)[259]

O que nos interessa do detalhamento do episódio da noite de São Bartolomeu se encontra na obra publicada pela FEB intitulada *O Espinho da Insatisfação*, de autoria de Newton Boechat (1928-1990), sobre o qual disse o saudoso Hernani Guimarães Andrade (1913-2003): "Os que conhecem Newton são testemunhas da sua notável memória."[260]

Boechat era um frequentador das reuniões em Pedro Leopoldo, junto com o seu, também, amigo César Burnier (1900-1989), cujo nome completo era César Gouvêa Pessoa de Mello. Passemo-lhe a palavra:

> Lancemos mais luz no fato histórico revertido aos dias que correm pela mediunidade.
>
> A mensagem, como vimos, é de 9-5-1953.
>
> Em 24 de agosto de 1965 (12 anos depois), Chico Xavier, emocionado, escreve a D. Izabel Bittencourt de Souza (D. Bibi, na intimidade), carta, de Paris, contando o seguinte:
>
> "(...) Hoje, escrevo a você com emoção que você pode imaginar, pois, alguns poucos dias antes da partida do nosso

---

259 .... RANIERI. *Recordações de Chico Xavier*, p. 142-143.

260 .... NOBRE. *Lições de Sabedoria: Chico Xavier aos 23 Anos da Folha Espírita*, p. 75.

Antônio[261], Dona Esmeralda e eu nos achávamos em reunião íntima em nossa casa, junto à casa de Luzia[262], quando, finalizadas as nossas preces e encerrada a reunião, comentamos as lutas que haviam ficado no mundo, depois da perseguição aos nossos irmãos das igrejas evangélicas na França de Catarina de Médici... Dona Esmeralda e eu comentávamos os vários aspectos das provações a que me referi, quando ela solicitou que eu perguntasse a Agar[263], então presente, se eu, **Chico, estava também no círculo de provas por motivo da perseguição aludida, ao que ela respondeu**:

– Sim, mamãe, de algum modo, embora indiretamente...

Dona Esmeralda, então, indagou em voz alta:

– Minha filha, quando terminarão essas provas?

Agar respondeu, com palavras de que não me lembro, afirmando que, quando ela, D. Esmeralda e eu nos encontrássemos de novo, num 24 de agosto, em uma oração no Palácio de Louvre, isso seria o sinal de que as nossas provações **(naturalmente, pelo menos quanto a mim, que reconheço ser uma alma infinitamente devedora perante as Leis de Deus, somente as provações que se referem à perseguição de São Bartolomeu)** estariam terminadas. Agar sorriu e despediu-se. [...].

[...].

Na carta de 26-1.1951, após os saudares de conforto, escrevia o médium:

[...].

[...] Lembrei-me da senhora, do Dr. Mena Barreto, do Sr. Quito e de todos nós que tanta dor experimentamos com o fato inesperado, e minhas lágrimas desataram e, como isso, notei que **Emmanuel me arrebatou do aposento**. Então, de volta,

---

261 ······· Nota da transcrição: Filho também, desencarnado por acidente.

262 ······· Nota da transcrição: Irmã do médium psicógrafo.

263 ······· Nota da transcrição: Quando em vida, filha de Dona Esmeralda.

porque eu indagava sobre a causa de tamanho sofrimento, **o nosso benfeitor espiritual**, que se mostrava muito sereno, disse-me, paternal:

– Queres, então, saber?

Abracei-me a ele, como se eu fosse uma criança, e declarei que sim.

Ele **pousou as mãos de leve na minha cabeça, como se magnetizasse**, e exclamou:

– Observa alguma cousa.

Senti como se uma força diferente me impulsionasse para cima, **com um estalido que não posso descrever, e vi-me numa cidade enorme**[264], de ruas sombrias, em estranha noite. Vozes em algazarra me chegaram aos ouvidos. Eu estava também naquela cena em outro corpo e, com horror, observava um povo desvairado a matar, com ruído e gargalhadas, os próprios irmãos. Incêndios aqui e ali mostravam quadros terríveis que as badaladas dos sinos no ar tornavam mais impressionantes.[265] De **chofre, retomei uma lembrança que estava dentro de mim e que até então me parecia perdida. Era a Noite de São Bartolomeu, em Paris, em 1572...**

Os gritos "massacrez! massacrez! O rei deseja! O rei deseja! Massacrez" me enchiam os ouvidos, e eu, em desespero, recordei alguém que talvez já estivesse nas sombras da morte e bati às portas de uma casa nobre, rogando socorro, reconhecendo aí muitas pessoas do nosso meio que se acham encarnadas. Não consegui o socorro almejado e pus-me a correr sem destino, mas a perturbação era enorme. As casas particulares eram invadidas por turmas de pessoas truculentas, e mulheres e crianças eram trazidas para morrer em praça pública. Muitos meninos eram atirados às águas do rio, depois de passarem

---

264 ········ Nota da transcrição: Paris, Século XVI.

265 ········ Nota da transcrição: Regressão de memória, provocada magneticamente por Emmanuel.

na ponta dos sabres de homens embriagados. Muitas vítimas eram levadas às correntes do Sena, ainda vivas, para, ali, encontrarem a morte. Por mais de uma vez, vi homens e mulheres, em grupos, atirando feridos à pata dos cavalos, os quais eram horrivelmente mutilados sob os carros que passavam, de quando em quando, em disparada. Depois de longa luta comigo mesmo, não mais suportei a situação e senti que a consciência de mim mesmo me faltava... Foi quando tornei a mim, sob o olhar calmo de Emmanuel que me disse:

– Aí se encontram as nascentes da amargura de hoje. Bendigamos a dor que refaz o equilíbrio e reconstrói o destino.

Depois de entreter com ele uma palestra longa, retornei à vida habitual e, apesar de ver que esta carta está inconveniente e longa demais, julguei melhor relatar-lhe tudo, enquanto o assunto de minha experiência ainda está vivo na minha imaginação..."

E para finalizar este depoimento feito por alguém, dotado de sensibilidade mediúnica, assistido por tão augusta entidade, leiamos trechos da carta que D. Esmeralda Bittencourt recebeu, datada de 7-2-1951:

"(...) Realmente, a visão da noite de 19 de janeiro último me sensibilizou muito. **Eu me achava na condição de uma pessoa de quinze anos** e me lembro de haver corrido à residência de amigos do meu círculo familiar, e recordo-me que entrei por uma residência senhorial a dentro e a encontrei[266] visivelmente preocupada. Lancei-me em seus braços, rogando socorro para alguém, mas a bondosa amiga, ao lado de pessoas muito importantes, afetuosamente disse: "Pobre criança! É muito tarde!"

Tentei forçá-la a dar-me maior atenção, mas não consegui, porque havia muita gente ao seu lado. Reparei que a bondosa

---

266 ······· Nota da transcrição: O "encontrei" refere-se a D. Esmeralda, reencarnada como Duquesa de Nemours.

amiga me enviava a uma casa, que era alguma de sua residência, em companhia de uma pessoa de sua confiança, um homem alto, com um chapéu largo, onde se destacava uma cruz branca, que não pude observar muito bem, porque chorava muito, e de quem me afastei, fugindo pela via pública. Sei que o nome "Nemours" foi pronunciado várias vezes, como designando a sua residência. Para falar francamente, recordei que a estimada amiga me pareceu amiga íntima da Rainha Catarina de Médici e, com ela também, de origem italiana, desposando um alto dignatário da Corte francesa de então..."

"Ainda não tornei a ver Agar, mas o Doutor Bezerra de Menezes explicou-me que ela tentou materializar-se aos olhos do Dr. Mena Barreto, no Pronto-Socorro[267], mas não conseguiu senão solicitar-lhe a atenção para a forma ectoplásmica, indefinida, com que ele se surpreendeu."

Com a permissão do Alto, o fato aqui descrito com as minudências possíveis dá-nos uma ideia do que foi a "Noite de São Bartolomeu" e seu cortejo de horrores. (grifo nosso)[268]

Este relato coloca-nos Chico reencarnado em meados do século XVI, ao se mencionar essa jovem adolescente vivendo em Paris, França.

Na obra *Entre os Dois Mundos*, ditada por Manoel Philomeno de Miranda, via mediunidade de Divaldo Franco, encontramos a confirmação dessa história da noite de São Bartolomeu, embora nela não se tenha citado, nominalmente, o Chico como o protagonista.

Iniciaremos o relato a partir do momento que Eduardo, pessoa a quem o médium Izidro se tornou pai adotivo (Chico

---

267 ······· Nota da transcrição: Tal fato se deu, aqui, no Rio.

268 ······· BOECHAT. *O Espinho da Insatisfação*, p. 49-60.

também foi pai adotivo), é, por ação magnética do instrutor Dr. Arquimedes, desprendido do corpo físico e induzido a lembrar-se do passado:

> Aproximou-se do celerado, e em tom enérgico, induziu-o ao sono da consciência, a fim de que pudessem despertar os arquivos do inconsciente profundo, onde estavam registrados os acontecimentos a que se reportava:
>
> – Adormeça e auto penetre-se! Descanse da excitação e acalme-se. Viaje comigo no tempo. Recue na busca dos acontecimentos que recorda de maneira pessoal, injusta e deturpada. Reviva os tormentosos dias de Carlos X e de sua genitora Catarina de Médici, na França, a partir de agosto de 1572, no auge das guerras de religião que haviam começado bem antes...
>
> O paciente adormeceu profundamente e a sua respiração, à medida que o benfeitor referia-se ao seu passado, tornava-se agitada, com ligeiros tremores que o sacudiam no leito em que fora adrede colocado.
>
> – Recorde-se – impunha-lhe a voz calma e vigorosa do agente espiritual – dos tumultos que sacudiam o palácio das Tulherias, ante a proximidade do casamento de Margarida de Valois, as inquietações que tomavam conta de Paris e da França... Lembre-se do almirante Coligny, a quem você traiu... Rememore as sombras densas nas câmaras reais, na noite que ensejou a grande matança... É noite de 23 do referido agosto. Catarina está inquieta. A família de Guise, que partilha do poder infame, confabula sediciosamente programando a carnificina. A duquesa de Nemours estimula Catarina a levar o documento de liberação da matança ao filho desditoso e perturbado, **enquanto uma jovem menina acompanha toda a trama, na sala imensa em parte mergulhada em sombras**... Ela vê você, também envolvido na urdidura da crueldade, especialmente contra o seu comandante, e fica estarrecida...

Tudo ali a apavora. Logo depois, vitoriosa, Catarina exibe para a amiga a liberação do crime, assinada por seu filho, o rei.[269]

– Basta, infame! – Blasfema o transtornado.

– É claro que basta, porque você conhece o que sucedeu depois. A morte de milhares de calvinistas, vitimados pela vilania da terrível megera, genitora do rei, que ambicionava muito mais para o outro filho, seu privilegiado, cometendo a atrocidade nos dias do casamento da própria filha, acontecimento esse que atraiu a Paris inusitado número de inimigos de Deus e da França, os calvinistas, conforme se referia.

A sua imagem ignóbil ficaria impressa a fogo na memória da adolescente, que o detestou como a todos aqueles que se fizeram instrumento dos hediondos acontecimentos. Não é de estranhar que, mais tarde, quinze anos depois aproximadamente, **quando senhora de muitos bens**, desfrutando grandes regalias na corte e portadora de expressiva beleza, sendo assediada pelo seu insidioso interesse em conquistá-la para submetê-la aos seus caprichos, **utilizou-se do prestígio de que desfrutava, acusando-o de traição à fé católica e à pátria, conseguindo que o atirassem num calabouço de vergonha e de morte**, muito comum então, livrando-se do inclemente perseguidor.

Afinal, a sua traição a Coligny convidava-o a viver o mesmo drama do nobre almirante.

As lutas de religião prosseguiram então e demoraram-se por muitos anos, como efeito infeliz da desditosa Noite de São Bartolomeu, de que a França iria reabilitar-se somente mais de duzentos anos depois, nos dias da Revolução, iniciada a 14 de julho de 1789.

---

[269] ········ Nota da transcrição: Constatamos que Eduardo fazia parte do mesmo grupo a que pertencera o caro amigo Laerte, conforme cap. 11 da presente obra. (N. do Autor espiritual).

Houve um silêncio significativo. Todos estávamos surpreendidos com a sabedoria do Mentor e com a grandeza das leis que nunca fere inocentes...

O médium Izidro chorava discretamente, recordando-se, por certo, daqueles antros dias. (grifo nosso)[270]

O instrutor, após fazê-lo retornar do passado, passa a utilizar-se do mesmo expediente em relação a Marcondes, amigo de Izidro. Vejamos o início da narrativa:

— Sou revel! Matei em nome de Deus, usurpei os recursos de outros, maquinei misérias contra o meu próximo, vilipendiei a verdade... e apodreci em vida num cárcere subterrâneo, esquecido... Mas não paguei tudo quanto fiz de mal.

— A Deus cabe a análise das ocorrências. A culpa que o aflige é efeito natural do despertar da consciência, mas não lhe dá o direito de eleger punição, porque os nossos são os recursos da injustiça e da ignorância.

O querido irmão também se apaixonou pela jovem diva, a quem já nos referimos – Georgette-Louise – e embora lhe despertasse algum sentimento de simpatia, a sua convivência com o detestável violentador, estimulou-a a recusá-lo, sem que o haja esquecido. (grifo nosso)[271]

Avançamos no relato apenas para poder identificar o nome dessa adolescente. Um pouco mais à frente citaremos novamente o médium Izidro, onde teceremos comentários; mas não se deve esquecer que ele se lembrou das atrocidades que cometeu, razão pela qual verteu suas lágrimas.

---

270 ······· FRANCO. *Entre os Dois Mundos*, p. 278-280.

271 ······· FRANCO. op. cit.s, p. 282-283.

Ainda em *Recordações de Chico Xavier*, encontramos Ranieri fazendo uma relação entre Chico e seu mentor; diz lá:

> A identidade entre Chico e Emmanuel nos parece absoluta, mas distinguimos perfeitamente um do outro. **Pai e filha em diversas fases de suas vidas espirituais**, estabeleceram sérios laços de afinidade que os manterão unidos pelo resto de seus dias espirituais. Houve época em que a todo momento o Chico se referia a Emmanuel quando conversava ou atendia consultas verbais, afirmando: – Emmanuel está dizendo... Emmanuel está falando que... (grifo nosso)[272]

Ao que tudo indica é, exatamente, a conclusão que Divaldo P. Franco, demonstra em *Conversando com Divaldo Pereira Franco – II*, em que afirma:

> Chico Xavier **tinha a predominância anima na sua organização masculina. Chico era a doçura em pessoa. Era mãe, muito mais do que pai**. Estava sempre anuindo, gentil e bondoso. Para aqueles que não sabem, era um excelente cozinheiro e um admirável bordador. Eu mesmo tenho um pedacinho de tecido com o trabalho de crivo – as mulheres sabem o que é – e de labirinto, das mãos do Chico, um aquarelista incomum. Alguns amigos mais íntimos, como os que hospedavam em São Paulo, mandavam-lhe chapas de Raio-X, e ele então fazia lindas aquarelas nas chapas e as enviava por correspondência a seus amigos. Eu tenho algumas dessas pinturas. **Ele tinha uma sensibilidade feminina para a beleza, para todas as coisas**;

---

[272] FRANCO. op. cit., p. 282-283.

no entanto, era de uma retidão masculina incomparável. [...] (grifo em itálico do original, em negrito nosso)[273]

Explica-nos Divaldo que *"todo homem tem sua porção feminina, que é essa anima"*, baseando-se no pensamento de Carl Gustav Jung (1875-1961), um dos maiores estudiosos do psiquismo humano.[274] No caso de Chico Xavier a predominância era feminina, conquanto a organização somática fosse masculina.

Ramiro Gama (1895-1974), outro biógrafo de Chico Xavier, muito conhecido no Movimento Espírita por causa do livro *Lindos Casos de Chico Xavier*, dá-nos uma notícia, com a qual se confirma essa ideia: *"Mas sua irmã Geralda, a quem conhecêramos em Belo Horizonte, justificando os elogios que lhe fazíamos do irmão [Chico], dizia-nos: – Não, **ele não é nosso irmão apenas. Foi, tem sido e é: – a nossa Mãe.**"* (grifo nosso)[275]

Há uma mensagem de Meimei, apelido familiar de Irma de Castro Rocha (1922-1946), ao esposo Arnaldo Rocha, datada de 13 de agosto de 1950, recebida pelo próprio Chico, que consta do capítulo "Revendo o Passado", da obra *Meimei, Vida e Mensagem*, na qual temos revelações interessantes que não podemos deixar de transcrevê-las in totum:

(Confidencial)

Meu querido Naldinho,

Jesus nos guarde sempre.

---

273 ······· FEDERAÇÃO ESPÍRITA DO PARANÁ. *Conversando com Divaldo Pereira Franco – II*, p. 56-57.

274 ······· FEDERAÇÃO ESPÍRITA DO PARANÁ. op. cit., p. 56.

275 ······· GAMA. *Lindos Casos de Chico Xavier*, p. 92.

Partilhando a alegria e as promessas de nosso grupo, à frente de Jesus e do tempo, tenho estado desejosa de contar ao seu coração que **li, há alguns dias, breves páginas do pretérito que nos diz respeito** na zona espiritual, em que as raízes do passado protegem folhagens novas no solo do presente.

E vi, Naldinho, para não dizer que **me revi, numa casa feudal, na Lorena**[276], **do décimo primeiro século**, uma casa cheia de beleza e poder, onde passamos, de corações menos ligados ao Cristo que pretendíamos procurar e defender. As guerras sucessivas e a mão implacável dos séculos destruíram o quadro, talaram os campos e modificaram a paisagem, mas o romance das almas é divino e imperecível e, segundo reconhecemos, nada se perde na economia da eternidade a que o Senhor destinou a alma a via.

Nesse castelo forte, justamente na fase ligeira que me foi permitido reexaminar, dominava Luís de Bouillon, do círculo consanguíneo do famoso Godofredo, em cujas mãos repousaram as rédeas da segunda Cruzada. Luís desposara Cecile e viviam relativamente felizes ao lado de uma filha abençoada que lhes transformava as penas em flores, acompanhados de servos numerosos, dentre os quais se destacavam jovem escrava de nome Catarina. A luta na Ásia, toda de aventuras incontáveis, requisitou igualmente o castelão, que foi compelido a tomar posição junto de um seu irmão mais novo, de nome Carlos, que casara, no centro da França, aliando-se à família estranha aos seus. Viviam separados, porém mantinham os mesmos laços de carinho espiritual que os associavam desde a infância, quando os imperativos da educação os distanciaram um do outro. Juntos na guerra, serviram valorosamente a Godofredo, que se cobriu de glórias na Palestina, e voltaram aos seus domínios com íntima e acentuada renovação dos laços afetivos. Assim é que Luís reclama a visita de Carlos, a visita pessoal às

---

[276] .... Informamos que Lorena é uma região do nordeste da França.

suas propriedades situadas não longe de Nancy, para onde o irmão se dirige em companhia de Clara, a mulher que esposara. Na comunhão carinhosa da família, eis porém que o esposo de Cecile se sente atraído para a cunhada através de fios magnéticos que lhe parecem irresistíveis. Suas noites passaram a se povoar de angústia e não oculta o seu sentimento aos mais íntimos. Assim é que Catarina lhe percebe os intentos e, sentindo-se senhora do coração dele, cuja ternura partilhava no tálamo doméstico, sofreia com dificuldade os ciúmes a lhe vicejarem no coração, como espinhos de fogo. E Luís que, a sentir-lhe, consegue sopitar as aflições da própria alma, induzido por hábil conselheiro – um sacerdote menos escrupuloso –, permite que o irmão, em passeio no campo, seja surpreendido por um desastre de carruagem, intencionalmente preparado para subtrair-lhe a existência. Uma estrada obstruída com inteligência, uma disparada de cavalos e um trilho para o despenhadeiro completam a escura trama; entretanto, depois de sua morte, Catarina teme a presença de Clara e lhe propicia sutilmente uma taça envenenada, com a qual põe término à sua vida no corpo.

Luís de Bouillon, desesperado, não suporta o que considera um ultraje com que lhe fere o destino com implacável sentença, e Cecile, amargurada, não consegue sobreviver por muito tempo. Sozinho, Luís de Bouillon espera o casamento da filha única e não se demora no corpo carnal.

Em pleno Espaço, reúne-se vasta assembleia e a luta continua...

Temos, sem dúvida, muitas páginas do pretérito a reler, mas **essa diz respeito aos dias de agora, de maneira muito especial**. Na Cruzada, a pretexto de defender o Senhor, envenenamos muitas almas e corpos e hoje trabalhamos para socorrer enfermos, ignorantes e desesperados...

E se hoje, Naldinho, escrevo a você algo sobre o assunto, **é para que vocês não tenham dificuldade em identificar os**

poucos personagens a que me referi, se amem com a beleza profunda dos sentimentos que buscamos, baseados na fraternidade perfeita, no caminho puro, na confiança plena. Temos vários problemas a solucionar, mas o maior de todos é o Amor, o Amor em cujo clima bendito precisamos respirar e viver. Mãos na caridade e nos corações e ao coração Alto para que possamos encontrar a vida eterna.

Mais tarde escreverei novamente.

Meu afeto ao Carlos, Dorothy, Lucilla, Cleone e a todos os que se encontram mencionados em nossa história, **sem me esquecer de Chico, a quem peço continue velando por nós com o afeto das Mães cuja ternura é o orvalho bendito**, alentando-nos para viver, lutar e redimir.

Receba, Naldinho, já que não posso estender-me por mais tempo, os meus votos de confiança no trabalho incessante de Jesus, em cujo desdobramento não devemos descansar, e guarde no coração beijo de sua

Meimei (grifo nosso)[277]

Uma primeira pergunta: teria Meimei comparado o afeto de Chico aos das mães, caso ele não fosse mesmo uma alma feminina?

Mas nessa mensagem recebida por Chico, ressalte-se isso: Meimei conta a vida passada de cinco personagens, dos quais alguns, no presente, estavam ligados uns aos outros. Para entender melhor o relato, vamos recorrer ao *Chico, Diálogos e Recordações...*, onde o autor, Carlos Alberto Braga Costa entrevista Arnaldo Rocha, o esposo de Meimei:

---

277 ······· RODRIGUES; ROCHA, A; ROCHA, A. S. *Meimei – Vida e Mensagem*, p. 97-98.

– Arnaldo, você pode situar alguns personagens dessa história na atualidade, para facilitar nosso entendimento?

– Perfeitamente. Godofredo de Bouillon, o Cruzado, foi nosso dileto amigo Rômulo Joviano. No meu caso específico, os passos de Luís de Bouillon, deixaram rastros de sombra por onde trilharam. Nossa doce Meimei, por sua vez, sofreu na personalidade de Cecile os dissabores do marido infiel. Carlos cruelmente assassinado, nessa história, na atual encarnação foi meu irmão de sangue. Catarina, amante de Luís de Bouillon, em futura encarnação foi a Catarina II – rainha da Rússia, que repetindo erros passados, passou a ter muitos amantes, sendo um deles o próprio Luís de Bouillon, no século XVIII. Nessa futura encarnação, no século XVIII, Luís teve o nome Gregório Ivanovict Potemkim, este mísero narrador. **Por fim, Clara, a esposa de Carlos, cobiçada por Luís de Bouillon, <u>a alma cândida de mãe</u> que se refere Meimei no final da carta, Chico Xavier.** (grifo nosso, o sublinhado é do original)[278]

Temos, no relato, a ligação entre Meimei, Arnaldo e Chico: Meimei é Celile, esposa de Luís de Bouillon; Arnaldo é Luís de Bouillon, Chico Xavier é Clara esposa de Carlos, irmão de Luís, que a desejava; eis a trama amorosa vivida no século XI. Acreditamos que temos aqui a razão pela qual Arnaldo Rocha, em seus relatos, chama Chico de "Alma querida".

Fato importante e inusitado é que essa revelação do Espírito Meimei, veio pela psicografia do próprio Chico, o que a torna algo difícil de se colocar sob suspeita.

Vejamos o que Clóvis Tavares, em *Amor e Sabedoria de Emmanuel*, relata a respeito das impressões que Joaquim

---

278 ······· COSTA. *Chico, Diálogos, Recordações...*, 2006, p. 217-218.

Alves (1911-1985), carinhosamente chamado de Jô, teve ao encontrar-se com Chico. Confessou-lhe Jô:

> – Em 1952, **visitei o Chico pela primeira vez**, em companhia do querido amigo José Bissoli. Após descansarmos um pouco da longa viagem, fomos à sua procura. Batemos à porta do lar de Luísa Xavier, sua maternal irmã, que nos disse estar o médium na Fazenda Modelo, onde trabalhava. Para lá nos dirigimos. Conseguimos vê-lo de longe. Não quisemos, entretanto, incomodá-lo e voltamos ao hotel.
>
> As luzes se acendiam na pequenina Pedro Leopoldo, quando alguém bate suavemente palmas à porta do nosso quarto. Atendo, e uma figura moça, de olhar manso, sorridente, pergunta pelo meu nome. Convidando-o a entrar, conversamos por algum tempo. **Quando o moço se foi, era como se alguém muito querido partisse, pois deixava o silencioso quarto do hotel vazio e triste**.
>
> Embora nos tivesse convidado – continua a contar-me o querido Joaquim – para novo encontro no Centro Espírita Luís Gonzaga, sua ausência nos entristecera, pois aqueles rápidos minutos de conversação, sua figura simples, **suas palavras de alegria nos deram a sensação de termos sidos velhos companheiros que os séculos separaram**... Chegamos ao Centro antes das oito da noite. Chico nos recebeu com sua simplicidade tocante e **nos abraçamos, recordando velhos abraços que o velho tempo marcou**... Depois, o serviço psicográfico... [...]. (grifo nosso)[279]

A impressão de Jô, quando vê Chico pela primeira vez, foi a de que eram velhos amigos, que pode, de alguma forma, ser confirmada na obra *Amor e Renúncia – Traços de Joaquim Alves*,

---

[279] .... TAVARES. *Amor e Sabedoria de Emmanuel*, p. 62-63.

por dona Nena Galves, em que há uma carta de Chico a Jô, na qual ele, o mineiro do século XX, a certa altura, lhe diz:

> [...] Aquele rio que você fixou tão bem, na tela em que aparecem os solares coroados de sol, na paisagem verde e florida, estava igualmente à minha espera, **sem que eu soubesse ao tempo em que nos vimos pela primeira vez, nesta existência**... [...]. (grifo nosso)[280]

Essa fala nos leva a concluir que, em vidas pretéritas, Chico e Jô tiveram contato um com o outro. Isso justifica a forma que, mais à frente, Chico se coloca como sua mãe pelo coração, mãe espiritual:

> Desculpe-me, ainda, se me refiro ao trabalho de verdade... É só para dizer a você que eu, que **me sinto na condição de sua mãe pelo coração, mãe espiritual** que tem a idade de quem o viu renascer, não mudou... É só para afirmar-lhe que desejo você tão fiel a Jesus hoje, quanto ontem, e tanto quanto será você fiel a Ele, amanhã... E se alguém disser a você que me transformei ou que pessoas e circunstâncias me teriam transformado, não acredite. Pense, no silêncio, que sua mãe tão pobre e tão devedora, vive carregada de obrigações, que ela deve trabalhar sem repouso, para que a obra de Nuel[281] não esmoreça... [...] Deus sabe, **filho meu**, quantas dificuldades **foi ela obrigada a atravessar, desde a infância, para que o trabalho de Nuel não parasse e nem fenecesse**. [...] Por muito que eu trabalhasse, e realmente nada tenho feito de mim, não estaria de minha parte, senão cumprindo um dever... **Lembre-se de que sua mãe pelo coração** está igualmente na viagem do mun-

---

280 .... GALVES. *Amor e Renúncia – Traços de Joaquim Alves*, p. 83.

281 .... "Nuel" era como Chico designava Emmanuel.

do, carregando imperfeições, impedimentos, inibições... **Se não pode estar frequentemente com os filhos amados é que ela deve, antes de tudo, ligar-se às disciplinas que o Senhor lhe traçou por Nuel**... Tantos filhos queridos tenho eu! Mas o Senhor quer que nos voltemos, agora, por algum tempo, para os filhos do Calvário que Ele nos legou... [...].

Não creia, também, **amado Silvano**, que alguém me obrigue às disciplinas necessárias. Nuel as propõe e eu as aceito. Estou, **meu filho**, embora com tanta madureza e velhice físicas, na posição de uma criança na escola ou de um animal em serviço. Sem as disciplinas, não conseguirei fazer o que devo fazer...

Receba, meu filho, todas as considerações desta carta, por entendimento nosso, diante do Natal... Amemos e trabalhemos.

[...].

Chico (grifo nosso)[282]

Às páginas 88 a 92, dona Nena Galves reproduz essa carta, que não foi escrita à mão, mas, sim, datilografada, de Chico a Jô. Importante, também, é como Chico a inicia:

```
CARTA DO CORAÇÃO PARA O CORAÇÃO
    - EXTREMAMENTE CONFIDENCIAL -
   Uberaba, 14 de novembro de 1962


Querido Jô

Jesus nos abençõe.
Recebi sua carta querida de 6, junto
```

---

[282] ······· GALVES. op. cit., p. 85-86.

Entendemos perfeitamente a preocupação de Chico, em ter essa carta como "extremamente confidencial". Para nós o fato dele dizer "me sinto na condição de sua mãe pelo coração, mãe espiritual", nada mais significa que, em alguma vivência passada, Chico teve a oportunidade de ser mãe de Jô. Algo natural no grande palco do teatro das reencarnações. Isso, por outro lado, ajuda a confirmar o perfil feminino de Chico, como demonstrado um pouco atrás.

Dona Nena Galves, lembra que "Contava o nosso amigo Bissoli que Chico, ao ver Jô, o abraçou e disse: 'Querido Silvano, eu já te esperava há muito tempo.'"[283]

Ao chamar o Jô de Silvano, Chico o identifica como sendo o menino personagem de *Ave, Cristo!*, obra ditada por Emmanuel.[284]

Também nos informa dona Nena Galves que:

> [...] Certa vez, fui arguida se os Espíritos de **antigos cristãos** estão reencarnados. Claro que sim, mas a dificuldade é reconhecê-los. **Chico Xavier, ao reencontrar Jô nesta encarnação, reconheceu-o** e tornaram-se companheiros na tarefa do livro. [...]. (grifo nosso)[285]

Presumimos, então, que a relação de Chico com o Jô é, na pior das hipóteses, dessa época.

Em 23 de julho de 1967, dia em que Chico visitou a Casa Transitória Fabiano de Cristo, vinculada à área de assistência social da Federação Espírita do Estado de São

---

283 ······ GALVES. op. cit., p. 25.

284 ······ GALVES. op. cit., p. 25.

285 ······ GALVES. op. cit., p. 13.

Paulo, oportunidade em que Jô fez as preces inicial e final. Destacamos o seguinte trecho da última:

> Permite, sob Teu olhar compassivo, declinarmos alguns dos muitos corações que se sacrificaram, para que tivéssemos Teu próprio coração dentro do nosso: Clódio, Quinto Varros, Ápio Corvino, **Lívia**, Crispo, Átalo de Pérgamo, Lisipe de Alexandria, Horácio Niger, Rugo, Maturo Pôntico, Alcebíades, Pontiminiana, Calixto, Dácio Acúrsio, **Blandina**... e outros heróis marcantes na esteira do tempo, para terminar na apoteótica figura de Allan Kardec que, enfrentando a fúria dos césares de ontem e de hoje, souberam testemunhar seus ideais, abrindo as comportas do coração e estendendo a destra ao alto, clamando "Ave Cristo, os que aspiram a glória de servir em Teu nome Te glorificam e saúdam". (grifo nosso)[286]

Temos informações de que Lívia é Chico e Blandina é Meimei. Os outros personagens: Quinto Varro é Pedro de Alcântara, Espanhol; Ápio Corvino é Bezerra; Crispo é José Gonçalves Pereira; Rufo é Eurípedes Barsanulfo e Pontiminiana é Geni Xavier.

Na obra *Chico Xavier, o Homem, o Médium e o Missionário*, o autor Antônio Matte Noroefé (-), apresenta a entrevista com Chico realizada por Tharsis Bastos de Barros (1954-), radialista da Rádio Sete Colinas (Uberaba, MG), quando em julho de 1977 se comemorava os 50 anos de atividades mediúnicas de Chico. Respondendo à pergunta "Chico Xavier, quem é você?" disse-lhe várias coisas, entre as quais, destacamos o seguinte trecho de sua resposta:

---

[286] ...... GALVES. op. cit., p. 40.

Esclareço ainda a você que **pertenço, morfologicamente ao sexo masculino**, e qual ocorre com as pessoas que sentem e pensam sobre as próprias responsabilidades, **psicologicamente tenho os conflitos naturais**, inerentes a essas mesmas pessoas, conflitos estes que procuro asserenar, tanto quanto possível, com o apoio da religião, pois **não creio que possamos vencer as nossas tendências inferiores ou animalizantes sem fé em Deus,** sem a prática de uma religião que nos controle os impulsos e nos eduque os sentimentos. (grifo nosso)[287]

A expressão *"pertenço, morfologicamente ao sexo masculino"* é sintomática, e só faz sentido caso Chico se sentisse psicologicamente do sexo feminino. Ora, por tudo quanto estamos apresentando, isso fica bem claro, ou seja, que seu psiquismo era mesmo feminino.

A *Globo News* no programa "Arquivo N", exibido no dia 31 de março de 2010, ano do centenário de nascimento do médium mineiro, apresentou a reportagem "A fé em Chico Xavier". Num dos trechos, que nos parece ter como origem um dos programas do "Fantástico", da TV Globo, exibido em um dos domingos do ano de 1979, destacamos a resposta do Chico a uma das perguntas do repórter Nei Gonçalves Dias (1940-):

Repórter: Você não lamenta não ter deixado um filho?
Chico: Há um antigo provérbio que diz que a criatura humana, na passagem por este Mundo, deveria deixar: uma árvore, um livro ou um filho. De maneira que plantei algumas árvores, **não tenho corpo para a produção de filhos, na vida física,** mas em matéria de livro, que considero também filhos meus, desde que eles todos passaram pelas minhas mãos, pelo

---

287 ······· NOROEFÉ. *Chico Xavier, o Homem, o Médium e o Missionário,* p. 128.

meu calor, pelo sangue, pelo meu entusiasmo, pela minha alegria de trabalhar como filhos. Então, em vez de um filho, eu deixo 150. [...] (grifo nosso)[288]

Considerando que Chico não era estéril, o trecho "não tenho corpo para a produção de filhos, na vida física", transpareceu-nos uma fala de mulher, ou seja, seu psiquismo feminino "falou" mais alto.

Outra relação que nos pareceu consistente é que a Suely Caldas Schubert (1938-), faz na obra *Dimensões Espirituais do Centro Espírita*, onde lemos o seguinte:

> André Luiz e Hilário, em companhia do Instrutor Áulus, comparecem a uma reunião pública de psicografia para atendimento aos necessitados, encarnados, que procuravam uma orientação e/ou receituário mediúnico. **Essa sessão, detalhada no capítulo 16 de *Nos Domínios da Mediunidade*, apresenta as mesmas características das que eram realizadas por Chico Xavier, ao longo de muitos anos**, primeiro em Pedro Leopoldo (MG) e, posteriormente, em Uberaba (MG). (grifo nosso)[289]

Vamos lá, na obra e capítulo mencionados, para ver se a percepção de Suely Caldas faz algum sentido. Da narrativa transcreveremos somente aquilo que poderá confirmar isso.

> Apresentava-se **a matrona** revestida por extenso halo de irradiações opalinas, e, por mais que projeções de substância sombria a buscassem, através das requisições dos sofredores

---

[288] .... https://www.youtube.com/watch?v=99q9Amw0q6A, entre 11'16" a 13'02".

[289] .... SCHUBERT. *Dimensões Espirituais do Centro Espírita*, p. 217.

que a ela se dirigiam, conservava a própria aura sempre lúcida, sem que as emissões de fluidos enfermiços lhe pudessem atingir o campo de forças.

Designando-a com a destra, o Assistente informou:

— **É a nossa irmã Ambrosina**, que, **há mais de vinte anos sucessivos**, procura oferecer à mediunidade cristã o que possui de melhor na existência. Por amor ao ideal que nos orienta, **renunciou às mais singelas alegrias do mundo**, inclusive o conforto mais amplo do santuário doméstico, de vez que **atravessou a mocidade trabalhando, sem a consolação do casamento**.

Ambrosina trazia o semblante quebrantado e rugoso, refletindo, contudo, **a paz que lhe vibrava no ser**.

Na cabeça, dentre os cabelos grisalhos, **salientava-se pequeno funil de luz**, à maneira de delicado adorno.

Intrigados, consultamos a experiência de nosso orientador e o esclarecimento não se fez esperar:

— **É um aparelho magnético ultrassensível com que a médium vive em constante contacto com o responsável pela obra espiritual que por ela se realiza**. Pelo tempo de atividade na Causa do Bem e pelos sacrifícios a que se consagrou, **Ambrosina recebeu do Plano Superior um mandato de serviço mediúnico, merecendo, por isso, a responsabilidade de mais íntima associação com o instrutor que lhe preside às tarefas**. Havendo crescido em influência, viu-se assoberbada por solicitações de múltiplos matizes. Inspirando fé e esperança a quantos se lhe aproximam do sacerdócio de fraternidade e compreensão, **é, naturalmente, assediada pelos mais desconcertantes apelos**.

— Vive então flagelada por petitórios e súplicas? — indagou Hilário, inevitavelmente curioso.

— Até certo ponto sim, porque **simboliza uma ponte entre dois mundos**, entretanto, com a paciência evangélica, sabe ajudar aos outros para que os outros se ajudem, porquanto não lhe seria possível conseguir a solução para todos os problemas que se lhe apresentam.

[…].

A médium aquietou-se.

Passou a conversar naturalmente com os frequentadores da casa.

Aqui, alguém desejava socorro para o coração atormentado ou pedia cooperação em benefício de parentes menos felizes. Ali, suplicava-se concurso fraterno para doentes em desespero, mais além, surgiam requisições de trabalho assistencial. Dona Ambrosina consolava e prometia. Quando **Gabriel, o orientador**, chegasse, o assunto lhe seria exposto. Decerto, traria a colaboração necessária.

[…].

Aqueles amigos, considerando as mensagens de luz e simpatia que projetavam de si mesmos, seriam altos embaixadores da Divina Providência? Desfrutavam, acaso, o convívio dos santos? Viveriam em comunhão pessoal com o Cristo? **Teriam alcançado a condição de seres impecáveis?**

O Assistente sorriu bem-humorado, e esclareceu:

— Nada disso. Com todo o apreço que lhes devemos, é preciso considerar que são vanguardeiros do progresso, sem serem infalíveis. **São grandes almas em abençoado processo de sublimação**, credoras de nossa reverência pelo grau de elevação que já conquistaram, **contudo, são Espíritos ainda ligados à Humanidade terrena e em cujo seio se corporificarão, de novo, no futuro, através do instituto universal da reencarnação**, para o desempenho de preciosas tarefas.

[…].

Nessa altura do esclarecimento que registrávamos, felizes, Dona Ambrosina sentara-se ao lado do diretor da sessão, um homem de cabelos grisalhos e fisionomia simpática que havia organizado a mesa orientadora dos trabalhos com catorze pessoas, em que transpareciam a simplicidade e a fé.

Enquanto **Gabriel se postava ao lado da médium**, aplicando-lhe passes de longo circuito, como a prepará-la com segurança para as atividades da noite, o condutor da reunião pronunciou sentida prece.

[…].

Muitos médiuns funcionavam no recinto, colaborando em favor dos serviços de ordem geral a se processarem harmoniosos, todavia, observávamos que **Dona Ambrosina era o centro da confiança de todos e o objeto de todas as atenções.**

Figurava-se, ali, o coração do santuário, dando e recebendo, ponto vivo de silenciosa junção entre os habitantes de duas esferas distintas.

Junto dela, em oração, **foram colocadas numerosas tiras de papel**.

Eram requerimentos, anseios e súplicas do povo, recorrendo à proteção do Além, nas aflições e aperturas da existência.

Cada folha era um petitório agoniado, um apelo comovedor.

Entre Dona Ambrosina e Gabriel destacava-se agora extensa faixa elástica de luz azulínea, e amigos espirituais, prestos na solidariedade cristã, nela entravam e, **um a um, tomavam o braço da medianeira, depois de lhe influenciarem os centros corticais, atendendo, tanto quanto possível, aos problemas ali expostos**.

Antes, porém, de começarem o trabalho de resposta às questões formuladas, **um grande espelho fluídico foi situado junto da médium**, por trabalhadores espirituais da instituição e, **na face dele, com espantosa rapidez, cada pessoa ausente, nomeada nas petições da noite, surgia ante o exame dos benfeitores que, a distância, contemplavam-lhe a imagem, recolhiam-lhe os pensamentos e especificavam-lhe as necessidades**, oferecendo a solução possível aos pedidos feitos.

Enquanto cultos companheiros de fé ensinavam o caminho da pacificação interior, sob a inspiração de mentores do nosso plano, **Dona Ambrosina, sob o comando de instrutores que se revezavam no serviço assistencial, psicografava sem descanso**.

Equilibrara-se o trabalho no recinto e, com isso, entendemos que havia reaparecido ocasião adequada para as nossas indagações.

Hilário foi o primeiro na inquirição que não conseguíamos sopitar, e, indicando o enorme laço fluídico que ligava Dona Ambrosina ao orientador que lhe presidia à missão, perguntou:

– Que significa essa faixa, através da qual a médium e o dirigente se associam tão intimamente um ao outro?

Áulus, com a tolerância e a benevolência habituais, elucidou:

– O desenvolvimento mais amplo das faculdades medianímicas exige essa providência. Ouvindo e vendo, no quadro de vibrações que transcendem o campo sensório comum, **Ambrosina não pode estar à mercê de todas as solicitações da esfera espiritual, sob pena de perder o seu equilíbrio**. Quando o médium se evidencia no serviço do bem, pela boa vontade, pelo estudo e pela compreensão das responsabilidades de que se encontra investido, **recebe apoio mais imediato de amigo espiritual experiente e sábio, que passa a guiar-lhe a peregrinação na Terra, governando-lhe as forças**. No caso presente, **Gabriel é o perfeito controlador das energias de nossa amiga, que só estabelece contacto com o plano espiritual de conformidade com a supervisão dele**.

– Quer dizer que para efetuarmos uma comunicação por intermédio da senhora, sob nosso estudo, **será preciso sintonizar com ela e com o orientador ao mesmo tempo**?

– **Justamente** – respondeu Áulus, satisfeito.

– Um mandato mediúnico reclama ordem, segurança, eficiência. Uma delegação de autoridade humana envolve concessão de recursos da parte de quem a outorga. Não se pedirá cooperação sistemática do médium, sem oferecer-lhe as necessárias garantias.

— Isso, porém, não dificultará o processo de intercâmbio?

— De modo algum. Perante as necessidades e compreensíveis, com perspectivas de real aproveitamento, **o próprio Gabriel se incumbe de tudo facilitar, ajudando aos comunicantes, tanto quanto auxilia a médium**.

Assinalando **a perfeita comunhão entre o mentor e a tutelada**, indaguei por minha vez **se uma associação daquela ordem não estaria vinculada a compromissos assumidos pelos médiuns, antes da reencarnação**, ao que Áulus respondeu, prestimoso:

— **Ah! sim, semelhantes serviços não se efetuam sem programa**. O acaso é uma palavra inventada pelos homens para disfarçar o menor esforço. **Gabriel e Ambrosina planejaram a experiência atual, muito antes que ela se envolvesse nos densos fluidos da vida física.**

E por que dizer – continuei, lembrando ao Assistente as suas próprias palavras – "quando o médium se destaca no serviço do bem recebe apoio de um amigo espiritual", se esse amigo espiritual e o médium já se encontram irmanados um ao outro, desde muito tempo?

O instrutor fitou-me de frente e falou:

— Em qualquer cometimento, não seria lícito desvalorizar a liberdade de ação. **Ambrosina comprometeu-se: isso, porém, não a impediria de cancelar o contrato de serviço**, não obstante reconhecer-lhe a excelência e a magnitude. Poderia desejar imprimir novo rumo ao seu idealismo de mulher, embora adiando realizações sem as quais não se erguerá livremente do mundo. Os orientadores da Espiritualidade procuram companheiros, não escravos. O médium digno da missão do auxílio não é um animal subjugado à canga, mas sim um irmão da Humanidade e um aspirante à sabedoria. Deve trabalhar e estudar por amor...
É por isso que muitos começam a jornada e recuam. Livres para

decidir quanto ao próprio destino, muitas vezes preferem estagiar com indesejáveis companhias, caindo em temíveis fascinações. Iniciam-se com entusiasmo na obra do bem, entretanto, em muitas circunstâncias dão ouvidos a elementos corruptores que os visitam pelas brechas da invigilância. E, assim, tropeçam e se estiram na cupidez, na preguiça, no personalismo destruidor ou na **sexualidade delinquente**, transformando-se em joguetes dos adversários da luz, que lhes vampirizam as forças, aniquilando-lhes as melhores possibilidades. Isso é da experiência de todos os tempos e de todos os dias...

— Sim, sim... — concordei — mas não seria possível aos mentores espirituais a movimentação de medidas capazes de pôr cobro aos abusos, quando os abusos aparecem?

[...].

— Mas, **ainda num mandato mediúnico, o tarefeiro da condição de Dona Ambrosina pode cair**?

— Como não? — acentuou o interlocutor — um mandato é uma delegação de poder obtida pelo crédito moral, sem ser um atestado de santificação. Com maiores ou menores responsabilidades, é imprescindível não esquecer nossas obrigações perante a Lei Divina, a fim de consolidar nossos títulos de merecimento na vida eterna. (grifo nosso)[290]

Tudo que negritamos tem conexão com a vida do Chico, mas vale ressaltar o seguinte:

— Ambrosina: uma das irmãs de Chico chamava-se Carmosina;

— Gabriel mentor: Emmanuel mentor (será pura coincidência a terminação?), ambos controlavam tudo;

— ambos os médiuns renunciaram à família, não se casaram;

---

[290] ······· XAVIER. *Nos Domínios da Mediunidade*, p. 147-158.

– mandato mediúnico de 20 anos, na época, Chico completava 20 anos de tarefa, uma vez que iniciou oficialmente a mediunidade em 1931 e aqui estamos na década de 1950;

– insinua que o mentor ainda teria que reencarnar, Chico sempre afirmava isso em relação a Emmanuel;

– trabalho na psicografia com mensagens consoladoras, das principais atividades mediúnicas do Chico;

– fala-se de um aparelho pelo qual apareciam informações à médium, exatamente o que acontecia com o Chico que sabia quase tudo das pessoas que o procuravam;

– Ambrosina e Gabriel planejaram a experiência atual, dando a entender que eles teriam convívio no passado, o que Chico dizia ter com o seu mentor.

A conclusão de Suely Caldas é:

> Em minha opinião pessoal **a experiência de Chico Xavier pode ter sido relatada por André Luiz, ilustrando-a como tendo sido vivida pela personagem Ambrosina**, tanto quanto suponho ser esta reunião que estamos comentando neste capítulo uma descrição da que era realizada pelo médium mineiro. (grifo nosso)[291]

Nós tiraríamos esse "pode ter sido" e, sem medo de errar, colocaríamos em seu lugar: "foi". E aí, perguntamos: será que o fato do médium, que personifica Chico, ser uma mulher não significa, implicitamente, o seu psiquismo feminino?

Vejamos o que Arnaldo Rocha fala a Marcelo Orsini, em entrevista ao Espiritismo-BH, realizada em 31/07/2009:

---

[291] SCHUBERT. *Dimensões Espirituais do Centro Espírita*, p. 222.

Marcelo: Bom, vamos agora falar um pouco do livro ***Nos Domínios da Mediunidade***, de autoria do Espírito André Luiz. Nós identificamos..., o André Luiz identifica um grupo mediúnico, que é, por ele, estudado com profundidade. O Chico teria revelado a identidade desse grupo de pessoas?

Arnaldo: Uma boa parte é baseado nas nossas reuniões no Meimei. E outra parte é baseada nas reuniões do grupo Regeneração, da Federação Espírita Brasileira, que foi um grupo fundado pelo Dr. Bezerra de Menezes. Estão no livro, que é o mais belo estudo que eu conheço sobre mediunidade. Que nós conhecemos a mediunidade daqui para lá, o André Luiz vem mostrar o fenômeno mediúnico do plano espiritual para cá. **Então, uma médium lá que se chama... Dona Ambrosina é Chico**. E esse sujeito (chegando um texto para próximo de Orsini) sou eu.

Marcelo: Esse sujeito aqui é o senhor, que o senhor não quer falar no nome dele. E o senhor tá lá nesse grupo, então?

Arnaldo: Que quando eu me fiz espírita, no grupo lá de casa, da família, Dalva de Assis, até 48, eu funcionava como médium psicofônico. Então encerrando uma determinada reunião, um dos nossos benfeitores espirituais, dr. Cornélio, terminou a palestra, virou-se para mim, fala: "Meu jovem, semana próxima você está com a responsabilidade de dialogar com os comunicantes." [...] (grifo nosso)[292]

É tão forte essa relação de Ambrosina com Chico que na obra *Chico Xavier, Mandato de Amor* o Diretor do Departamento Editorial da União Espírita Mineira cita o capítulo "Mandato mediúnico" de *Nos Domínios da Mediunidade* na Apresentação que, em nome da Instituição, faz para falar da missão de Chico.

---

292 ········ http://www.espiritismobh.net/index.php?option=com_k2&-view=item&id=127:relatos-de-arnaldo-rocha&Itemid=1, entre 43'38" a 45'22".

A descrição do trabalho, a relação Ambrosina e o seu mentor Gabriel, leva-nos, inevitavelmente, a ver o trabalho de Chico e sua relação estreita com Emmanuel, seu mentor, que, segundo se vê em algumas das obras, vem, em reencarnações sucessivas, situando-se próximo de Chico, como amigo ou parente.

Da obra *Chico Xavier – Lembranças de Grandes Lições*, de autoria de Cezar Carneiro de Souza (1936-), transcrevemos do capítulo intitulado "As existências físicas e as ligações espirituais":

> O nosso estimado e saudoso irmão espírita de Monte Carmelo, Sr. Joaquim Veloso, há muitos anos, narrou-nos interessante conversa que teve com Chico Xavier quando visitava sua cidade e seu lar.
>
> Contou-nos o nosso amigo carmelitano de sua curiosidade: desde quando seria a ligação de Chico com Emmanuel, o seu venerável guia?
>
> Com a nobre presença do respeitável médium em sua própria casa, o questionamento não se fez esperar e perguntou-lhe:
>
> – Essa **sua ligação com Emmanuel data de quando?**
>
> O Chico não querendo falar do assunto lhe responde:
>
> – Ah, Joaquim, deixa isso para lá, **data de muito tempo**.
>
> Mas não satisfeito, o Sr. "Quincas" insistiu:
>
> – Ora, Chico, fale!
>
> Então, satisfazendo a curiosidade do amigo, veio a revelação:
>
> – **A nossa ligação não é recente, data de quarenta mil anos e não somos apenas nós dois, o grupo é de setenta companheiros.**
>
> O estimado amigo de Monte Carmelo, estudioso da História da formação das raças no Planeta, disse-nos que existiram os setenta egípcios sábios na organização das tribos, nos primórdios de nossa civilização. Quem sabe não estariam todos ligados? No mesmo grupo?

Ouvindo-o ficamos a pensar: o que será de algumas diminutas existências no plano físico, diante da eternidade da vida do Espírito? (grifo em itálico do original, em negrito nosso).[293]

A ligação do mentor com o seu protegido não nos parece improvável, pois é o que também vemos ter acontecido entre o médium Eurípedes Barsanulfo e o seu guia Vicente de Paulo, que já mencionamos, mas convém repetir: "[...] **Eu e você, Eurípedes, somos amigos de outras vidas. Oh, sim, de muitas vidas!** Você já foi em França eclesiástico, médico e professor... E tem agora uma missão importante a realizar no Brasil. [...]." (grifo nosso)[294] Aqui temos como fato a estreita ligação do mentor com o assistido, não como algo surgido do nada ou abruptamente, mas como produto de relacionamento entre ambos ao longo dos tempos.

Esse comprometimento entre médium e seu guia, desde outros tempos, em que se relacionaram, numa mesma família ou círculo de amizade, pode estar dizendo de um padrão que acontece com todos os médiuns aos quais são destinadas missões mais relevantes junto à Humanidade.

Na obra *Até Sempre Chico Xavier*, de autoria de dona Nena Galves, reconhecidamente, amiga de Chico, temos um depoimento no qual se vê que, realmente, ele tinha essa capacidade. Do cap. 2, cujo título é "Reencontro de corações", transcrevemos:

> Os bons ou maus momentos que passamos são sempre lembrados, são pontos definitivos em nossas vidas.
> Maio de 1959 é data que recordamos com imensa alegria.

---

293 ...... SOUZA. *Chico Xavier – Lembranças de Grandes Lições*, 45-46.

294 ...... RIZZINI. *Eurípedes Barsanulfo, o Apóstolo da Caridade*, p. 43.

O encontro com Chico Xavier **fez florescer na memória atual reencarnações passadas na Espanha e na França. Chico nos confidenciou que nos reconheceu imediatamente**. Galves e eu sentimos uma atração imensa, uma grande afeição, e quando Chico tomou as mãos de Galves e as minhas entre as suas e as beijou, **tivemos a certeza de que suas mãos e as nossas já haviam estado unidas num passado distante**. Foi uma volta a tempos longínquos e um despertar no presente. Tivemos a impressão exata de que nos localizávamos no espaço e no tempo. (grifo nosso)[295]

Ora, esse depoimento de dona Nena Galves, vem novamente corroborar o fato de que, em vida anterior, Chico Xavier teria vivido na Espanha, informação que está, plenamente, de conformidade com o depoimento de Arnaldo Rocha, registrado em *Chico, Diálogos e Recordações...*, pelo escritor Carlos Alberto Braga Costa[296] e também com o texto *Chico Xavier foi Ruth-Céline Japhet*, de autoria de Luciano dos Anjos, publicado na revista digital semanal O Consolador, números 204 e 205, abr/2011.[297]

---

295 ······· GALVES. *Até Sempre, Chico Xavier*, p. 19.

296 ······· COSTA. *Chico, Diálogos, Recordações...*, 2006, p. 188, 197, 199, 200, 201 e 236.

297 ······· ANJOS, disponível em http://www.oconsolador.com.br/ano4/204/especial.html e http://www.oconsolador.com.br/ano5/205/especial.html

NEGA-SE A CHICO QUE DISSE NADA SABER SOBRE A REENCARNAÇÃO DE KARDEC

Não se pode simplesmente confiar no que se diga sobre o que Chico disse ou não disse, e tomar a palavra do outro como verdade, só porque o tenha conhecido.

D. NENA GALVES

Na obra *O Evangelho de Chico Xavier*, de autoria de Carlos A. Baccelli, encontramos algo bem interessante[298], senão vejamos:

213

"Tenho muito respeito à figura de Allan Kardec, e o respeito que ele me inspira não me permite cogitar da tese de sua reencarnação."

214

"Nunca me senti com o direito de perguntar aos espíritos sobre o paradeiro de Allan Kardec e eles, por sua vez, nunca tocaram no assunto comigo."

---

[298] BACCELLI. *O Evangelho de Chico Xavier*, p. 133.

O autor não informa qual foi a fonte de onde retirou essas duas falas, mas o mais importante é saber que Chico não tinha nenhuma informação a respeito do paradeiro de Kardec; certamente, isso inclui a questão de sua reencarnação; como, então, dizem que ele confidenciou a alguns "amigos" ter sido o Codificador?

Colocamos amigos com aspas propositalmente, porquanto não temos certeza de que não são estes de quem Chico fala:

52

> **Muitos espíritos têm reencarnado em nosso meio, apenas com o propósito de fazer confusão**... Eu não sei como é que conseguem galgar altos postos na Doutrina... Embora sejam dirigentes de centros, entravam o avanço do Movimento... **Em minha vida de médium, tenho me deparado com muitos "companheiros" assim... A gente nunca sabe com que intenção eles se aproximam**. Emmanuel me ensinou a identificá-los pelo brilho do olhar... **Muitos deles, a vida inteira, estiveram à minha volta, espreitando os meus menores movimentos**... (grifo nosso)[299]

Seriam eles bem representados pelo célebre personagem da charge "O amigo da Onça", da revista *O Cruzeiro*, criado pelo chargista Péricles de Andrade Maranhão (1924-1961)?

A Fundação Herculano Pires disponibiliza na Internet algumas gravações do programa "Limiar do Amanhã"; entre elas ressaltamos o Programa Especial de Primeiro Aniversário (1971)[300], no qual o entrevistado foi o médium Chico Xavier.

---

299 ······· BACCELLI, op. cit., p. 38.

300 ······· http://www.fundacaoherculanopires.org.br/nolimiardoamanha/especial1aniversario

Dos vários áudios disponíveis destacamos o da pergunta nº 10, cujo título é "Reencarnação de Kardec", em que se ouve a voz do próprio Chico, no seguinte diálogo com os seus entrevistadores:

> Renato – Existe alguma notícia, já que se fala tanto, do plano espiritual sobre a reencarnação de Kardec aqui no Brasil ou em algum outro país?
>
> Chico Xavier – Até hoje, pessoalmente, **eu nunca recebi qualquer notícia positiva a respeito da presença de Allan Kardec reencarnado no Brasil ou alhures**. Entretanto, eu devo dizer que em se tratando desses vultos veneráveis do nosso movimento, seja do cristianismo, seja do espiritismo, **pessoalmente eu tenho muito receio de receber qualquer notícia**, porque temo, pela minha fragilidade, e estimaria não ser o médium de notícias tão altas.
>
> J. Herculano Pires – **Excelente, Chico, essa resposta, porque infelizmente há por aí uma onda de reencarnações de Allan Kardec. Infelizmente há**. Nós sabemos que isso são perturbações que ocorrem no movimento espírita em virtude da invigilância dos médiuns e da falta mesmo de compreensão de grande parte dos nossos companheiros no tocante à significação de uma personalidade espiritual como a de Kardec. De maneira que a sua resposta é também para nós de um valor inestimável.
>
> Chico Xavier – Muito obrigado. Pensamos que, **quando Allan Kardec surgir ou ressurgir, ele dará notícias de si mesmo pela sua grandeza, pela presença que mostre**. (grifo nosso).[301]

Fora a afirmação categórica de Chico, de não ter notícias da reencarnação de Kardec, quem não a levar em consideração só mesmo abstraindo do senso lógico, ainda temos a

---

[301] ...... http://www.fundacaoherculanopires.org.br/plugins/content/jw_allvideos/includes/download.php?file=images/stories/audio/especial_P10_reencarnacao-de-Kardec.mp3

importante e ainda oportuna opinião de Herculano Pires, pois, segundo o pensamento de Emmanuel, o próprio mentor de Chico Xavier, o nobre jornalista avareense, foi "o melhor metro que mediu Kardec", que concorda plenamente com o que Chico lhe disse, não o tendo como Kardec reencarnado.

Trazemos, por oportuno, as considerações de Wilson Garcia a respeito dessa fala de Chico:

> A opinião de Chico Xavier tem dois aspectos importantes: 1°) Foi dada por escrito ao jornalista e escritor Herculano Pires. **Grande parte das informações sobre uma possível reencarnação de Allan Kardec, atribuídas a Chico Xavier, são meramente verbais. O mesmo acontece quando partidários da tese Chico/Kardec atribuem a ele, Chico, indicações que supostamente vão na direção da confirmação de que ele é o próprio Kardec. São informações baseadas em lembranças e quase sempre se transformam em fonte de deduções e hipóteses, mas como documento legítimo não possuem qualquer valor.**
>
> 2°) O fato de Herculano Pires ter levado o assunto ao ar em seu programa de rádio revela a sua preocupação. **Herculano era, como ainda é, uma autoridade incontestável em matéria de doutrina espírita, autoridade essa reconhecida também, e de forma enfática, por Chico Xavier. O médium mineiro tinha por Herculano um respeito e uma admiração pouco vista em relação a outros intelectuais espíritas** e tamanha era sua confiança no professor que deu-lhe, mais de uma vez, carta branca na condução de estudos e análises do seu trabalho mediúnico. (grifo nosso)[302]

Comungamos com essas considerações de Garcia.

Sobre as perturbações que ocorrem por invigilância dos médiuns é bom que relembremos esse alerta do Chico: "O

---

[302] .... GARCIA. *Chico, Você é Kardec?*, p. 74-75.

povo subestima o poder das trevas e elas vão entrando. Os Espíritos das trevas têm uma hierarquia quase perfeita. Eles me criaram quase todos os tipos de dificuldades possíveis e imagináveis para que eu parasse a mediunidade. [...]."[303] Inclusive, ele confessa ao Dr. Elias Barbosa que muitas vezes foi vítima de mistificação.[304] Caro leitor, Se isso aconteceu com o Chico que é autêntico seguidor de Cristo, imagine o que poderia acontecer a nós outros que só fingimos ser?

Herculano Pires, em outra oportunidade, afirmou algo interessante e, claro, fora do nosso contexto, que bem poderia ser aplicado aqui:

> [...] Os que pretendem apresentar um médium como Chico Xavier, aos olhos do povo, como uma espécie de semideus, perturbam a missão do médium, que sempre se esforçou para mostrar-se como um simples homem, sujeito às deficiências humanas. [...] **No fundo, os endeusadores do médium nada mais fazem do que endeusar-se a si mesmos**. É a tendência natural da criatura humana de querer engrandecer-se à custa da grandeza alheia: do mestre, do chefe, do sacerdote, do pastor ou do médium. [...] (grifo nosso)[305]

Essa não foi a primeira vez que Chico fala dessa forma; vejamos, também, a entrevista concedida ao jornalista e historiador Fernando Worm, com as inicias FW, em janeiro de 1977, registrada na obra *Lições de Sabedoria: Chico Xavier nos 23 anos da Folha Espírita*, de autoria de Marlene Nobre:

---

303 ······· NOBRE. *Chico Xavier, Meus Pedaços do Espelho*, p. 142.

304 ······· BARBOSA. *No Mundo de Chico Xavier*, p. 31.

305 ······· PIRES. *Na Hora do Testemunho*, p. 63-64.

FW – Pedindo desculpas por minhas ilações a respeito da pergunta que respeitosamente faço aqui, lembraria que no capítulo intitulado **Minha Volta, escrito por Allan Kardec em 10/6/1860, constante de Obras Póstumas** (FEB, pág. 300), diz o Codificador: "Calculando aproximadamente a duração dos trabalhos que ainda tenho de fazer e levando em conta o tempo de minha ausência e os anos da infância e da juventude, até a idade em que um homem pode desempenhar no mundo um papel, a minha volta deverá ser forçosamente no fim deste século ou no princípio do outro". **Até o momento, ao que consta, ninguém sabe quem é ou teria sido Allan Kardec nessa prevista reencarnação.** Inobstante, acha possível que essa previsão do Codificador não se tenha cumprido?

[Chico Xavier] *Pessoalmente,* ***não tenho até hoje qualquer notícia dos Espíritos Amigos sobre o regresso do Codificador à Terra pelas vias da reencarnação****. Respeito as indagações que se fazem nesse sentido, mas, de mim mesmo, admito que em se tratando de Allan Kardec reencarnado, a obra que ele esteja efetuando, ou que* ***virá a realizar****, falará com eloquência com relação à presença dele seja como for, ou em qualquer lugar. (1/77).* (grifo em itálico do original, em negrito nosso)[306]

Chico mantém a mesma objetividade como, na vez anterior, a utilizou. A resposta não tem nada a ver com humildade como os adeptos da hipótese "Chico é Kardec" querem estabelecer para fugir dessa veemente afirmação de Chico, negando o que ele disse.

Em Manuela Vasconcelos, no artigo já mencionado, encontramos algo bem parecido:

---

[306] ······· NOBRE. *Lições de Sabedoria: Chico Xavier aos 23 Anos da Folha Espírita*, p. 170-171.

Mais à frente, ainda no mesmo livro[307], Adelino da Silveira, num novo capítulo, dá a palavra a Chico Xavier, que esclarece, quando perguntado:

"- **Chico, Allan Kardec reencarnou no início do século como está previsto no livro 'Obras Póstumas'?**

"- <u>**Eu não posso dizer coisa nenhuma, porque eu não tenho informações positivas de Emmanuel sobre o assunto**</u>. Ele não avança muito nas observações a respeito do Codificador da nossa Doutrina. **Eu aceito o que está dito no livro *Obras Póstumas* e mesmo em outras publicações**, mas é assunto que eu não posso dar o sim ou o não, porque escapa à minha possibilidade de acesso aos processos de reencarnação, especialmente de Allan Kardec. Assim, continuemos estudando e observando".

Esta é a resposta de Chico, ainda reencarnado, à pergunta de Adelino, que escrevia um livro sobre ele. **Como é que – perguntamos nós – <u>Chico responde desta maneira e, mais tarde, se veem a encontrar afirmativas de pessoas que dizem ter ouvido de Chico que ele era Allan Kardec reencarnado?</u>** Se assim foi (e repetimos o que já perguntamos atrás), porque não respondeu da mesma maneira para todos? (grifo em itálico e negrito do original, o negrito sublinhado é nosso)[308]

Confirma, portanto, o que foi dito na entrevista a Fernando Worm e lança um bom questionamento aos que dizem ter Chico lhes confessado ser Kardec.

E, especificamente, sobre Adelino da Silveira, temos essa consideração de Wilson Garcia:

---

307 ······· Trata-se do livro *Kardec Prossegue*, publicado pela Cultura Espírita União, em 1991.

308 ······· VASCONCELOS. *A Propósito de Reencarnações*, p. 11.

Seu trabalho afirmando, gratuitamente, que Chico é Kardec reencarnado foi repudiado pela imprensa espírita. **Até o médium mineiro se viu envergonhado com a questão. Em conversas com Herculano Pires, Chico colocou-se contra a hipótese, não por humildade – note-se! – mas por bom-senso**. Dª Orquídea, viúva do Batista Lino, Jorge Rizzini e o parapsicólogo Henrique Rodrigues podem confirmar que Chico lhes disse, na ocasião, que ele seria a reencarnação de Maria, a louca[309]. (grifo nosso)[310]

Aos que pensam que Chico havia sancionado a obra *Kardec prossegue*, desse autor, seria bom que tomassem conhecimento da forma como ele agia:

A exemplo de Francisco de Assis **que engoliu** toda a insensatez de Frei Elias para não revidar ou inculpá-lo, Chico terá o mesmo procedimento do Santo. E quando lhe dizem que fulano é a reencarnação de alguma figura importante do passado é comum ele responder, levantando os braços:

– Graças a Deus! Graças a Deus! E não diz nada.

Mas como o consulente, ingênuo, quer mesmo é ouvir **qualquer** coisa em que se possa seguir para apoiar a sua própria tese, ri e fala, contente, porque pensa que Chico confirmou, quando na realidade Chico **não disse nada**. É muito raro ele negar ou dizer que não, que não é, mas o pessoal que prefere a ilusão, acredita que com aquele "graças a Deus!" **indefinível e não esclarecido**, decididamente, ele confirmou...

E com isso, a coisa corre o mundo... [...] (grifo do original)[311]

---

[309] ······· Certamente que é Joana, a Louca e não Maria como mencionado.

[310] ······· GARCIA. *Uma janela para Kardec*. p. 54.

[311] ······· RANIERI. *Jornal Espírita*, nº 145, jul/1987.

Não raras vezes são apresentados autógrafos de Chico Xavier em exemplares da obra *Kardec Prossegue*, de Adelino da Silveira (-), como se Chico estivesse referendando todo o conteúdo dela, especialmente o fato de nela se afirmar que ele foi Kardec, em sua reencarnação anterior. Parece-nos que isso não faz sentido diante desse depoimento de Cezar Carneiro de Souza, no capítulo "O desprendimento de um verdadeiro servo do Senhor" de *Chico Xavier – Lembranças de Grandes Lições*:

> **Tínhamos acabado de organizar o nosso primeiro livro, em 1986, "Encontros com Chico Xavier"** e, solicitamos a opinião de um estimado amigo e médico espírita, entregando-lhe os originais.
>
> Ele gostou dos nossos contos sobre o querido e inestimável servidor do Evangelho de Jesus e fiel trabalhador da Doutrina Espírita. Mas, disse-me o amigo escritor: "Quem sabe você mostraria o que escreveu ao próprio Chico?" Confesso que fiquei assustado com aquela sugestão. Mas, por haver partido de alguém com tamanha credibilidade e particular amigo de Chico Xavier, resolvi, apesar de ansioso, procurá-lo para saber sua opinião sobre o trabalho que estava desenvolvendo.
>
> Apreensivo me vi à frente do Chico com o livro datilografado em minhas mãos. Não consegui dizer coisa alguma. Mas, nem precisou! Chico Xavier, sério e com voz grave, olhou-me e disse:
>
> – *Ah! Você quer que eu leia o que você escreveu sobre Chico Xavier, não é?*
>
> Surpreso, respondi:
>
> – **Fui aconselhado a mostrar para o senhor o meu trabalho**.
>
> Observei que Chico expressava profunda sinceridade e grandeza e, humildade, mas com firmeza, continuou:

– É... Não vou ler não, porque senão eu vou tirar tudo o que você escreveu a meu respeito dizendo que eu sou bom.

– Não, Chico, não escrevi isso não – respondi.

No mesmo tom de voz, o querido médium completou:

– **Eu vou dizer pra vocês: Eu não leio nada que escrevem sobre Chico Xavier.**

Assim falando, passou a atender outra pessoa. [...]. (grifo itálico do original, em negrito nosso)[312]

Sem maiores comentários, por não ser preciso dizer mais nada diante da objetividade do que aqui é dito por Chico.

Podemos ainda tomar mais essa informação constante da obra *Chico Xavier, à sombra do abacateiro*, de autoria de Carlos A. Baccelli, sobre a reunião do dia 19 de setembro de 1981, que além de servir para a questão do "Chico era humilde" também serve para o que aqui estamos argumentando:

[...] **Não estou fazendo um "show" de humildade, isto não existe em minha palavra**. O tempo me livrou de muitas dificuldades na minha personalidade. Eles podaram em mim muitas dificuldades para que eu pudesse trabalhar com eles... Ainda que eu estudasse muito, eu não conseguiria... Há quem diga: – O Chico lê muito, é por isto que recebe mensagens. **Eu confirmo que leio, porque não quero desagradar ninguém**, mas eu tenho uma enfermidade ocular desde 1931 que me impede de ler... [...] eu quero mesmo dizer: **esse trabalho com os Espíritos por nosso intermédio** me trouxe os melhores amigos do mundo. A bondade deles foi despertada por esses que escreveram tantas páginas de abençoada luz... Eu sou um traço de treva! (grifo nosso)[313]

---

312 ······· SOUZA. *Chico Xavier – Lembranças de Grandes Lições*, p. 77-78

313 ······· BACCELLI. *Chico Xavier, à Sombra do Abacateiro*, p. 109.

Portanto, fica bem claro, pelo que aqui Chico disse, que ele assumia até mesmo o que não havia feito para não desagradar ninguém.

Nessa obra também encontramos algo que contradiz informações de outras fontes; vejamos:

> Chico fala, muito emocionado, de suas imperfeições, de seus deslizes, de suas lutas. Diz que **queria deixar bem claro para a posteridade que ele não era a reencarnação de Flávia, a filha de Emmanuel** em outras eras, que ele nem mesmo pertencia à faixa evolutiva de Emmanuel. (grifo nosso)[314]

Se aqui Chico disse que não era Flávia, então, temos algo para nos apoiar tomando de uma fala de Baccelli, numa palestra em Araçatuba, no final de 2015:

> [...] Ele [Chico], sempre que lhe perguntavam, negava. E eu, particularmente, digo: se Chico tivesse admitido, não, eu sou Kardec. Eu não acreditaria. Mas porque **ele sempre procurava escapar pela tangente**: quem sou eu..., eu sou um cisco..., eu não sou nada..., eu não tenho nada a ver com aquele homem..., quem sou eu..., justamente, por isso eu creio. Creio porque negava e não porque admitia. [...] (grifo nosso)[315]

Seguindo a linha de raciocínio de Baccelli, se Chico nega ser Flávia, então é porque ele era ela. Sinceramente, não vemos lógica alguma nisso.

---

[314] BACCELLI. op. cit., p. 8-9.

[315] BACCELLI. *Chico Xavier foi a reencarnação de Allan Kardec*, disponível em: https://www.youtube.com/watch?v=_IoxhtrJvZM, trecho 34' 44'' a 35' 20''.

Será que, como dito, Chico sempre procurava escapar pela tangente ou o autor distorce os fatos ao que acredita? Do que aqui, nessa pesquisa, transcrevemos, tomaremos, de forma bem resumida e sem o formato padrão das citações, quatro trechos com falas de Chico, para que você, caro leitor, tire as suas próprias conclusões:

1º) Até hoje [ano 1971], pessoalmente, eu nunca recebi qualquer notícia positiva a respeito da presença de Allan Kardec reencarnado no Brasil ou alhures. [...] Pensamos que, quando Allan Kardec surgir ou ressurgir, ele dará notícias de si mesmo pela sua grandeza, pela presença que mostre.[316]

2º) Pessoalmente, não tenho até hoje [julho 1977] qualquer notícia dos Espíritos Amigos sobre o regresso do Codificador à Terra pelas vias da reencarnação.[317]

3º) Chico, Allan Kardec reencarnou no início do século como está previsto no livro 'Obras Póstumas'? - Eu não posso dizer coisa nenhuma, porque eu não tenho informações positivas de Emmanuel sobre o assunto. [...][318]

4º) Muitos espíritas afirmam que Francisco Cândido Xavier é a reencarnação de Allan Kardec. – Não, não sou. Não fico brabo, porque digo isso com serenidade. Consulto a minha via psicológica, as minhas tendências. Tudo aquilo que

---

316 ······· http://www.fundacaoherculanopires.org.br/plugins/content/jw_allvideos/includes/download.php?file=images/stories/audio/especial_P10_reencarnacao-de-Kardec.mp3

317 ······· NOBRE. *Lições de Sabedoria: Chico Xavier aos 23 Anos da Folha Espírita*, p. 170-171.

318 ······· VASCONCELOS. *A Propósito de Reencarnações*, p. 11.

tenho dentro do meu coração é eu. Não tenho nenhuma semelhança com aquele homem corajoso e forte que, em doze anos, deixou dezoito livros maravilhosos. [...][319]

Em relação a ter sido Flávia Lêntulus, encontramos no artigo "A propósito de reencarnações" de Manuela Vasconcelos a confirmação de que Chico dizia ser ela; dele transcrevemos:

> Mas, a propósito das diversas reencarnações dos Espíritos, há ainda mais: **Francisco Cândido Xavier**, em momento de confidência, no 'cafézinho' que oferecia na sua casa para os amigos, **terá afirmado (e Joaquim Alves – Jô no-lo disse a quando da sua estadia em Moçambique, em 1974)**, terá afirmado para os seus companheiros de momento que, **no tempo de Jesus, ele fora 'Flávia, a filha do pré-consul romano Públio Lentulius**,[320] (mais tarde Emmanuel), por quem este procurara Jesus, a pedir a sua cura... [...] (grifo nosso)[321]

Sendo isso verdade, e não temos nenhum motivo para suspeitar que não o seja, então corrobora as listas das supostas reencarnações anteriores de Chico, exatamente aquelas que não terminam em Kardec, constante da obra *Chico, Diálogos e Recordações...*, de autoria de Carlos Alberto Braga Costa e a do texto *Chico Xavier foi Ruth-Céline Japhet*, de autoria do jornalista Luciano dos Anjos, que fazem parte do quadro comparativo, que apresentamos um pouco atrás.

Na obra *Lições de Sabedoria* de Marlene Nobre, temos esse trecho da entrevista de Fernando Worm com o Chico:

---

319 .... COSTA E SILVA. *Chico Xavier, o Mineiro do Século*, p. 115-116.

320 .... O nome completo: Públio Lentulus Cornelius.

321 .... VASCONCELOS. op. cit., p. 8.

FW – **Muitos estão convictos de que em Há Dois Mil Anos, você encarnou a personagem Flávia**, filha dileta do respeitável senador Públio Lêntulus. A mesma convicção se volta para Célia, personagem de 50 Anos Depois. De então para cá você tomou conhecimento, por via espiritual, das outras encarnações que vivenciou até a atual existência?

[Chico Xavier] **A suposição** de que tenha sido personagem nos romances de Emmanuel **parte de companheiros amigos, não de mim**. Sinto-me, realmente, **uma criatura de evolução muito acanhada, ainda com muitos defeitos a corrigir, e, nos primeiros séculos do Cristianismo, sem dúvida que a minha condição deveria ser muito pior que a de agora**. (7/77). (grifo em itálico do original, em negrito nosso)[322]

Já dissemos alhures, que a nossa impressão, dessa fala de Chico, é que ele, bem nas entrelinhas, estaria confirmando ter sido os dois personagens mencionados. Quanto a Flávia Lêntulus tudo bem, entretanto, temos informações de que não teria sido o personagem Célia, razão pela qual ele poderia, simplesmente, ter se calado para não entrar no mérito.

O que queremos realçar é que o comportamento do Chico foi bem diferente numa outra entrevista, que será vista um pouco mais à frente, quando lhe perguntam se seria Kardec reencarnado, ele, taxativamente, responde: "Não. Não sou", arrematando: "Não tenho nenhuma semelhança com aquele homem corajoso e forte."[323]

---

[322] .... NOBRE. *Lições de Sabedoria: Chico Xavier aos 23 Anos da Folha Espírita*, p. 159.

[323] .... COSTA E SILVA. *Chico Xavier, o Mineiro do Século*, p. 115-116.

Percebe-se, também, nessa obra em questão, ou seja, *Lições de Sabedoria*, que Chico sempre se coloca como um endividado perante as leis divinas, razão pela qual disse que "precisava melhorar muito". Mais à frente, voltaremos a falar sobre isso.

Na obra *Emmanuel*, encontramos essa fala de Chico intitulada "Explicando", à guisa de prefácio, da qual destacamos alguns trechos:

> [...] Às minhas perguntas naturais, respondeu o bondoso guia: - "Descansa! Quando te sentires mais forte, **pretendo colaborar igualmente na difusão da filosofia espiritualista. Tenho seguido sempre os teus passos e só hoje me vês, na tua existência de agora, mas os nossos Espíritos se encontram unidos pelos laços mais santos da vida e o sentimento afetivo que me impele para o teu coração tem suas raízes na noite profunda dos séculos..."**
>
> Essa afirmativa foi para mim imenso consolo e, desde essa época, sinto constantemente a presença desse amigo invisível que, dirigindo as minhas atividades mediúnicas, está sempre ao nosso lado, em todas as horas difíceis, ajudando-nos a raciocinar melhor, no caminho da existência terrestre. **A sua promessa de colaborar na difusão da consoladora Doutrina dos Espíritos tem sido cumprida integralmente. Desde 1933, Emmanuel tem produzido, por meu intermédio, as mais variadas páginas sobre os mais variados assuntos.** [...] em todas as circunstâncias, tem dado a quantos o procuram os testemunhos de grande experiência e de grande cultura.
>
> Para mim, tem sido ele de incansável dedicação. Junto do Espírito bondoso daquela que foi minha mãe na Terra, sua assistência tem sido um apoio para meu coração nas lutas penosas de cada dia.

> **Muitas vezes, quando me coloco em relação com as lembranças de minhas vidas passadas e quando sensações angustiosas me prendem o coração, sinto-lhe a palavra amiga e confortadora**. Emmanuel leva-me, então, às eras mortas e **explica-me o grande e pequeno porquê das atribulações de cada instante**. Recebo invariavelmente, com a sua assistência, um conforto indescritível, e assim é que renovo minhas energias para a tarefa espinhosa da mediunidade, em que somos ainda tão incompreendidos.
>
> [...]
>
> Pedro Leopoldo 16 de Setembro de 1937.
>
> FRANCISCO CÂNDIDO XAVIER (grifo nosso)[324]

Além de ser mais uma confissão de que ele se lembrava de outras existências, Chico coloca o seu mentor como o responsável por toda a sua obra mediúnica; aliás, sempre ressaltava essa condição.

Emmanuel, às vezes, o fazia lembrar-se de vidas passadas para que pudesse entender o porquê de suas tribulações; é o que Chico confessa aqui.

E a relação íntima entre os dois, médium e seu mentor, fica clara nesse trecho, no início da transcrição, que, pela importância, transcrevemos novamente:

> **Tenho seguido sempre os teus passos** e só hoje me vês, na tua existência de agora, mas **os nossos Espíritos se encontram unidos** pelos laços mais santos da vida e o sentimento afetivo que me impele para o teu coração **tem suas raízes na noite profunda dos séculos**... (grifo nosso)[325]

---

324 ······· XAVIER. *Emmanuel*, p. 15-16.

325 ······· XAVIER. op. cit., p. 15.

A consequência natural disso é que, incontestavelmente, há uma conexão entre as reencarnações anteriores dos dois – Chico e Emmanuel –, o que nos remete exatamente às que citam Carlos Alberto Braga Costa e Luciano dos Anjos, anteriormente mencionadas. Duas delas temos registradas em *Chico, Diálogos e Recordações...*: Flávia Cornélia e Lívia.[326]

O que temos percebido é que os confrades partidários da hipótese "Chico é Kardec" não apresentam mensagens confiáveis de Espíritos que nos poderiam dar a notícia de que Chico, de fato, foi Kardec. Temos notícias de uma fonte espiritual, mas que é questionada por estudiosos da doutrina e nisso nós lhes seguimos os passos. De resto, são apenas suposições de seus defensores; aliás, algumas até mesmo bem longe de qualquer senso lógico e fora de padrões científicos, ou seja, dos elementos que devem nortear uma boa pesquisa acadêmica.

Quem sabe se fizermos uma comparação igual àquela que foi feita entre Elias e João Batista, sem a mínima intenção de desmerecer nenhum dos envolvidos (é bom já deixarmos isso bem claro aos desavisados), encontraremos semelhanças que nos permitam abrir a possibilidade de Chico ser Kardec:

---

326 ······· COSTA. *Chico, Diálogos, Recordações...*, 2006, p. 140, 273, 274 e 278.

Os dois personagens e suas (des)semelhanças:	
KARDEC	CHICO XAVIER
Casado	Solteiro
Educador, discípulo de Pestalozzi.	Cursou até o quarto ano do antigo primário.
"A educação é a obra da minha vida."	Funcionário público exerceu a função de escriturário junto ao Ministério da Agricultura
Falava várias línguas.	Só a língua pátria.
Membro de várias associações culturais.	?
Lecionava: Matemática, Astronomia, Química, Lógica e Retórica, Anatomia Comparada e Fisiologia, além do francês.	?
Missão: Codificador, comparou várias mensagens, estudando-as para ver a correlação entre as revelações que continham, passou-as pelo CUEE.	Missão: Médium (psicofonia e psicografia, principais) só recebeu mensagens, nunca as criticou, nem as comparou, ou seja, a não ser recebê-las, nada mais fez, portanto, não houve o CUEE.
Aceitou sua missão, livre e prontamente sem protestar.	Missão imposta pelo mentor Emmanuel, que lhe disse que se não a aceitasse, seria promovida a sua imediata desencarnação.
Fundador, Codificador e líder do Movimento Espírita	Se dizia mais um e longe se manteve do Movimento Espírita
Liberdade de decisão, os Espíritos apenas lhe sugeriam ideias	Controle total de Emmanuel, seu mentor
"Um dos mais lúcidos discípulos do Cristo." (Emmanuel).	Um exemplificador da Boa Nova

Decidido e corajoso	Hesitante e emotivo (caso do avião)
Publicou o periódico Revista Espírita, de 1858 a 1869, no qual desenvolvia seus estudos, tecendo seus comentários e considerações sobre as mensagens dos Espíritos.	Só obras psicografadas
Liderava o movimento de implantação do Espiritismo	Estimulava os lideres, pois seu papel era outro
Seu guia, o Espírito de Verdade (Jesus) era quem dirigia todos os Espíritos envolvidos na revelação espírita	Seu mentor, Emmanuel, só tem uma mensagem na codificação, portanto pouco participou dela
Tornou-se autodidata em Espiritismo	Em 1948, ganha os seus primeiros dez livros espíritas, sonho que tinha desde 1932. (**) Em 1958, declara frequentar, uma vez por semana, uma Escola no Espaço, em que Emmanuel é o professor de Doutrina Espírita (**)
Obras de Roustaing: "não daremos, até nova ordem, às suas teorias, nem aprovação, nem desaprovação, deixando ao tempo o cuidado de sancioná-las ou de contradizê-las"	"Tendo em alta conta e profunda estima a obra de Kardec e de Roustaing" (**)
(*) Sra. Cardone, "A tirara espiritual", em *Obras Póstumas*. (**) Informação na obra *Testemunhos de Chico Xavier*, de Suely Caldas Schubert.	

Sobre o fato de Chico ter sido constrangido a trabalhar na mediunidade, cumpre-nos informar que a nossa fonte é uma entrevista realizada em 17 de junho de 1988, que está publicada no *O Espírita Mineiro*, nº 205, de abr/jun de 1988, conforme é mencionado no livro *Chico Xavier, um Mandato de Amor*, editado pela União Espírita Mineira – UEM:

Na tarefa mediúnica

Pergunta – Em seu primeiro encontro com Emmanuel, ele enfatizou muito a disciplina. Teria falado algo mais?

Resposta – Depois de haver salientado a disciplina como elemento indispensável a uma boa tarefa mediúnica, ele me disse: "Temos algo a realizar." Repliquei de minha parte qual seria esse algo e o benfeitor esclareceu: "Trinta livros pra começar!" Considerei, então: como avaliar esta informação se somos uma família sem maiores recursos, além do nosso próprio trabalho diário, e a publicação de um livro demanda tanto dinheiro!... Já que meu pai lidava com bilhetes de loteria, eu acrescentei: será que meu pai vai tirar a sorte grande? Emmanuel respondeu: "Nada, nada disso. A maior sorte grande é a do trabalho com a fé viva na Providência de Deus. Os livros chegarão através de caminhos inesperados!"

Algum tempo depois, enviando as poesias de "Parnaso de Além-Túmulo" para um dos diretores da Federação Espírita Brasileira, tive a grata surpresa de ver o livro aceito e publicado, em 1932. A este livro seguiram-se outros e, em 1947, atingimos a marca dos 30 livros.

Ficamos muito contentes e perguntei ao amigo espiritual se a tarefa estava terminada. Ele, então, considerou, sorrindo: "Agora, começaremos uma nova série de trinta volumes!" **Em 1958, indaguei-lhe novamente se o trabalho finalizara.** Os 60 livros estavam publicados e eu me encontrava quase de mudança para a cidade de Uberaba, onde cheguei a 5 de janeiro de 1959.

O grande benfeitor explicou-me, com paciência: "Você perguntou, em Pedro Leopoldo, se a nossa tarefa estava completa e quero informar a você que os mentores da Vida Maior, perante os quais devo também estar disciplinado, me advertiram que nos cabe chegar ao limite de cem livros." Fiquei muito admirado e as tarefas prosseguiram. Quando alcançamos o número de 100 volumes publicados, voltei a consultá-lo sobre o termo de nossos compromissos. Ele esclareceu, com bondade: "Você não deve pensar em agir e trabalhar com tanta pressa. **Agora, estou na obrigação de dizer a você que os mentores da Vida Superior, que nos orientam, expediram certa instrução que determina seja a sua atual reencarnação desapropriada, em benefício da divulgação dos princípios espíritas-cristãos, permanecendo a sua existência do ponto de vista físico, à disposição das entidades espirituais que possam colaborar na execução das mensagens e livros, enquanto o seu corpo se mostre apto para as nossas atividades**".

Muito desapontado, perguntei: então devo trabalhar na recepção de mensagens e livros do mundo espiritual até o fim da minha vida atual? Emmanuel acentuou: "Sim, não temos outra alternativa!" Naturalmente, impressionado com o que ele dizia voltei a interrogar: **e se eu não quiser, já que a Doutrina Espírita ensina que somos portadores do livre-arbítrio para decidir sobre os nossos próprios caminhos?** Emmanuel, então, deu um sorriso de benevolência paternal e me cientificou: "**A instrução a que me refiro é semelhante a um decreto de desapropriação, quando lançado por autoridade na Terra. Se você recusar o serviço a que me reporto, segundo creio, os orientadores dessa obra de nos dedicarmos ao Cristianismo Redivivo, de certo que eles terão autoridade bastante para retirar você de seu atual corpo físico!**" Quando eu ouvi sua declaração, silenciei para pensar na gravidade do assunto, e continuo trabalhando, sem a menor expectativa de interromper ou dificultar o que passei a chamar de "Desígnios de Cima". (grifo nosso)[327]

Observa-se que Chico deixa claro que, por vontade própria, ele não teria assumido a sua "tarefa mediúnica de psicografar livros"; só se resignou com ela porque foi constrangido a executá-la; portanto, ele não pôde exercer o seu livre-arbítrio, fato que, inclusive, questionou a seu mentor.

Dois fatos que julgamos bem estranhos ocorrem:

O primeiro, já o dissemos anteriormente, é saber a razão de Emmanuel, nesse momento, não ter dito a Chico que ele viera completar a obra da Codificação, que deixara inacabada;

O segundo, é que não se justifica que o próprio Chico, devido ao pouco tempo que permaneceu na erraticidade (supondo-o Kardec, claro), não tenha se lembrado disso. É justamente o contrário, que nos parece ter acontecido, pois na data de 28 de agosto de 1988, já com os seus 78 anos de vida, numa entrevista ao jornal *Diário da Manhã*, de Goiânia, constante da obra *Chico Xavier, o Mineiro do Século*, autoria de Luciano Napoleão da Costa Silva, ele, categoricamente, desmente ser Kardec:

> DM – Muitos espíritas dizem que existe uma pergunta que, se fizer, você fica nervoso.
> Chico – Pode fazer.
> DM – **Muitos espíritas afirmam que Francisco Cândido Xavier é a reencarnação de Allan Kardec.**

---

[327] ······· UNIÃO ESPÍRITA MINEIRA. *Chico Xavier, Mandato de Amor*, p. 259-260.

Chico – **Não, não sou.** Não fico brabo, porque digo isso com serenidade. Consulto a minha via psicológica, as minhas tendências. Tudo aquilo que tenho dentro do meu coração é eu. **Não tenho nenhuma semelhança com aquele homem corajoso e forte** que, em doze anos, deixou dezoito livros maravilhosos. Acho que o exemplo de trabalho dele é tão grande que devia comover mesmo os não-espíritas, porque os doze volumes da Revista Espírita foram todos escritos por ele, fora os livros clássicos do espiritismo. De maneira que ele exerce realmente sobre mim uma influência muito grande. Não por ele, porque não o conheci, mas pelas ideias que deixou gravadas. Acho extraordinário como um homem trabalha tanto, durante dezesseis anos, pois ele começou em 1853, mas desencarnou em 1869, e deixou esta bagagem imensa que a cada dia fica mais atual. É interessante: a cada dia é mais atual. A verdade é como o diamante: não quebra. (grifo nosso)[328]

A resposta é taxativa, não cabe dúvida alguma, mas, provavelmente, apresentar-nos-ão o surrado argumento de que "Chico era humilde". É certo que era humilde, inclusive o suficiente para reconhecer a sua condição de Espírito em ferrenha luta contra suas imperfeições, como se vê nessa entrevista ao "Programa Pinga-fogo", de julho 1972, pela extinta TV Tupi, onde, como vimos algumas páginas atrás, ele, relembrando do primeiro encontro com Emmanuel, confessa: "[...] **nós nos informamos com ele de que, em outras vidas, abusamos muito da inteligência,** nós, em pessoa, [...]." (grifo nosso)[329]

---

328 .... UNIÃO ESPÍRITA MINEIRA. op. cit., p. 259-260.

329 .... GOMES. *Pinga-fogo com Chico Xavier*, p. 232-233.

E por falar em "Pinga-fogo" da TV Tupi, há uma resposta de Chico que confirma ele ter dito "Não tenho nenhuma semelhança com aquele homem corajoso e forte", vejamos o que ele narra sobre o episódio no avião:

> Em 1959, eu me dirigia de Uberaba, para onde eu me transferira recentemente, para Belo Horizonte, junto da qual está Pedro Leopoldo, a terra onde nasci na presente reencarnação. Então, o avião decolou de Uberaba e fez uma breve parada na cidade de Araxá. Depois, o avião decolou de novo. Depois de uns dez minutos, o avião começou a se inclinar para um lado, para outro. Às vezes fazia assim uma pirueta, e o pessoal começou todo a gritar e a pedir a Deus, pedir socorro. E eu estou ali acompanhando...
> Veio o comandante do avião e disse que não nos impressionássemos, que era um fenômeno chamado "vento de cauda", e que apenas chegaríamos um pouco mais depressa. Mas algumas pessoas disseram: "Mais depressa no outro mundo!"
> Eu então comecei também a me impressionar, porque eu não sei qual é o nome técnico da evolução que o aparelho fazia; uma pessoa entendida em aeronáutica saberá descrever o caso, dizendo os nomes em que um avião roda de cabeça para baixo... E nós íamos e muita gente começou a vomitar e a gritar, apertar o cinto, aqueles amigos começaram a orar, senhoras começaram a fazer o terço... Eu com muito respeito, mas quando vi aquela atmosfera, eu comecei a gritar também. Eu falei assim: bem, todo mundo está gritando, eu também vou gritar porque isto é a hora da morte. Então comecei a gritar: "Valei-me, meu Deus!" Comecei a pedir socorro, a misericórdia de Deus, mas com fé, com escândalo, não é? mas com fé.
> Então nisso, peço até permissão para dizer, que alguém disse assim a um sacerdote católico que estava não muito longe de mim: "O Chico Xavier está ali, ele é médium e é espírita." E esse sacerdote, com muita bondade, disse: "Não, mas

eu sei que o Chico tem pedido orações em muitos documentos e o Chico está orando conosco no terço." Eu disse: "Graças a Deus, padre, eu também estou orando." Mas comecei a gritar: "Valei-me, meu Deus!"

Então, aí entra o Espírito de Emmanuel. (Parece que é uma coisa de anedota, uma coisa de fantástico, mas é a verdade...) Ele entrou no avião.

Então, passou no meio do pessoal e o pessoal não via, como a maioria dos nossos amigos naturalmente não está vendo a presença dele aqui.

Então, ele me disse assim: "Por que é que você está gritando? Eu escutei o seu pedido. O que é que há?" Porque aquilo já tinha mais ou menos 20 minutos, não é? Eu falei assim: "Bem, o senhor não acha que estamos em perigo de vida?" Ele falou: "Estão. E o que é que há com isso? Não tem muita gente em perigo de vida? Vocês não são privilegiados, não é?" Eu falei assim: "Está bem, se estamos em perigo de vida, eu vou gritar." E continuei gritando: "Valei-me, socorro, meu Deus!" E o povo todo gritando socorro.

Então, ele me disse: "Você não acha melhor calar, parar com isso? Dar testemunho da sua fé, da sua confiança na imortalidade?" Eu disse: "Mas é a morte e nós estamos apavorados diante da morte." Ele falou assim: "Está bem, então você acha que vai morrer." Eu falei: "O senhor não acha que estamos em perigo de vida?" Ele disse: "Estão." Eu disse: "Está bem, eu estou com muito medo, estou apavorado como todo mundo, eu estou partilhando, eu também sou uma pessoa humana, eu estou com medo também dessa hora e de morrer nesse desastre." Ele disse: "Está bem, então morra com educação, cala a boca e morra com educação para não afligir a cabeça dos outros com os seus gritos; morra com fé em Deus!" Eu disse então: "Eu queria só saber como é que a gente pode morrer com educação!"[330]

---

330 ······· GOMES. *Pinga-fogo com Chico Xavier*, p. 101-103.

Na época desse incidente aéreo Chico, por volta dos seus 50 anos, tinha uma razoável bagagem de conhecimento doutrinário e, certamente, o contato com "os mortos" deveria ter produzido nele o efeito da certeza de que, após a morte, a vida continua; então, por que sentiu tanto medo diante de uma possível morte? Será que Kardec, numa situação semelhante, se comportaria da mesma forma, ou demonstraria que, de fato, era um homem corajoso, como o próprio Chico reconhecia? Sobre Kardec os Espíritos disseram: "[...] Ao te escolherem, **os Espíritos conheciam a solidez das tuas convicções e sabiam que a tua fé, qual muro de aço**, [...]." (grifo nosso)[331]

Em dezembro de 1861, Kardec já se mostrava preocupado com o seu sucessor, questiona aos Espíritos sobre isso. Gostaríamos de ressaltar só um pequeno trecho dessa conversa, quando lhe respondem: "A ti te incumbe o encargo da concepção, a ele [o sucessor] o da execução, pelo que **terá de ser homem de energia e de ação**." (grifo nosso)[332] Ora, a forma como veem Chico é como se, em certo sentido, fosse o sucessor de Kardec; porém, teria sido ele "homem de energia e de ação"?

Já mencionamos isso aqui algumas vezes, mas temos que repetir, pois se vê o próprio Chico declarando que Emmanuel lhe informa de suas outras vidas, nas quais reconhece ter "abusado muito da inteligência", o que, certamente, não caberia caso ele fosse o Codificador do Espiritismo reencarnado.

Curioso é que em *Testemunhos de Chico Xavier*, autoria de Suely Caldas Schubert, vemos Chico, inúmeras vezes, se

---

331 ...... KARDEC. *Obras Póstumas*, p. 340.

332 ...... KARDEC. op. cit., p. 338.

colocando em situação de Espírito endividado, utilizando-se, por exemplo, das expressões: "*a minha miserável pessoa que nada vale*"; "*sou um nada, uma migalha de pó*"; "*sentindo a minha insignificância*"; "*eu estou como 'um batráquio na festa'*"; "*Eu nada represento, sou um verme na máquina do serviço espiritual*"; "*por amor a uma Doutrina na qual tenho procurado regenerar o meu próprio Espírito endividado à frente da Lei.*"; "*não me canso de dizer a todos que sou apenas uma besta em serviço*"; e "*não passo de pobre lutador em meio ao chão da vida terrestre*".[333]

Corrobora o que Marlene Nobre nos informa: "Com relação à sua posição, não se cansava de repetir o que Emmanuel ensinou-lhe: ele, Chico, não passava de um animal, uma besta que carregava documentos importantes."[334] Aliás, temos isso vindo do próprio Chico:

> [...] Quanto mais os Instrutores Espirituais escrevem por meu intermédio, mais flagrantemente **vejo os meus erros e as minhas deficiências**. Na obra de Emmanuel, **acredito que posso situar-me, na condição de um animal**, que, apor injunções de serviço, deve conduzir o seu dono professor a uma festa de cultura. Terminada a festa, continuo a ser o animal que sou, enquanto o educador vai crescendo sempre nos benefícios que faz. (grifo nosso)[335]

---

333 ······· SCHUBERT. *Testemunhos de Chico Xavier*, p. 47, 81, 100, 201, 307, 336 e 351.

334 ······· NOBRE. *Chico Xavier, Meus Pedaços do Espelho*, p. 92-93.

335 ······· BARBOSA. *No Mundo de Chico Xavier*, p. 132.

> "[...] Na condição de criatura humana conheço as minhas deficiências e falhas e na condição mediúnica sou um animal em serviço. [...]"[336]
>
> [...] mais reconheço as minhas deficiências. Em vista disso, creio que não exagero e nem procuro falsa modéstia, quando digo que sou um animal em serviço... Uma besta, por exemplo, carregando livros e documentos...[337]

No "Programa Pinga-fogo", o ocorrido em julho 1971, em meio à resposta sobre a traição de Judas, Chico diz:

> Mas eu creio que nós podemos nascer ou renascer com as nossas tendências inferiores e, naturalmente, induzidos ao mal, porque nós todos... nós todos não, **eu sou portador de tendências inferiores muito pouco recomendáveis**. Mas, se eu deixo essas tendências à solta e **se eu vou praticar com elas males maiores do que aqueles que eu já cometi em existências passadas**, eu sou responsável, conquanto possa ser instrumento para o resgate de determinadas situações, ou peça na engrenagem da história de grupos ou de coletividades, com consequências agradáveis ou desagradáveis para o futuro. Individualmente, nós devemos pensar que nós temos determinadas tendências, tentações, mas devemos resistir às tentações. (grifo nosso)[338]

Diante do público brasileiro, Chico reconhece suas "tendências inferiores", o que não se deve levar à conta de humildade, mas como uma confissão de alguém que teve conhecimento de seu passado e aceitou tal situação.

---

336 ······· BARBOSA. op. cit., p. 70.

337 ······· BARBOSA. op. cit., p. 75.

338 ······· GOMES. *Pinga-fogo com Chico Xavier*, p. 113-114.

Depois de uma singela homenagem que os amigos do Centro Espírita União, São Paulo, SP, lhe fizeram, na data de 18 de outubro de 1976, comemorando os seus cinquenta anos de trabalho, Chico tomou a palavra, e, entre outras coisas, disse:

> Eu não tinha conhecimento prévio dessa exibição que me tocou profundamente. Mais do que nunca, **eu me sinto reconhecido a todos os Espíritos amigos que se dignaram a cerrar os olhos às minhas imperfeições**, para escrever estas páginas. Creio que, **pelos meus defeitos e as muitas deficiências que ainda carrego**, foi permitido que a minha vida fosse empregada no trabalho que pertence a eles e nunca, mas nunca, pertenceu a mim.
>
> Quero agradecer aos Espíritos que sempre me cercaram de amor, que sempre estenderam as mãos nas minhas dificuldades, **que esqueceram os obstáculos espirituais que ainda tenho entranhados no Espírito**, naturalmente, por amor a estas obras, porque eu não mereço a atenção de nenhum companheiro, tal qual tenho recebido durante tantos anos.
>
> Agradecendo a caridade da vida espiritual, quero agradecer aos amigos que há mais de 50 anos me assistem com amor, com bondade, com infinita bondade. [...]
>
> [...]
>
> Meus amigos, perdoai-me as lágrimas de agradecimento, de alegria e de emoção, de muito reconhecimento mesmo, porque eu me sinto cada vez menor, a desaparecer diante de tanta grandeza. **Sou mesmo um nada e por isso mesmo cada vez mais agradeço a vossa bondade**, porque quanto mais demonstrais generosidade para comigo, **vosso pequenino servo na mediunidade, mais me sinto, dentro da minha absoluta insignificância, sem um propósito de modéstia, sem ideia de humildade**, que eu não possuo ainda, mas em obediência à

verdade que me obriga a declarar-vos: estes livros são vossos. (grifo nosso)[339]

O que vemos nisso tudo é muito mais que humildade, trata-se, simplesmente, de um Espírito que teve oportunidade de recordar seu passado e diante de seus atos pretéritos que lhe surgiram à mente, sentia-se mesmo o menor dos mortais, o que não seria diferente se acontecesse a qualquer um de nós. Chico Xavier compreendeu perfeitamente as suas necessidades e talvez o amor que dedicou a causa do Evangelho seja o seu maior legado para todos nós. Pois, diante de tantas dúvidas, nos resta depreender que a obra da qual foi instrumento ainda está longe de ser compreendida.

Da obra *No Mundo de Chico Xavier*, transcrevemos uma pergunta do Dr. Elias Barbosa, um dos seus verdadeiros amigos de Uberaba, no dizer de Marival Veloso de Matos (-), ex--Presidente da UEM, que presenciou essa relação de amizade. Vejamos a pergunta ele que fez ao Chico, quando falavam sobre o fato deste ter trabalhado nos serviços de doutrinação em reuniões mediúnicas:

> Esse trabalho em desobsessão, na sua vida, é aprovado por Emmanuel?
> – Sim, ele afirma que tenho necessidade disso, ensinando--me que o meu concurso em reuniões de desobsessão **é para mim o melhor meio de harmonizar com irmãos recentemente desencarnados que não simpatizam comigo e de obter a tolerância daqueles Espíritos a quem ofendi em minhas existências passadas** e que naturalmente me observam

---

[339] ······· GALVES. *Chico Xavier, Luz em Nossas Vidas*, p. 176-177.

ou seguem do Mundo Espiritual, na posição de adversários aparentemente gratuitos. (grifo nosso)[340]

Certamente, que não se trata de confissão fútil; mas do que, sinceramente, Chico intimamente sentia, em relação a seu passado espiritual, ao qual, como vimos, ele teve acesso.

Dr. Barbosa transcreve uma entrevista de Chico ao Prof. Wallace Leal V. Rodrigues (1924-1988), da qual destacamos o seguinte trecho:

> **Pode dizer algo do seu encontro com Emmanuel?**
> —Preliminarmente devo afirmar que, a meu ver, tive três períodos distintos em minha vida mediúnica. O primeiro, de completa incompreensão para mim, é aquele, dos cinco anos de idade, quando via minha mãe desencarnada, a proteger--me, até os dezessete anos, **época em que me via sob a influência de entidades felizes e infelizes**, até que a Doutrina Espírita, por misericórdia do Senhor, penetrou nossa casa, em maio de 1927; [...][341]

O confrade Wilson Garcia comenta essa fala de Chico:

> **Aí está o homem, acossado por Espíritos de baixa categoria, incapaz de fugir por si próprio**, mas merecedor do apoio espiritual em face dos compromissos reencarnatórios e, acima de tudo, por sua condição humana, porque todo ser, independentemente de ter ou não trabalho específico, de menor ou maior grandeza, recebe assistência espiritual. **Chico é conduzido a um casal espírita, que o acolhe, orienta e coloca em**

---

[340] ······ BARBOSA. *No Mundo de Chico Xavier*, p. 65.

[341] ······ BARBOSA. op. cit., p. 119.

suas mãos duas obras por ele desconhecidas, preparadas por um senhor francês há quase sessenta anos: Allan Kardec.

Em tais condições, Chico não poderia ser Allan Kardec, pois Allan Kardec foi um mestre na arte de conviver com os Espíritos de variadas categorias morais e intelectuais. Ele os estudou, analisou, pesquisou e classificou. Foi ele quem os revelou em obras tão profundas que quase cento e cinquenta anos depois permanecem como uma instituição construída sobre as pedras da verdade. Todo este cabedal, toda esta competência não dormiria a sono solto na memória profunda, totalmente impedida de vir à tona, mesmo que em doses inconscientes e diminutas. No corpo de Chico, estaria ele sendo vítima daqueles mesmos Espíritos atrasados que desmascarou e utilizou para reforçar a filosofia construída. (grifo nosso)[342]

Os confrades Dr. Elias Barbosa, em *No Mundo de Chico Xavier*, e Clóvis Tavares, em *Amor e Sabedoria de Emmanuel*, nos reportam à seguinte fala de Chico:

> [...] **Quando converso com qualquer pessoa em voz áspera, com impaciência, agressividade, anotações de maledicência ou azedume, ele deixa passar meus momentos infelizes** e, depois, principalmente quando entro em *meditações e preces na noite*, **ele me repreende severamente, lamentando as minhas faltas**. (grifo em itálico dos originais, em negrito nosso).[343]

Admite, humildemente, a ajuda de Emmanuel para "curar" suas deficiências.

---

[342] GARCIA. *Chico, Você é Kardec?*, p. 164.

[343] BARBOSA. *No Mundo de Chico Xavier*, p. 67; TAVARES. *Amor e Sabedoria de Emmanuel*, p. 44-45.

No livro intitulado *Lindos Casos de Chico Xavier*, Ramiro Gama conta um caso pitoresco acontecido com Chico, ao qual intitulou de "Na Defesa do Verme":

> Um confrade entusiasta elogiava o Chico à queima-roupa, ao fim de movimentada sessão pública, e o médium, desapontado, exclamou:
> – Não me elogie desta maneira. Isso é desconcertante. **Não passo de um verme neste mundo**.
> Emmanuel, junto dele, ouvindo a afirmação, falou-lhe paternal:
> – O verme é um excelente funcionário da Lei, preparando o êxito da sementeira pelo trabalho constante no solo e funciona, ativo, na transmutação dos detritos da terra, com extrema fidelidade ao papel de humilde e valioso servidor da natureza... Não insulte o verme, pois, comparando-se a ele, porquanto muito nos cabe ainda aprender para sermos fiéis a Deus, na posição evolutiva que já conseguimos alcançar...
> O médium transmitiu aos circunstantes o ensinamento que recebeu, ensinamento esse que tem sido igualmente assunto de interesse em nossas meditações. (grifo nosso)[344]

O confrade Antônio César Perri de Carvalho (1948-), presidente da Federação Espírita Brasileira no período de 3/2013 a 3/2015, companheiro de Chico por cerca de 20 anos, assim se posiciona:

> A figura de Chico Xavier como pessoa é muito pouco conhecida. **Tende-se a idolatrá-lo, esquecendo-se de realizações mais simples e naturais do ser humano** e que, no caso dele, são muito ricas e interessantes. Quando Chico Xavier

---

[344] GAMA. *Lindos Casos de Chico Xavier*, p. 100.

completou 50 anos de labores mediúnicos, ele humildemente declarou a um jornal espírita: *"Sou sempre Chico Xavier lutando para criar um Chico Xavier renovado em Jesus e, pelo que vejo, está muito longe de aparecer como espero e preciso..."* (grifo em itálico do original, em negrito nosso)[345]

Ao que tudo nos leva a crer, Chico se enxergava nessa "pintura" que Emmanuel fez dos médiuns:

Os médiuns, em sua generalidade, não são missionários na acepção comum do termo; são almas que fracassaram desastradamente, que contrariaram, sobremaneira, o curso das leis divinas, e que resgatam, sob o peso de severos compromissos e ilimitadas responsabilidades, o passado obscuro e delituoso. O seu pretérito, muitas vezes, se encontra enodoado de graves deslizes e de erros clamorosos. Quase sempre, são Espíritos que tombaram dos cumes sociais, pelos abusos do poder, da autoridade, da fortuna e da inteligência, e que regressam ao orbe terráqueo para se sacrificarem em favor do grande número de almas que desviaram das sendas luminosas da fé, da caridade e da virtude. São almas arrependidas, que procuram arrebanhar todas as felicidades que perderam, reorganizando, com sacrifícios, tudo quanto esfacelaram nos seus instantes de criminosas arbitrariedades e de condenável insânia. (grifo nosso)[346]

Essa condição da generalidade dos médiuns é corroborada pelo Espírito Vicente, na psicografia de Divaldo P. Franco:

Não sãos os médiuns, conforme sabemos, criaturas especiais, destinados à galeria espiritual dos eleitos, como seres venerandos. **Normalmente são Espíritos muito comprometidos que**

---

345 ······· CARVALHO. *Chico Xavier: o Homem e a Obra*, p. 11.

346 ······· XAVIER. *Emmanuel*, p. 66-67.

dispõem das faculdades medianímicas para mais servir, reequilibrando o psiquismo desarmonizado ao impacto das ações incorretas. **Vitimados pela consciência culpada, experimentam os conflitos que defluem das atitudes exorbitantes que se permitiram. A faculdade propicia-lhes ajudar aqueles a quem ofenderam e se demoram em aflição**, assim como a socorrer indiscriminadamente a todos quantos se lhes acercam em carência de esclarecimento e de segurança. [...]. (grifo nosso)[347]

Imaginamos o que, no mundo espiritual, Chico deve estar sentindo, com esse endeusamento que alguns espíritas fazem de sua pessoa, pois isso demonstra o total desconhecimento da Doutrina Espírita, que foi codificada para ser uma doutrina impessoal e eminentemente divina. Tudo que é feito no sentido de idolatrar médiuns, expositores e Espíritos nada tem a ver com Allan Kardec e muito menos com Chico Xavier que se alegrava em se dizer que era um cisco.

Lembra-nos Wilson Garcia que, em *Na Hora do Testemunho*, Herculano Pires diz:

> [...] **Chico Xavier, à revelia dos que desejam endeusá-lo, reconhece de público a sua fragilidade humana** e não pretende passar por criatura privilegiada. Longe dele essa pretensão orgulhosa. Chico, nosso irmão, nosso companheiro, marcha conosco nas provas do mundo. (grifo nosso)[348]

Por pertinente, transcrevemos essa consideração de Garcia:

---

347 ······· FRANCO. *Trilhas da Libertação*, p. 195-196.

348 ······· GARCIA. *Chico, Você é Kardec?*, p. 162; PIRES. *Na Hora do Testemunho*, p. 64.

[...] A matéria possui sua própria realidade, da qual não pode fugir nenhum Espírito ao contato com ela. Os mais adiantados conseguem sobrepujar, por seus conhecimentos, grande parte das dificuldades que o corpo oferece, mas ainda assim estão submetidos às leis da matéria e às condições do planeta. Espíritos de menor condição, além de não conseguirem o mesmo intento, sofrem o agravante de seus laços anteriores e por isso é natural sofrerem em grau diferente. A dor, portanto, deve ser analisada sob estes e outros ângulos mais, tendo-se por analogia a vida dos grandes homens que já passaram por aqui. **Kardec não fugiu à regra e sua vida esteve submetida às condições impostas pelo corpo físico, mas não há registros de sofrimentos em grau relativo aos Espíritos em provação. O mesmo não se pode dizer de Chico Xavier, que passa por grandes dificuldades desde a infância e aos vinte e um anos de idade já padecia de grave enfermidade no olho esquerdo**. São marcantes os episódios em que esteve submetido a uma condição duríssima, moral e fisicamente, inexplicável em muitos dos seus lances para as necessidades de um Espírito que viria apenas em missão. (grifo nosso)[349]

Deixando a paixão de lado, vemos que Garcia tocou num ponto interessante e que nos parece refletir a realidade de nossos dois personagens – Kardec e Chico.

Resta-nos ainda apresentar uma mensagem da mãe de Chico, dona Maria João de Deus, que, do mundo espiritual, lhe dá valiosos conselhos, com os quais ainda se evidencia o seu zelo de mãe amorosa:

> Possivelmente, meu filho, mais tarde prosseguirei escrevendo algo de novo; contudo, enquanto se cale a minha voz, continua

---

[349] GARCIA. *Chico, Você é Kardec?*, p. 159.

desempenhando a tarefa que te foi confiada, fazendo jus ao salário do bom trabalhador.

Nós sabemos o quanto tens sofrido no cumprimento dos teus deveres mediúnicos.

Sacrifícios, dificuldades e provações, inclusive os espinhos aguçados, que polvilham as tuas estradas, tudo isso representa o meio de redenção que a magnanimidade do Senhor nos oferece na Terra, para o nosso resgate espiritual.

Suporta pois corajosamente, com serenidade cristã, os revezes da tua existência.

***

Exerce o teu ministério, confiando na Providência Divina.

Seja a tua mediunidade como harpa melodiosa; porém, no dia em que receberes os favores do mundo como se estivesses vendendo os seus acordes, ela se enferrujará para sempre. O dinheiro e o interesse seriam azinhavres nas suas cordas.

Sê pobre, pensando n'Aquele que não tinha uma pedra onde repousar a cabeça dolorida e, quanto à vaidade, não guardes a sua peçonha no coração. Na sua taça envenenada muitos têm perdido a existência feliz no plano espiritual como se estivessem embriagados com um vinho sinistro.

***

Não encares a tua mediunidade como um dom.

O dom é uma dádiva e ainda não mereces favores do Altíssimo dentro da tua imperfeição.

Refleti que, se a Verdade tem exigido muito de ti, é que o teu débito é enorme diante da Lei Divina.

Considera tudo isso e não te desvies da humildade.

Nos tormentos transitórios da tua tarefa, lembra-te que és assistido pelo carinho dos teus Guias intangíveis.

Nas noites silenciosas e tristes, quando elevas ao Ilimitado a tua oração, nós, estamos velando por ti e suplicamos a Deus que te conceda fortaleza e resignação.

A vida terrena é amarga, mas é passageira.

Adeus, meu filho!... **Dentro de todas as hesitações e incertezas do teu viver**, recorda-te que tens neste outro mundo, para onde voltarás, uma irmã devotada que se esforça para ter junto dos filhos, que deixou na Terra, o mesmo coração, extravasante de sacrifício e amor. (grifo nosso)[350]

Esses conselhos são, a nosso ver, para um filho frágil, que se sente um "cisco", nos quais se vê a sua amorosa mãe tratando-o como um Espírito com sérios compromissos cármicos a serem quitados; mas que ela, do mundo dos Espíritos, estará sempre amparando-o. Devemos considerar que a palavra frágil é referente a um jovem de 18 anos, que, por méritos próprios, foi se tornando um médium resistente aos ataques vindos das trevas da ignorância que sempre o acompanharam.

Divaldo Franco, lembra essa fala de Chico: "Ah!, Mas quem sou eu, senão uma formiga, das menores, que anda pela Terra, cumprindo sua obrigação?!"[351] O sentir-se uma formiga pode estar relacionado a esse episódio contado por Chico:

> [...] certa feita, indagando a Emmanuel qual a posição de Jesus no sistema solar, ele me respondeu que ficasse, a respeito de Deus, com a expressão do Pai Nosso dita por Jesus e não perguntasse muito, porque eu não tinha mente capaz de entrar no domínio desses conhecimentos com a segurança precisa. Eu insisti e ele então desdobrou um painel à minha vista, num fenômeno mediúnico.
>
> Apareceu então a Terra na Comunidade dos Mundos do nosso sistema evolutivo em torno do Sol. O nosso Sol, depois, em outra face do painel, evoluindo para a constelação que, se

---

350 .... XAVIER. *Cartas de Uma Morta*, p. 65-66.

351 .... MATTOS, *De Amigos para Chico Xavier*, p. 128.

não me engano, é chamada de Andrômeda. Depois, essa constelação, arrastando o nosso sistema e outros, evoluía em direção a outra constelação que já não tinha nome na minha cabeça. Essa outra constelação avançava para outra muito maior dentro da nossa galáxia. Depois, apareceu a nossa galáxia, imensa, como se uma lente de alta potencialidade estivesse entre os meus olhos e o painel. E a nossa galáxia evoluía com outras galáxias em torno de uma nebulosa enorme e que Emmanuel me disse que passava a evoluir em torno de outras nebulosas.

Então, a minha cabeça ficou cansada e eu pedi para voltar, como se tivesse saído de um foguete da Terra e me perdesse pelo espaço afora e sentisse uma vontade louca de voltar a ser gente e ficar outra vez no meu lugar. [...][352]

Após uma visão dessa, pela qual passou o nosso Chico, o sentir-se uma formiga pode até mesmo ser considerado uma posição orgulhosa, tamanha a insignificância do próprio planeta Terra diante da imensidão Cósmica que lhe foi descortinada.

Voltemos à trilha, temos ainda outra pergunta de Fernando Worm:

FW: Após o desaparecimento físico, você continuaria ditando mensagens mediúnicas?

[Chico Xavier] Meu caro Fernando, há tempos perguntei ao nosso amigo benfeitor Emmanuel que atividade me ajustarei após minha desencarnação. Que farei após a morte? indaguei ao Benfeitor. E ele me respondeu: "Meu filho, **se você na presente encarnação não cometer erros maiores do que aqueles em que você tantas vezes tem incorrido, posso assegurar que depois da sua morte no plano físico, você será médium**". Chico acrescenta oralmente: Creia que estou falando a verdade

---

[352] ⋯⋯ XAVIER e PIRES. *Na Era do Espírito*, p. 162-163.

e que a mediunidade no Mais Além continua em outros graus de responsabilidade e transcendência. (11/76) (grifo em itálico do original, em negrito nosso)[353]

Confirma-se o que Emmanuel, antes, lhe havia dito sobre as suas imperfeições do passado.

A forma com que Emmanuel menciona Kardec é totalmente diferente daquela com que trata a Chico. Retornando ao que ele disse do Codificador: "um dos mais lúcidos discípulos do Cristo".[354]

Caso tenhamos a tarefa desempenhada por Kardec como uma grande missão, então podemos considerá-lo um Espírito de escol, pois, segundo disse o Espírito de Verdade, "As grandes missões só são confiadas aos homens de escol, [...]."[355]

A superioridade espiritual de Kardec pode ser também constatada em Miramez, na obra *Favos de Luz*, pela psicografia de João Nunes Maia, quando lhe foi pedido "falasse um pouco sobre o Codificador do Espiritismo, Allan Kardec":

> [...] Allan Kardec é **um dos discípulos de maior lucidez do colégio apostolar de Jesus**. Basta dizer que foi chamado pelo Mestre para codificar uma filosofia elástica, que atinge a religião e a ciência, como chefe da Terceira Revelação, para o terceiro milênio.
>
> O que a humanidade está aproveitando do Espiritismo agora é a benção de sua chegada à Terra, **mas ele se destina, em força dinâmica, ao terceiro milênio.** (grifo nosso)[356]

---

353 ······· NOBRE. *Lições de Sabedoria: Chico Xavier aos 23 Anos da Folha Espírita*, p. 155.

354 ······· XAVIER. *A Caminho da Luz*, p. 194.

355 ······· KARDEC. *O Livro dos Médiuns*, 2013, p. 397.

356 ······· MAIA. *Francisco de Assis*, p. 129.

Qual o motivo de Miramez não ter dito que Kardec estava reencarnado, completando sua obra? Com a visão de que o Espiritismo "se destina, em força dinâmica, ao terceiro milênio", não poderíamos ver que os resultados dele aparecerão nessa época? Por qual motivo os Espíritos que trazem mensagens dizendo que Chico é Karde, isso só ocorre por intermédio de médiuns que já acreditavam nessa hipótese?

Encontramos em Manuela Vasconcelos uma indicação bem interessante que talvez possamos identificar quem é "um dos mais lúcidos discípulos do Cristo" ou "um dos discípulos de maior lucidez do colégio apostolar", quando ela menciona o livro *Mulheres do Evangelho*, ditado pelo Espírito Estevão, na psicografia de Robson Pinheiro (1961-). Do capítulo 14 - "Pedro, a Rocha dos Séculos", transcrevemos:

> Simão seguia o Galileu já havia algum tempo. Desde então, uma nova perspectiva abriu-se diante de seus olhos, e um mundo novo se esboçava sobre as flâmulas romanas e os louros dos Césares.
>
> Certo dia, o Mestre dos desvalidos convidou Simão para um colóquio arrebatador. Aconchegou-o junto a si, e tocando-lhe a face, macerada pelos anos de sofrimento e trabalho árduo, disse-lhe:
>
> – Tu, Simão, és pedra. Tu és Pedro e sobre esta pedra edificarei minha igreja, e as portas do inferno não prevalecerão contra ela.
>
> A promessa estava feita, e ao longo dos séculos seria executada cada letra e cada iota da sentença divina. Pedro deveria representar uma nova diretriz, e, através do seu testemunho de homem forte e impetuoso, o mundo conheceria, finalmente, a mensagem da imortalidade.
>
> [...]

Com seu gênio forte e espírito já experiente, Simão Pedro retorna à pátria espiritual. Na hora derradeira, sob o olhar do Coliseu romano, é crucificado de cabeça para baixo, conforme seu próprio pedido, [...].

Retorna ao mundo algumas vezes, preparando-se para o porvir. **Através da reencarnação, nasce novamente**. Nas terras da Boêmia, em meio ao ambiente opressor e às nuvens medievais, surge **João Huss**. Queimado na fogueira devido ao seu gênio ímpar, que se rebela contra os abusos da igreja secular, o apóstolo renasce das cinzas feito fênix e retorna à pátria espiritual como espírito liberto, seguidor incondicional do Cristo. **Esperaria, entre as falanges do Consolador, o momento propício para retornar à Terra e dar o testemunho supremo da mensagem cristã**.

Quando o mundo estava mergulhado nas trevas da ignorância e os povos haviam esquecido os ensinamentos do Mestre, Jesus chamou a si a falange de trabalhadores imortais. Era necessário dar um sopro renovador e um novo alento à humanidade. Na reunião memorável, ouvia-se o pronunciamento do Mestre:

— **Preciso de um Espírito experiente, alguém forte e corajoso, que, embora tendo experimentado as quedas humanas, seja um marco da nova revelação**. Há que ter muita força para enfrentar as marés de dificuldades e para não fraquejar diante das provações difíceis que se abaterão sobre ele.

A assembleia de Espíritos iluminados permanecia em silêncio. Após o Senhor da vida falar a respeito das virtudes necessárias para a nova tarefa, **em meio à multidão de Espíritos elevados surge a figura de Pedro**. Cabelos alvos e olhar firme e determinado.

O Mestre sorri e abraça-lhe o espírito resoluto.

No íntimo o apóstolo recorda as palavras proféticas do Cristo, centenas de anos atrás: 'Tu és Pedro, e sobre esta pedra edificarei a minha igreja...'

– Aqui estou, Senhor; se quiser, envia-me! – As palavras de Pedro eram seguras.

Jesus sabia que poderia confiar plenamente nele. Aquela era uma assembleia de luz que preparava a nova fase de evolução do mundo. Abraçado por Jesus, **Simão é conduzido ao aconchego de um útero materno, e, nove meses mais tarde, o mundo recebe em seu regaço Hippolyte Léon Denizard Rivail**.

Allan Kardec ressurge com o gênio empreendedor e arrojado. Séculos após negar Jesus, **o Espírito do apóstolo retorna e, dotado da mais impávida lucidez**, demonstra irremediavelmente a vida espiritual e os conceitos incompreendidos da mensagem do Evangelho. Se, no passado, negara a experiência concreta com o Galileu, declara agora, com certeza inabalável, a existência da realidade extrafísica – e vai ainda mais adiante. [...] Devolve à mensagem de Jesus o status pungente e atual que sempre possuiu, apresentando-a como algo muito mais abrangente, sem circunscrevê-la à esfera religiosa, secular. Sobre a pedra sólida do alicerce kardequiano, é erguida a universal igreja de Jesus, sob a égide do espiritismo. (grifo nosso)[357]

A razão pela qual transcrevemos essas informações do Espírito Estevão não é porque as consideremos como verdadeiras; mas, foi, simplesmente, para demonstrar que até o que vem (supostamente) de Espíritos não há coincidência, pois, para nós, o que vale é "a opinião universal, eis o juiz supremo, o que se pronuncia em última instância"[358], portanto:

> [...] Daí resulta que, com relação a tudo que esteja fora do âmbito do ensino exclusivamente moral, **as revelações que cada um possa receber terão caráter individual, sem cunho de**

---

[357] .... PINHEIRO. *Mulheres do Evangelho*, p. 189-192.

[358] .... KARDEC. *O Evangelho Segundo o Espiritismo*, p. 22.

autenticidade; que devem ser consideradas opiniões pessoais de tal ou qual Espírito e que **seria imprudente fora aceitá-las e propagá-las levianamente como verdades absolutas**. (grifo nosso)359

Porém, para nós, mesmo não as tendo como verdadeiras, essas informações parecem fazer mais sentido do que aquilo que se tem dito por aí. A promessa de Cristo a Pedro de que ele edificaria a Sua Igreja é, na verdade, uma profecia, que poderia ter-se cumprido quando, na qualidade de "um dos mais lúcidos discípulos do Cristo", Simão reencarna como Kardec, com a missão de restaurar os ensinamentos de Jesus, através da 3ª revelação divina à Humanidade: o Espiritismo. Apesar de ser uma simples conjectura de nossa parte, essa é uma possibilidade bem plausível.

Enquanto Chico foi um médium de faculdades inigualáveis, Kardec, por sua vez, não era médium ostensivo. Vejamos o que ele disse de sua mediunidade:

> Nos trabalhos que fiz para alcançar o objetivo que me propus, sem dúvida, fui ajudado pelos Espíritos, assim como eles me disseram várias vezes, mas sem nenhum sinal exterior de mediunidade. **Não sou, pois, médium no sentido vulgar da palavra, e hoje compreendo que é feliz para mim que assim o seja. Por uma mediunidade efetiva, não teria escrito senão sob uma mesma influência; seria levado a não aceitar com verdade senão o que me teria sido dado, e isso talvez errado**; ao passo que, na minha posição, convinha que tivesse uma liberdade absoluta para tomar o bom por toda parte onde ele se encontrasse, e de qualquer lado que viesse; portanto, pude

---

359 ······· KARDEC. op. cit., p. 17.

fazer uma escolha de diversos ensinamentos, sem prevenção, e com inteira imparcialidade. Vi muito, estudei muito, muito observei, mas sempre com um olhar impassível, e não ambiciono nada de mais do que ver a experiência que adquiri ser aproveitada pelos outros, dos quais estou feliz de poder evitar os escolhos inseparáveis de todo noviciado. (grifo nosso)[360]

É bem interessante ver que, enquanto Kardec, de certa forma, dá graças a Deus de não ter sido médium (mediunidade efetiva), o nosso querido Chico, foi um de mão-cheia, usando-nos de uma expressão popular.

Em *Lições de Sabedoria*, no capítulo "Perfil Biográfico", Marlene Nobre nos informa: "Chico Xavier tem diferentes tipos de mediunidade: **psicofonia com transfiguração**; efeitos físicos e materialização; xenoglossia ou mediunidade poliglota, desdobramento; cura etc, mas a principal delas é a psicografia." (grifo nosso)[361] Fato muito interessante que não sabíamos é a "psicofonia com transfiguração", pois nem imaginávamos que Chico possuía esse tipo de mediunidade.

Essa faculdade é confirmada pela própria Marlene Nobre, no capítulo 16, "Relembrando o Passado", do livro *Chico Xavier, Meus Pedaços do Espelho*, onde lemos:

> **Corria o ano de 1959**. Era um dia normal de atendimento na CEC. Chico conversa com os irmãos da fila, antes do início da sessão, e eu, como de hábito, estava ao seu lado, acompanhando o trabalho paciente e generoso com que ele acolhia a todos.

---

360 ······· KARDEC. *Revista Espírita 1861*, p. 340.

361 ······· NOBRE. *Lições de Sabedoria: Chico Xavier aos 23 Anos da Folha Espírita*, p. XVII.

Em dado momento, ouvi-o chamar-me, não sei por que, voltei-me para a janela situada à minha direita, que correspondia à parede esquerda da entrada do salão, como se tivesse sido chamada por alguém invisível. Depois, voltei-me para o lado esquerdo. **Fiz esse giro inverso, a fim de olhar o Chico. Nesse momento, já não era mais eu, entrara em um estado modificado de consciência, mergulhada em outro ambiente, vendo outra paisagem. Enxerguei Kardec no lugar de Chico. Vi-o nas vestimentas do século XIX**, com a mesma postura, no seu ambiente de trabalho. Lembro-me de ter dito: Professor!

Quando voltei a mim, estava ainda um tanto aturdida, sem me dar conta ao certo de onde me encontrava. Já não via mais Kardec. Agora era Chico que estava diante de mim. E constatei que ele sorria muito. Sem entender ao certo o que se passava, ouvi-o dizer, ainda sorrindo:

Uai, Marlene, você está vendo o nosso passado?

Desde então, a crença virou certeza. Para mim, não havia mais dúvida: Chico era Kardec reencarnado. Por instantes, eu tinha visto uma cena do século XIX.[362]

Antes não tínhamos nenhuma ideia do que aconteceu, nesse relato; porém, agora com a informação de que Chico possuía a mediunidade de "psicofonia com transfiguração", fica claro que o nosso estimado médium apenas se transfigurou em Kardec, no momento em que "recebia" esse nobre Espírito, tratava-se, por conseguinte, da manifestação do Codificador. Portanto, a conclusão de Marlene Nobre de que "Chico era Kardec reencarnado" está, do ponto de vista doutrinário, lamentavelmente equivocada.

---

[362] ······· NOBRE. *Chico Xavier, Meus Pedaços do Espelho*, p. 143.

Se nossa linha de raciocínio estiver correta, então a Dra. Marlene Nobre traz a prova incontestável, por surgir de fonte totalmente insuspeita, de que o Espírito Kardec manifestou-se, sim, através do médium Chico Xavier. Ora, esse fato é incontestável e derruba o argumento (embora doutrinariamente sem sentido) daqueles que dizem ser ele Kardec reencarnado, justamente pelo fato deste não se ter manifestado pela sua mediunidade, como se isso fosse algo obrigatório.

Por outro lado, esse "Uai, Marlene você está vendo **o nosso passado**" poderia muito bem ser o passado da própria Marlene, e não propriamente, o de Chico, embora, se ele foi mesmo Ruth Celine Japhet, como se o supõe, abre espaço para incluí-lo na história. A possibilidade de ser o passado de Marlene, reside nessa informação:

> Certa vez, na década [de] 1980, recebi um telefonema do Rio de Janeiro. Era de minha querida irmã espiritual, Alba das Graças Pereira, [...] dileta amiga de Corina Novelino e Chico Xavier.
>
> "– Marlene, estou telefonando para passar-lhe um recado de Sylvia Barsante. Ela me ligou há pouco. Disse que esteve com **Chico em Uberaba e que ele afirmou a ela que você trabalhou com Kardec.**"
>
> Naquele dia, Chico confirmava mais uma vez a visão que eu tivera em 1959, ao tempo da nossa vida na CEC.[363] (grifo nosso)[364]

Temos, portanto, Chico afirmando que Marlene Nobre trabalhou com Kardec. Pode ter acontecido que, ao ver o seu próprio passado, e não o de Chico, não sabemos porque

---

363 .... Comunhão Espírita Cristã – CEC, Uberaba, MG.

364 .... NOBRE. op. cit., p. 145.

razões, diante desse episódio da transfiguração do médium mineiro, ela interpretou que Chico era Kardec.

Há numa fala de Chico a Herculano Pires, algo bem interessante, que pode explicar muita coisa:

> [...] A esse respeito, **peço licença para aditar um apontamento de Emanuel, o que me interessou muito nas conversações com ele em 1965. Perguntei a ele onde estavam aqueles companheiros de Allan Kardec** que vibravam com a doutrina espírita na França; onde estava aquele contingente de almas heroicas, sublimes que aceitaram aquelas ideias e a divulgaram com tanto entusiasmo pelo mundo inteiro – a maior parte na França, grande parte na Bélgica, por exemplo –, então ele me disse que do último quartel do século XIX para cá, mais ou menos de quinze a vinte milhões de espíritos da cultura francesa e, **principalmente, os simpatizantes da obra de Allan Kardec, se reencarnaram no Brasil para dar corpo às ideias da doutrina espírita e fixarem os valores da reencarnação**. Tanto é assim, diz ele, que nos últimos oitenta anos se desenvolveu entre nós tal amor à cultura francesa, que muitos de nós, milhares de nós outros sabemos de ponta a ponta a história da Revolução Francesa, mas nada conhecemos a respeito do Marques de Pombal, das lutas de Napoleão, dos reis de Portugal, que foram os donos da nossa evolução primária. Nós nos reportamos muito mais à França como terra mater de nossa espiritualidade do que Portugal, até porque isso está no conteúdo psicológico de milhões e milhões de brasileiros que estão fichados, por certidão de cartório, como brasileiros, mas psicologicamente são franceses. (grifo nosso)[365]

---

365 .... http://www.herculanopires.org.br/index.php/o-que-fazemos/o-que-fazemos-2/audio/no-limiar-do-amanha/298-programa-
-especial-de-primeiro-aniversario-1971

Se os franceses simpatizantes da obra de Kardec reencarnaram no Brasil para dar corpo às ideias da doutrina espírita e fixarem os valores da reencarnação, temos uma provável base para aceitar que Marlene Nobre trabalhou com Kardec e que é possível, sim, que Chico seja Ruth-Celine Japhet como alguns companheiros sustentam.

Ademais, aqui também teria sido um outro ótimo momento para Emmanuel ter revelado que Chico foi Kardec, entretanto, só fala dos companheiros do Codificador.

Algo bem parecido com o acontecido com Marlene Nobre é relatado em *A Volta de Allan Kardec*, em que o autor mencionando Isabel Mazzucati, de São Paulo, relata[366]:

> Contou-me ela que desde meninota tinha grande desejo de conhecer o médium Chico Xavier, mas nunca pôde ir a Uberaba. O tempo foi passando e seu sonho de um dia conhecer o médium nunca a abandonou. Ficou moça e casou-se. Ia completar dez anos de casada, quando seu marido aproximou-se e perguntou-lhe:
> — Isabel, o que você gostaria de ganhar como presente de nosso décimo aniversário de casamento? Você pode escolher o que quiser.
> — Eu posso pedir o que quiser?
> — Sim, o que você quiser.
> Aí, então, ela pensou que chegara o momento de há tanto tempo sonhado e esperado e disse ao marido:
> — Se você me dá mesmo o direito de escolher o que eu quero de presente no dia de nosso décimo aniversário de casamento,

---

[366] Esse caso é também relatado por Marlene Nobre, só que o nome é citado como Maria Izabel, Mazucatti, e diz que o fato ocorreu em 1976. NOBRE, op. cit. p. 144-145.

eu gostaria que você me levasse a Uberaba, para conhecer Chico Xavier, que respeito e admiro desde criança.

E, tudo acertado, viajaram a Uberaba.

Em lá aportando, foram à casa de Chico, que os recebeu com a maior alegria e entusiasmo, como se fossem amigos de séculos e séculos.

Conversaram bastante sobre tudo e principalmente sobre Espiritismo.

No dia de regresso a São Paulo, minutos antes da despedida, **Chico sentou-se junto dela, Isabel**, e, pegando *O Livro dos Espíritos*, fez sobre ele algumas considerações. Em seguida, **pegou *O Evangelho Segundo o Espiritismo* e também relacionou alguns comentários. E, à medida que ia falando, ia-se transformando noutra pessoa. E quando Chico pegou <u>*O Livro dos Médiuns*</u> (salvo engano), Isabel, abismada, exclamou para si mesma**:

– Meu Deus, é ele.

Diz Isabel que quem estava à sua frente não era o Chico, mas, sim, o Codificador, cuja foto constava desse último livro. (grifo nosso)[367]

O fenômeno da transfiguração é incontestável; porém, como o autor também é um dos que defende a tese "Chico é Kardec", viu no episódio a "confirmação" de que Chico foi mesmo Kardec, seguindo, desse modo, a mesma interpretação equivocada dada por Marlene Nobre.

Vamos abrir um parêntese para dar a palavra a D. Maria Virgínia Ferraz Pires (1919-2000), esposa de Herculano Pires, que, na data de 27 de fevereiro de 1999, numa entrevista no Centro Espírita Cairbar Schutel, São Paulo, SP, interrompendo o sr. Antônio Carlos Molina (-), disse:

---

367 ······ OLIVEIRA. *A Volta de Allan Kardec*, p. 51-52.

Agora, dá licença só um minuto. Eu faço questão do sr. gravar isso, pode ser que eu morra amanhã e não disse mais uma vez. Então vou aproveitar que o Sr. está aí com tão boa vontade, dizer que eu não só acho que faltava isso, como falta na Doutrina Espírita, espíritas que estudem a doutrina, que trabalhem pela doutrina kardecista, que não façam essa confusão que andam fazendo. Que quando eu pego um jornal espírita, os jornais espíritas na maioria das ocasiões, eu acho uma tristeza imensa.

E digo, plenamente, o Herculano mais faz falta ao Espiritismo do que fez para nós [os familiares]. Porque a gente vai levando a vida como Deus ajuda e vamos nos esforçando para a vida continuar mais ou menos em ordem. E os espíritas o que fazem?...

A maioria confunde o Espiritismo. A maioria escreve coisas absurdas, gente que tinha por obrigação de entender o Espiritismo. Eu não sei se vocês viram há pouco tempo a dra. Marlene Nobre, que é uma médica, que tem influência em nome do Espiritismo, que publicou um artigo enorme no jornal dela dizendo que o Chico é a reencarnação de Kardec.

Olha... e outras besteiras assim, de vez em quando a gente lê. Chico, coitado, que sinal que ele dá de ser a reencarnação de Kardec? Um espírito boníssimo, um espírito melhor do que ele, eu me considero péssima perto dele, o espírito que só vê as boas qualidades dos outros, e eu já vejo as más, já fico prestando atenção nas más qualidades dos outros, quer dizer que eu não posso me comparar a Chico Xavier. Mas de matéria de Espiritismo ele não conhece quase, ele não é... não tem aquele... – como se diz que Kardec era o quê reencarnado?... – (o bom senso, ajuda sr. Molina) o bom senso.

O Chico não, o Chico desculpa todo mundo, ele é tão bom que as maiores besteiras do mundo ele não tem coragem de dizer. Ele não faz aquilo que acho ótimo fazer, que eu faço, que estou fazendo melhor do que ele que não faz, mas "seja seu falar sim, sim; não, não", quando vê alguma coisa errada, tá errada, não quero saber de nada. O Chico não vê o defeito de ninguém, ele é tão bom que acha que todo mundo tá certo. Quer dizer que ele nem se pode imaginar ele como a reencarnação de Kardec. Não é desmerecendo o Chico, é que é um espírito completamente diferente.

E, no meio espírita, o sr. vê infinidade de besteiras como essa. Coisas que provam que turma, que a maioria, não todos, não estão estudando Kardec como deve. E nesse ponto eu acho que Herculano faz uma falta incrível, porque ele quando via uma coisa errada não adiantava eu pedir pelo amor de Deus para ele não dizer aquilo, que eu ia ficar de cabeça quente, porque a turma ia começar a torrar, que ele nem dava satisfação, ele queria defender o Espiritismo. Então, a gente vê a falta que ele faz nesse ponto.[368]

Sigamos em frente.

Encontramos uma outra fonte que confirma a psicofonia com transfiguração como característica da mediunidade de Chico. Trata-se do programa "Despertar Espírita", produzido pelo Clube de Arte, exibido no dia 04 de abril de 2010, no qual Yasmin Madeira (-), advogada, mestre em Direito Penal, apresentadora de programas na WebTv Espírita Nova Luz, entrevista Arnaldo Rocha, que lhe conta o que ocorreu no dia em que "trombou" com o Chico:

[...] No dia 22 [outubro de 1946] eu subia a av. Santos Dumont, tinha a mania de andar correndo, andava muito depressa, esbarrei com um homem que descia no sentido inverso. Eu dei um esbarrão tão bem-educado no homem que quase o joguei

---

368 ······· *Fatos sobre a vida de Herculano Pires, narrado por familiares e amigos*, disponível em https://www.youtube.com/watch?v=Qez-WSANjdw, trecho de 1h31'52' a 1h35'01".

no chão. Caiu o chapéu, por aí você imagina, caiu a bolsa que ele carregava, a pasta. Eu fui apanhar aquilo para entregar, e a hora que eu olho para a criatura, nessa época, a "linda" (passa as mãos em seus cabelos brancos) era muito cabeludo, eu falei gente mas isso é o "seu" Chico Xavier, por causa de uma reportagem da revista *O Cruzeiro*. Eu senti uma vergonha medonha daquilo que eu fiz.

Entregando o material queria pedir ao homem desculpa, para ele me perdoar. Mas eu me emocionei tanto que eu desandei a chorar. Ele passou a mão no meu rosto, carinhosamente, falou: "Oh, meu Arnaldinho, como é que vai, você está bom?" [...] Ele perguntou "me mostre o retratinho da nossa princesinha que você tem na carteira." Falei que isso. [...] Eu vi o homem pela primeira vez. Ele falou, pois é meu filho, hoje 22 de outubro, a nossa Meimei, a nossa princesinha, faria 24 anos. Isso para mim era um estouro, uma coisa estranha, o homem nunca me viu como é que ele vai falar sobre mim, sobre Meimei, que era aniversário dela. Falei, os espíritas são doidos, era o cravo na minha cabeça.

Ele [Chico] me perguntou, se o mano ainda tinha uma loja, uma livraria, na rua Espírito Santo. Ah, tem, fomos lá. Na hora que nós chegamos, eu e o Senhor Chico, como eu falava. Foi o maior rapapé, o mano ficou cheio de alegria, os funcionários, uns dois ou três, que eram espíritas. O mano, tratou de conversar com os funcionários. Fomos para casa. Chegando em casa, a Luíza, a minha cunhada, ficou toda alegre, e começou a conversar com Chico, ligou para outros dois irmãos, o Antônio e o Orlando, e eles foram para lá e fizeram uma reunião. Assentei, fizeram a prece, **olho pra Chico, ele era novo, devia ter o quê, em 44 ele devia tá com 34, é 34 anos, 46 é 36 anos. Rostinho lindo, bonitinho, eu olhei para ele... parece que tem uma máscara de mulher nessa cara e ela começou a falar. Gente, isso é Meimei!, perdi as estribeiras e gritei.** A Luíza, minha cunhada, fala: "Arnaldo fica quieto, perturba não." Meimei começou a conversar, foi contando sobre a nossa vida, como ela foi recebida no plano espiritual, o carinho com que ela foi recebida, e que "eu sou tratada aqui como uma princesa." Eu havia começado a ler, uns dois ou três dias antes, o *Nosso Lar*. Eu perguntei: Oi, Meimei, essa história do *Nosso Lar* é verdade? Ela falou: "Eu já fui lá passear duas vezes, mas eu estou morando numa outra colônia" e foi contando para nós. [...] (grifo nosso)[369]

Confirma-se também com esse relato que, de fato, Chico possuía a psicofonia de transfiguração.

Há ainda mais uma delicada ocorrência com Marlene Nobre, em que ela muda a narrativa de algo acontecido com o Chico para também fazer que o leitor passe a acreditar que Chico foi Kardec.

Do seu artigo "Pequena História de Uma Grande Vida" publicado na Folha Espírita, edição Especial Comemorativa dos 50 anos da Mediunidade de Chico Xavier, transcrevemos o seguinte trecho:

> COMEMORAÇÃO DO CENTENÁRIO DO LIVRO DOS ESPÍRITOS
>
> "Chico nos levou a conhecer o lugar onde Emmanuel apareceu a ele pela primeira vez, estavam conosco Ismael Braga e Da. Esmeralda Bittencourt. Ali nesse local, Chico dava comida aos bichinhos, muitos preás, passarinhos, tico-ticos vinham comer na mão dele, ele meditava, orava.
>
> Foi numa dessas tardes que ele viu Emmanuel surgindo de uma cruz toda iluminada.
>
> **Nesse dia** que nós fomos para as bandas do açude, **Chico nos disse que muitos espíritos estavam saindo do Brasil para**

---

369 .... https://www.youtube.com/watch?v=aH3gH2V8cCo

a grande comemoração. Eles iam prestar uma homenagem a **Allan Kardec** pelo aniversário "d'O Livro dos Espíritos", cem anos que o livro havia sido lançado em Paris.

– "Emmanuel está me dizendo que Scheilla vai ficar tomando conta do Brasil, de todo movimento espírita brasileiro, enquanto vai se verificar essa festa no Mundo Espiritual" – falou Chico naquele dia.

Oramos e voltamos para nossas tarefas. (grifo nosso)[370]

Fica claro que Chico teve notícias da reunião dos Espíritos com o objetivo de prestarem homenagem a Kardec, e de uma forma que não há como confundir um como sendo o outro. A reunião estava acontecendo naquele dia e Chico estava bem ali no açude conversando com amigos.

Entretanto, para ajustar o relato à ocorrência da transfiguração de Chico na qual entendeu ser ele Kardec, a Marlene Nobre muda o seu relato, passando-o para:

FE: E a comemoração do centenário do Livro dos Espíritos?

MN: Ah!, sim, é muito interessante. Chico contou-nos que no dia 18 de Abril de 1957, data comemorativa do centenário de o Livro dos Espíritos, todos os trabalhadores do Brasil e de outros países foram festejar, em um Grande Encontro, realizado no mundo espiritual, num local da Latinidade. **Chico foi com os benfeitores, Emmanuel, Bezerra de Menezes, André Luiz e outros**, tendo a enfermeira Sheilla ficado para tomar conta das tarefas em nosso país. **O médium falou da comoção de toda assembleia, com a comemoração. Diante do relato eu quis saber quem presidia tão importante conclave, e Chico respondeu-me, simplesmente: – "Leon Denis**

---

370 ······· NOBRE. *Pequena história de uma grande vida*. Folha Espírita – Edição Especial Comemorativa dos 50 anos de Mediunidade de Chico Xavier, p. 36.

presidiu a reunião". Mais um indicativo de que Allan Kardec está reencarnado, se não estivesse, evidentemente, a direção do conclave seria dele. (grifo nosso)[371]

Mas é incrível como as pessoas não se dão conta de que alguns argumentos não fazem sentido algum. Se ocorreu um conclave para se homenagear Kardec, não há lógica alguma em supor que seria o próprio quem o presidiria.

Diferente da primeira versão, nessa Chico também participou do conclave, mas se ele for Kardec, dentro da linha de raciocínio de Marlene Nobre, a Chico caberia presidir o conclave, já que ele, sendo Kardec, estava presente nele. E mais, se quem teria que presidir era Kardec e considerando que Chico, no caso, é Kardec, então Léon Denis não deveria presidi-lo, mas, sim, o próprio Chico, que assumiria a personalidade do homenageado.

Mas como, quase sempre, uma coisa acaba nos levando a outra... Arnaldo Rocha disse algo que nos chamou a atenção, quando de sua entrevista, em junho de 2010, ao jornal *Correio Espírita*, publicada com o título de "Chico Xavier foi Ruth-Céline Japhet", afirmara que *"Não se improvisa um médium. Isso é um processo muito delicado, doloroso, de sofrimento e de alegria."*[372]

Bem pensado! Então isso nos induz à conclusão de que, em sua reencarnação anterior, Chico deveria ser também médium, o que nos leva à grande possibilidade dele ter sido mesmo a Sta. Ruth-Céline Japhet. Aliás, diante do que

---

[371] .... NOBRE. *Chico Xavier – Meus pedaços do Espelho*, p. 453.

[372] http://www.correioespirita.org.br/categoria-de-materias/entrevistas/1634-entrevista-com-arnaldo-rocha

encontramos no livro *Entre os Dois Mundos*, essa possibilidade se torna bem real:

> Silenciando, por breves momentos, logo depois, prosseguiu, generoso:
>
> – **O nosso irmão Izidro, desde criança, experimenta o cerco danoso das entidades vingadoras**, que nele reconhecem um instrumento precioso de que se utilizam os nobres construtores da sociedade terrestre para o engrandecimento das vidas humanas. **Ele faz parte do grupo de médiuns que, na atualidade, em diferentes partes da Terra, estão contribuindo para que o Espiritismo finque raízes na cultura**, na ética e no comportamento social. Havendo retornado à Terra, mais de uma vez, **após os dislates que se permitiu nos turbulentos dias dos século XVI e XVII referidos**, conseguiu discernir com clareza a respeito dos objetivos reais da existência, adotando o comportamento cristão, que antes era desconsiderado.
>
> No século passado, tomando conhecimento da revolução espiritual que teria lugar no planeta, **ofereceu-se para trabalhar na mediunidade, auxiliando a eclosão da Terceira Revelação judaico-cristã, que é o Espiritismo, a fim de integrar-se, por definitivo, nas fileiras dos servidores do Evangelho**. Concluída a tarefa, apagou-se no anonimato a que se recolheram os demais abnegados médiuns da Codificação, ressalvadas poucas exceções. Convocado, posteriormente, para dar prosseguimento ao ministério imortalista, entregou-se ao mister com total abnegação, tornando-se um verdadeiro exemplo de fé e de ação evangélica.
>
> **Fazendo parte do mesmo grupo que esteve junto ao codificador, nos primórdios da tarefa**, prossegue com aqueles abnegados seareiros, executando o programa divino sob superior supervisão.
>
> Ante o silêncio natural, próprio para maturação das informações, volvi ao questionamento, indagando:

– **Equivale dizer que, aqueles instrumentos mediúnicos de que se utilizou o lúcido mestre de Lyon para a elaboração da Doutrina Espírita, encontram-se reencarnados, neste momento, ou estiveram recentemente** oferecendo seus condutos especiais para o prosseguimento da obra de cristianização da humanidade?

– **Exatamente!** A obra não ficou concluída naqueles dias, como é compreensível, embora a justeza e complexidade harmônica dos seus postulados. Não se trata, portanto, de uma doutrina estanque. O seu campo de conhecimento é infinito como a própria criação. Ampliando-lhe os conteúdos apresentados em síntese, Espíritos dedicados daquela primeira hora volveram para dar continuidade às investigações, ao desdobramento dos seus parâmetros, ao desenvolvimento das suas teses, na condição de investigadores, de escritores, de jornalistas, de oradores, mas também como médiuns eficientes e responsáveis, de forma que permanecessem abertas as portas de acesso à imortalidade por intermédio das comunicações espirituais, que constituem a documentação viva e imbatível do que se encontra exarado nas obras básicas que lhe servem de alicerce. (grifo nosso)[373]

Agora, sim, como prometemos, é o momento de falarmos do médium Izidro. É coisa simples: se no relato mudarmos o nome Izidro para Chico Xavier, ver-se-á, perfeitamente, que, no caso, a vida real está sendo abordada como ficção, tal e qual já acontecera com o personagem Ambrosina, anteriormente citado. E aí também se explica o porquê Arnaldo Rocha e Luciano dos Anjos sempre diziam que Chico era Ruth-Céline Japhet.

Oportuno apresentarmos esse questionamento de Kardec aos Espíritos, numa comunicação particular em sua casa:

---

[373] ⋯⋯ FRANCO. *Entre os Dois Mundos*, p. 290-292.

> P. – Frequentemente **se há dito que muitos Espíritos encarnariam para ajudar o movimento**.
>
> R. – **Sem dúvida**, muitos Espíritos terão essa missão, mas cada um na sua especialidade, para agir, pela sua posição, sobre tal ou tal parte na sociedade. Todos **se revelarão por suas obras e nenhum por qualquer pretensão à supremacia**. (grifo nosso)[374]

Entendemos que isso vem confirmar o que foi dito pelo Espírito Manoel Philomeno de Miranda sobre vários Espíritos, que participaram da Codificação, terem se reencarnado.

Digno de notar-se é o fato de que o Espírito Manoel Philomeno não falou um "a" sobre Kardec ter ou não reencarnado na pessoa de Chico. De duas uma: ou ele não foi Chico, ou o assunto é de somenos, isto é, sem importância alguma.

Kardec aprendeu a Doutrina Espírita pesquisando, comparando, analisando, razão pela qual ocupou a posição de verdadeiro Mestre em Espiritismo; porém, Chico confessa que era um simples aluno, inclusive declarando que seu professor foi exatamente Emmanuel, o seu mentor:

> Ultimamente, **estou frequentando, fora do corpo físico, uma noite por semana, uma Escola do Espaço em que o nosso abnegado Emmanuel é professor de Doutrina Espírita**. Confesso que é uma experiência maravilhosa. Estou aprendendo o que nunca pensei em aprender e tenho conservado a lembrança do que vejo, com o auxílio dos Amigos do Alto. (grifo nosso)[375]

---

[374] ······· KARDEC. *Obras Póstumas*, p. 338-339.

[375] ······· SCHUBERT. *Testemunhos de Chico Xavier*, p. 368.

Essa transcrição consta de uma carta que Chico dirigiu a seu amigo Wantuil de Freitas (1895-1974), na época Presidente da FEB, na data de 14 de março de 1958; portanto, Chico já contava com os seus 48 anos de idade, quase a metade do seu tempo de vida, quando se torna aluno em curso de Doutrina Espírita, o que não condiz com a fala do Espírito de Verdade sobre previsão da volta de Kardec, na qual afirma que "desde cedo" ele teria condições de completar sua obra:

> [...] Não permanecerás longo tempo entre nós. Terás que volver à Terra para concluir a tua missão, que não podes terminar nesta existência. Se fosse possível, absolutamente não sairias daí; mas, é preciso que se cumpra a lei da Natureza. Ausentar-te-ás por alguns anos e, **quando voltares, será em condições que te permitam trabalhar desde cedo**. [...]. (grifo nosso)[376]

Na época em que Chico completara 40 anos de serviço mediúnico, em entrevista a Dr. Elias Barbosa, ele informa que Emmanuel:

> *[...] desde 1931, me aconselha a estudar constantemente o Novo Testamento e a Codificação de Allan Kardec. Desde esse tempo,* ***não passei um dia sequer sem ler algum trecho ou página dos Evangelhos e dos livros de Allan Kardec, principalmente, "O Evangelho Segundo o Espiritismo" e "O Livro dos Espíritos"****, pelo menos quinze a vinte minutos diariamente.* (grifo em itálico do original, em negrito nosso)[377]

Essa recomendação de Emmanuel, parece-nos um pouco sem sentido se aceitarmos a hipótese de Chico ser mesmo Kardec reencarnado, pois, certamente, lhe bastaria poucas

---

376 ······· KARDEC. *Obras Póstumas*, p. 332.

377 ······· BARBOSA. *No Mundo de Chico Xavier*, p. 69.

leituras para que tudo voltasse à sua mente. Entretanto, Chico cumpriu à risca essa recomendação, pois em 1968, ele declara a Cezar Carneiro: *"Até hoje, já li o 'Evangelho' e 'O Livro dos Espíritos" umas duzentas vezes!!!"* (itálico do original)[378]; certamente, que isso o faria sabê-los de cor.

É certo, que Emmanuel imputou a regra para manter o aluno em sintonia com Jesus e Kardec, uma vez que os ensinamentos deveriam ser fixados para oferecer material didático a ser utilizado por ele em suas comunicações.

E essa função de professor, ao que nos parece, se estendia à sua vida como um todo:

> P – Acha que Emmanuel tem sido para você o amparo que o professor representa em si para o aluno?
>
> R – Sem dúvida. Certa feita um amigo convidou a minha atenção para a biografia de Helen Keller, a nossa grande cidadã mundial, atualmente desencarnada, que era muda, surda e cega e, segundo a biografia dela própria, era ela uma criatura que, por falta de comunicação com o próximo, se tornara talvez muito agressiva.
>
> Desde, porém, a ocasião em que tomou os serviços da professora que a educou, tornou-se uma pessoa diferente.
>
> Considero que até 1931 a minha capacidade de comunicação com o próximo seria muito difícil, mas durante quarenta anos o Espírito de Emmanuel tem tido muita caridade e misericórdia para comigo, e transformando-me de algum modo; ainda não me converti, do animal desconhecido que sempre fui numa criatura mais ou menos humana, mas **confesso que o nosso grande benfeitor, vem conseguindo melhorar o meu padrão espiritual**. Por isso mesmo, **devo declarar, de**

---

[378] ······· SOUZA. *Chico Xavier – Lembranças de Grandes Lições*, p. 44.

público, que devo a Deus e a ele, o esforço que vou fazendo, através do tempo, a fim de humanizar-me.** (grifo nosso)[379]

Vê-se uma enorme diferença entre a ação do mentor de Kardec e a do mentor de Chico, sobre cada um de seus respectivos tutelados. Aliás, o do primeiro lhe disse **"todos os meses, aqui, durante um quarto de hora, estarei à tua disposição"** (grifo nosso)[380], enquanto que o do segundo, além de controle total da atividade mediúnica de Chico, parece-nos que permanecia a seu lado 24 horas por dia, à maneira de uma empresa especializada em vigilância pessoal e/ou patrimonial.

Vejamos também isso que consta em *No Mundo de Chico Xavier*, cujas perguntas são do Dr. Elias Barbosa a respeito de Emmanuel. Nessa época Chico completava quarenta anos de serviço mediúnico, era portanto o ano de 1958.

> Acha que ele tem sido para você o amparo que o professor representa, em si, para o aluno?
>
> — *Muito mais que isso. Ele tem sido para mim um verdadeiro pai na Vida Espiritual, pelo carinho com que me tolera as falhas, e pela bondade com que repete as lições que devo aprender.*
>
> Admite que ele ensinou a você matérias de que você tinha conhecimento, antes da vinda dele até você?
>
> — *Sim. Em trinta e seis anos de convívio, quase diário, **ele me traçou programas e horários de estudo, nos quais a princípio incluiu até datilografia e gramática**, procurando desenvolver os meus singelos conhecimentos de curso primário, em Pedro Leopoldo, o único que fiz*

---

[379] ······ GENTILE e ARANTES. *Entrevistas – Francisco Cândido Xavier / Emmanuel*, p. 83.

[380] ······ KARDEC. *Obras Póstumas*, p. 305.

até agora, no terreno da instrução oficial. (grifo em itálico do original, em negrito nosso)[381]

Chico narra o seu primeiro trabalho mediúnico, nestes termos:

> Tinha eu dezessete anos em 1927 quando, na noite de 8 de julho do referido ano, em uma reunião de preces, escutei, através de uma senhora presente, D. Carmem Penna Perácio, já falecida, a recomendação de um amigo espiritual aconselhando-me a tomar papel e lápis a fim de escrever mediunicamente. Eu não possuía conhecimento algum do assunto em que estava entrando, mesmo porque ali comparecia acompanhado de uma irmã doente que recorria aos passes curativos daquele círculo íntimo, formado por pessoas dignas e humildes, todas elas de meu conhecimento pessoal. **Do ponto de vista espiritual, apesar de muito jovem, era fervoroso católico que me confessava e recebia a Sagrada Comunhão, desde 1917, aos sete janeiros de idade**. Ignorando se me achava transgredindo algum preceito da igreja, que eu considerava minha mãe espiritual, tomei o lápis que um amigo me estendera com algumas folhas de papel em branco e meu braço, qual se estivesse desligado de meu corpo, passou a escrever, sob os meus olhos cerrados, certa mensagem que nos exortava a trabalhar, em nome de Nosso Senhor Jesus Cristo. A mensagem era constituída de dezessete páginas e veio assinada por um mensageiro que se declarava "Um amigo espiritual", que somente conheceria depois. [...] (grifo nosso)[382]

---

381 ······· BARBOSA. *No Mundo de Chico Xavier*, p. 67.

382 ······· COSTA. *Chico, Diálogos, Recordações...*, 2006, 2006, p. 26.

Então, parece-nos que essa condição de trabalhar "desde cedo" não foi seguida, pois o melhor, acreditamos, seria que Chico já nascesse em berço espírita, pois assim teria condições de dar vários passos à frente.

Registre-se ainda que, em novembro de 1948, uma década antes do ano em que completara quarenta anos como porta-voz do além, Chico não se sentia senão *"na posição do servidor que ainda não começou a trabalhar."*[383]

Já no artigo "Primeira notícia de uma nova encarnação", o Espírito Z, numa mensagem, diz a Kardec:

> [...] Nesta existência não verás mais do que a aurora do êxito da tua obra. Terás que voltar, *reencarnado num outro corpo*, para completar o que houveres começado, e, então, dada **te será a satisfação de ver em plena frutificação a semente que houveres espalhado pela *Terra*.** (grifo em itálico do original, em negrito nosso)[384]

Será que essa *"frutificação da semente espalhada"* seria uma ocorrência restrita à "pátria do Evangelho" ou devemos entender como sendo por toda a Terra? A questão estaria em analisar para ver se Kardec, voltando (supostamente) como Chico, teria essa profecia, de fato, acontecido; portanto, a coisa pode ser bem simples.

Por outro lado, será que com o período de intermitência tão curto – entre oito a nove lustros – ainda assim Kardec esqueceria tudo que fez para ter que aprender novamente com o

---

383 ······· SCHUBERT. *Testemunhos de Chico Xavier*, p. 240.

384 ······· KARDEC. *Obras Póstumas*, p. 323.

seu mentor, na condição de um aluno novato? Se Chico fosse realmente Kardec, como alguns advogam, não seria mais fácil Emmanuel ter tomado as devidas providências para que tudo que sabia lhe viesse à mente, ainda que por intuição, como acontece com os gênios?

E, ao que nos parece, Chico Xavier também não estava lá tão muito feliz assim com o seu "mandato mediúnico":

> [...] Não me digas que o nosso companheiro falou a verdade a meu respeito em "Um só Senhor". **A parte que me foi "debitada" é terrível. Sabe Deus como me dói o mandato mediúnico**: E dói-me porque **me veste de "penas de pavão" escondendo minhas feridas. Toda gente julga que sou um Espírito são, quando não passo de pobre alma em provas, com um coração enfermo e imperfeito**. [...] (grifo nosso)[385]

Tristemente, ao final, Chico confessa: "toda gente julga que sou um Espírito são, quando não passo de pobre alma em provas, com um coração enfermo e imperfeito".

Em fevereiro de 1950, em outra correspondência a Wantuil de Freitas, dizia-lhe Chico:

> O que me dizes dos livros recebidos por este teu criado é muito confortador para mim, mas **acredito que em breve tempo teremos grandes médiuns recebendo muito material de novas elucidações e tesouros de conhecimentos mais avançados**. Meu singelo esforço mediúnico terá naturalmente desaparecido *e os nossos Amigos Espirituais terão encontrado recursos mais altos*

---

385 ······· SCHUBERT. *Testemunhos de Chico Xavier*, p. 111.

para a manifestação de suas bênçãos divinas às nossas necessidades. [...]. (grifo em itálico do original, em negrito nosso)[386]

Diante dessa fala, entendemos que Chico não se colocava como missionário para levar adiante o projeto inacabado de Kardec.

Algo ainda que se nota na obra *Testemunhos de Chico Xavier* é que Emmanuel, o mentor de Chico, era quem de fato comandava tudo, desde a publicação de suas obras até o controle dos Espíritos que se manifestavam por sua mediunidade. Vejamos esse trecho dessa obra, que confirmamos estar presente em *No Mundo de Chico Xavier*, de autoria de Dr. Elias Barbosa:

Uma outra pergunta do Dr. Elias Barbosa a Chico Xavier elucida a questão da dúvida.

" – Como passou a sua mediunidade psicográfica dessa fase de indecisão para a segurança precisa?

– Isso aconteceu em 1931, quando o **Espírito de Emmanuel assumiu o comando de minhas modestas faculdades**. Desde aí, tudo ficou mais claro, mais firme. Ele apareceu em minha vida mediúnica assim como alguém que viesse completar a minha visão real da vida. **Tenho a ideia de que até a chegada de Emmanuel, minha tarefa mediúnica era semelhante a uma cerâmica em fase de experiências, sem um técnico eficiente na direção**. Depois dele, veio a orientação precisa, com o discernimento e a segurança de que eu necessitava e de que, aliás, todos nós precisávamos em Pedro Leopoldo." (grifo nosso)[387]

---

[386] SCHUBERT. op. cit., p. 274; BARBOSA. *No Mundo de Chico Xavier*, p. 19-20.

[387] SCHUBERT. *Testemunhos de Chico Xavier*, p. 334-335.

Chico nada fazia que não fosse autorizado por Emmanuel, exercendo este Espírito um controle absoluto de sua tarefa mediúnica. Essa opinião é compartilhada por Ranieri: "[...] Chico [...], segundo nos parecia, seguia à risca as instruções de **Emmanuel** e que **mantinha o Chico sob mão de ferro**, [...]."[388] e "*[...] Mas Emmanuel durante muitos anos **governou o Chico ditatorialmente**. O médium não fazia nada sem o controle de Emmanuel. [...].*" (grifo do original)[389] Também é o que pensa Luciano Napoleão da Costa Silva, que disse:

> A presença de Emmanuel ao lado do Chico era quase permanente. "**Controlava-o**" **em todas as suas ações**, tal como quando era Publius Lentulus. O vestígio de seus poderes permanecia como Emmanuel: continuava autoritário, rígido, exigindo cumprimento de horário e disciplina, **dando sempre a última palavra a Chico, inclusive nas mensagens e livros, no comportamento, trazendo Chico sob o seu "controle"**. (grifo nosso)[390]

Certa feita, Chico confessou ao médico psiquiatra Dr. Elias Barbosa:

> [...] **Não existe Chico Xavier, ele mesmo**. Se é que eu tenha que existir, será Chico Xavier/Emmanuel, porque, **de mim mesmo, em matéria de edificação espiritual nada posso subscrever de vez que o nosso benfeitor da Vida Maior é que nos supervisiona a organização medianímica**. Seria eu mais do que ousado se lhe subtraísse o nome em qualquer expressão construtiva, que nos saísse dos recursos verbais, seja no transe

---

388 .... RANIERI. *Chico – o Santo de Nossos Dias*. p. 50.

389 .... RANIERI. *Recordações de Chico Xavier*, p. 178.

390 .... COSTA E SILVA. *Chico Xavier, o Mineiro do Século*, p. 40-41.

propriamente mediúnico, tanto quanto em quaisquer outras circunstâncias. (grifo nosso)[391]

O amigo Weaker Batista (1921-1989)[392], conforme menciona Marlene Nobre, disse de Chico: "[...] Seu contato com Emmanuel é permanente, a qualquer hora do dia e da noite ele nos diz a opinião ou o ensinamento de seu guia e protetor com relação aos mais diversos assuntos."[393]

Temos em Marlene Nobre mais alguma coisa ainda que indiretamente:

> "E assim desenrolava-se a sessão no Luiz Gonzaga naqueles recuados tempos de 1932 a 1934. **Emmanuel não admitira que Chico falhasse, era preciso acostumar-se à disciplina da tarefa** porque muita gente ainda viria…" (grifo nosso)[394]

Em *Amor e Sabedoria de Emmanuel*, Clóvis Tavares, em se referindo a Emmanuel, afirma:

> **Emmanuel é o responsável**, perante a Hierarquia Espiritual que nos governa, **por todo o trabalho mediúnico** que se iniciou em Pedro Leopoldo e continua, fecundo como sempre,

---

[391] GENTILE e ARANTES. *Entrevistas – Francisco Cândido Xavier / Emmanuel*, p. 5.

[392] Conforme aponta Saulo Gomes: "era considerado companheiro fiel de todas as horas de Chico Xavier, assessorando-o em todas as atividades, fossem elas particulares ou não". (SAULO, 2010, p. 207).

[393] NOBRE. *Chico Xavier, Meus Pedaços do Espelho*, p. 296.

[394] NOBRE. op. cit., p. 77.

em Uberaba. **É ele o supervisor, o coordenador de toda a obra literário-mediúnica de Chico Xavier.** (grifo nosso)[395]

[...] outro aspecto de sua missão [de Emmanuel] junto aos sofredores que o buscam através do coração igualmente venerável de **seu instrumento terreno, o servo fiel Chico Xavier.** (grifo nosso)[396]

Tavares também destaca a missão de Chico:

Chico Xavier, desde o início de seu ministério mediúnico, sempre sob a orientação esclarecida de Emmanuel, buscou **exercer sua missão de psicógrafo – sua tarefa principal** – e atendeu simultaneamente aos sofredores e necessitados que sempre lhe buscaram o amparo e a orientação. (grifo nosso)[397]

Por que motivo Emmanuel nunca realçou a Chico a sua condição de continuador da tarefa inacabada da Codificação? Exatamente, pelo simples fato dele, Chico, não ser o ator desse personagem que, infelizmente, querem lhe imputar. Uma pergunta que nos fazemos, por que essa insistência? Talvez o passado de Chico Xavier e dos que abraçam essa violação da lógica um dia se explique perante a Providência Divina.

Em *Chico Xavier: Uma Vida de Amor*, de autoria de Ubiratan Machado (1941-), jornalista, tradutor e escritor, encontramos essas duas falas de Chico[398]: *"Recebi elogios por um trabalho que não me pertencia."* e *"Estou habituado a ser o instrumento*

---

395 ······· TAVARES. *Amor e Sabedoria de Emmanuel*, p. 19.

396 ······· TAVARES. op. cit., p. 51.

397 ······· TAVARES. op. cit., p. 53.

398 ······· MACHADO. *Chico Xavier: Uma Vida de Amor*, p. 39.

passivo da vontade espiritual. [...].", que muito bem dá para se ter uma boa ideia da condição do próprio Chico sobre seu trabalho na mediunidade.

Baccelli, em *Chico Xavier, à sombra do abacateiro*, comentando a reunião de 19 de setembro de 1981, a certa altura diz:

> [...] Embora tenha ele mesmo muita coisa para oferecer. Chico transfere todo o mérito para os Espíritos Amigos, como Emmanuel, Bezerra, André Luiz e tantos outros. **Ninguém pode dizer, em sã consciência, que um dia ele tenha dado uma opinião pessoal sobre qualquer ponto da Doutrina**. Não, Chico é intérprete fiel, seguro, que tem provado a crentes e incréus, o seu devotamento à Causa, com prejuízo de tudo o que o homem mais simples tem direito; ele renunciou, inclusive a ele mesmo... (grifo nosso)[399]

Significa dizer que Chico sempre foi "interprete fiel" dos Espíritos que por ele se manifestavam, o que é aqui reconhecido; como então querem que tenha completado a obra de Kardec se ele não deu uma só opinião pessoal sobre qualquer ponto da Doutrina? Aliás, em fevereiro de 1982, quase com os seus 72 anos de idade, Chico dá a entender que nem sabia ao certo que posição ocupava São Luís e nem quem era o protetor de Kardec:

> [...] "Àquela época, eu tinha 16 anos e era o secretário do grupo. Quando nos reunimos para fundar o Centro, era o dia 21 de junho, data consagrada pelo calendário a São Luiz Gonzaga. Também, Lindemberg havia concluído a Travessia do Atlântico na aeronave que elevava o nome '**Espírito São Luiz**', só que esse havia sido Rei da França – o que foi ferido nas cruzadas

---

[399] .... BACCELLI. *Chico Xavier, à Sombra do Abacateiro*, p. 25.

e, **ao que tudo indica, protetor de Allan Kardec**. Então, para homenagear um e outro, demos ao nosso Centro o nome de Luiz Gonzaga." (grifo nosso)[400]

Esclarecendo: São Luís colocou-se como sendo o Presidente Espiritual da Sociedade Espírita de Paris[401] e o guia espiritual de Kardec era o Espírito de Verdade, fato que o próprio Codificador confessa.[402]

Na entrevista à revista *Fatos e Fotos*, a jornalista Suzete Calderon (-) pergunta-lhe: "Chico, os livros que você recebe são programados?" Obteve dele a seguinte resposta:

> Desde 1931, **eles são todos programados pelo Espírito de** (sic) **Emmanuel e seguem o plano traçado por ele**. Tenho recolhido as maiores lições no trabalho do livro: observo a extrema cautela de Emmanuel, e seu cuidado me ensina a ser uma pessoa agradecida para com todos aqueles que colaboram na feitura do livro. Vejo todos trabalhando tanto, **sinto-me como uma formiga, muito pequena, em meio a tanto serviço**. (grifo nosso)[403]

Então, podemos dizer, seguindo o pensamento dos que advogam a hipótese "Chico é Kardec", que, na verdade, quem teria completado a obra do Codificador foi o seu mentor, ou seja, Emmanuel, ideia essa que não gostarão nem um pouco, é bem certo.

Clóvis Tavares comunga com essa ideia:

---

400 ······· BACCELLI. op. cit, p. 30.

401 ······· KARDEC. *Revista Espírita 1859*, p. 353.

402 ······· KARDEC. *Revista Espírita 1861*, p. 356.

403 ······· NOBRE. *Chico Xavier, Meus Pedaços do Espelho*, p. 328.

Estas últimas páginas intentam salientar, singela e brevemente, o pioneirismo de **Emmanuel em nossa pátria na obra de difusão da cultura através do livro. Na missão do livro. No esclarecimento e elevação da alma através do livro**.

Polígrafo de largos e sólidos recursos, senhor de um estilo tão fértil de essência espiritual quanto fascinante pela sua peregrina beleza, **é ele o sábio Espírito que, através da instrumentalidade de Francisco Cândido Xavier, tem oferecido ao mundo, com seus livros mediúnicos, uma grande mensagem de luz e de renovação**. (grifo nosso)[404]

Noutra oportunidade, Tavares bem o disse: "Emmanuel é, sem dúvida alguma, o grande arquiteto dessa esplêndida obra de esclarecimento e difusão do Espiritismo através do livro. [...]."[405] e em algumas páginas à frente, ele reafirma: "[...] recordei ao coração do leitor o gigantesco esforço de nosso venerável Emmanuel em favor da obra de evangelização do Brasil, e já agora do Mundo, através das claridades do livro espírita. [...].[406]

No artigo "Pequena História de Uma Grande Vida", Marlene Nobre faz várias considerações, e dentre elas destacamos essas duas:

> Aos 17 anos encerram-se, definitivamente, para Chico Xavier quaisquer pretensões de estudos superiores nos bancos escolares da Terra. Abriam-se-lhe novas perspectivas!... A mediunidade entra em sua vida para ficar... **Era preciso que Chico Xavier, pessoa, se anulasse** a fim de que personalidades ilustres do Mundo Espiritual brilhassem no campo da literatura, da

---

[404] TAVARES. *Trinta Anos com Chico Xavier*, p. 137.

[405] TAVARES. op. cit., p. 200.

[406] TAVARES. op. cit., p. 209.

poesia, da filosofia, da história, da Ciência e de todos os campos do saber, através de livros e mensagens de extraordinário valor para o engrandecimento do gênero humano. (grifo nosso)[407]

Emmanuel é o maior vulto da psicografia de Francisco Cândido Xavier e – perdoem-nos a franqueza! – o maior vulto da psicografia universal. Entre centenas de colaboradores, **é o único que dá sequência exata à revolução deflagrada por Allan Kardec**. Todos os outros são subsidiários e não nos parece ocasional que lhe coubesse, por ocasião dos diversos centenários das obras da Codificação, conotações como "A Religião dos Espíritos", "A Justiça Divina", "Seara dos médiuns" e "Livro da Esperança". Sua susceptibilidade às influências estranhas distingue-o em meio às confusões pelo seu estilo de ordem. Como Kardec, é humanista e cristão, mas, para ele, abrem-se as portas ignoradas, mais antigas que o humanismo clássico e até mais antigas do que o próprio Cristianismo. Tal como, para Kardec, as fontes esquecidas do Gênio Céltico. (grifo nosso)[408]

Esses dois parágrafos, a nosso ver, reforçam a ideia de que quem, de fato, continua a obra de Kardec é mesmo Emmanuel.

Aproveitando o ensejo, trazemos este pensamento de Emmanuel, que muito bem cabe a todos nós, quando nos tornamos intransigentes:

> *"Muitos, em política, filosofia, ciência e religião, se afeiçoam a certos ângulos da verdade e transformam a própria vida numa trincheira de luta desesperada, a pretexto de defendê-la, quando não passam de prisioneiros do 'ponto de vista'."*[409]

---

407 ······· NOBRE. *Pequena História de Uma Grande Vida*. Folha Espírita – Edição Especial Comemorativa dos 50 anos de Mediunidade de Chico Xavier, p. 15.

408 ······· NOBRE. op. cit., p. 15.

409 ······· SCHUBERT. *Testemunhos de Chico Xavier*, p. 211.

Voltemos a Ramiro Gama, pois há algo no seu livro *Lindos Casos de Chico Xavier*, que, também, é oportuno citarmos:

É OUTRO KARDEC

De quando em quando, em alguns Centros Espíritas onde vamos falar das Lições de Jesus, observamos médiuns, bem orientados, recebendo Mensagens assinadas por Allan Kardec. Ficamos em dúvida lembrando que, em OBRAS PÓSTUMAS, do Codificador, há uma amorosa advertência de um de seus Guias lembrando-lhe o aproveitamento do tempo na conclusão de suas obras e de que, como fora previsto, seu desencarne estava próximo e que iria ficar no **Espaço cerca de 40 anos** para, depois, voltar à Terra e completar sua Missão junto ao Espiritismo. Verificando o ano de seu decesso, 1869, deveria estar entre nós, mais ou menos, entre os anos de 1909 e 1910...

E, segundo ouvimos de uma vez, de M. Quintão, quando entre nós, Allan Kardec dera na Federação Espírita Brasileira sua última comunicação em 1902. Daí, por diante, silenciara...

Como explicar as Mensagens assinadas com seu nome? Talvez, justificamos, sejam de seu representante, alguém credenciado, preposto ao seu valioso trabalho. Porque ele, Kardec, ou deveria estar entre nós ou em esferas mais elevadas, em serviços de grande relevância espiritual, incapaz, pois, de se revelar a não ser através de terceiros. Se não, por que não tem dado sua presença pelo nosso querido médium de Pedro Leopoldo?

De uma feita, sozinhos com o Chico, pedimos-lhe uma explicação. E o médium humilde, primeiramente, mostrou-se surpreso, meio contrariado com o grave assunto.

Depois, sorriu e respondeu-nos:
— É, deve ser outro Kardec, pois não tem aparecido por aí, tantos Andrés Luizes e Emmanuéis?...

Ficamos satisfeitos com a explicação recebida, que, desta maneira, não deixa os recebedores das mensagens em situação delicada.

***

Vale dizer que esta é uma explicação pessoal do médium, porque, em novembro de 1957, um grupo de irmãos de França, em nossa presença, entrevistando-o, sem antes lhe haver submetido as perguntas à sua aprovação, a respeito do assunto em causa, pediu-lhe que ouvisse seu Guia e, ele, assim se houve:

— Nossos mentores espirituais até hoje não têm tocado no assunto. Talvez, algum dia, o façam... (grifo nosso)[410]

Se não estivermos totalmente enganados aqui, nas entrelinhas, vemos a sugestão de que Kardec havia reencarnado por não termos mensagens dele a partir de 1902. Mas não seria um erro crasso achar que só através de médiuns brasileiros ele poderia se manifestar?

Cabe também essas perguntas do confrade Roberto Cury (1940-), que nos foram enviadas por e-mail:

> Por que o Espírito da Verdade não se manifestou em nenhum dos escritos do Chico, se o fizera à larga na Codificação com Kardec? Por que São Luis, Erasto, Sansão, Santo Agostinho, Hannemann, Cura D'Ars, Lázaro, Fenelon, Lacordaire, Cheverus, Constantino, Henri Heine, São Vicente de Paulo, Cáritas, Paulo, João, Georges, François-Nicolas-Madeleine, Jules Olivier, Lamennais e tantos outros jamais estiveram em comunicação com o Chico/Kardec?

Ademais, falta informação ao autor, pois, além de não se ter fixado o prazo de exatos 40 anos, ainda temos seguras informações de várias manifestações de Kardec durante os anos de 1925 a 1997, conforme já vimos.

---

410 ······· GAMA. *Lindos Casos de Chico Xavier*, p. 164-165.

Para que fique claro o nosso método de trabalho, trazemos essa frase de Kardec, dita aos espíritas de Lyon e Bordeaux, cujo teor procuramos pautar para realizar todas as nossas pesquisas: *"O Espiritismo apoia-se sobre fatos. Os fatos, de acordo com o raciocínio e uma lógica rigorosos, dão ao Espiritismo o caráter de positivismo que convém à nossa época."*[411]

É dessa forma que fazemos o possível para explicar as razões pelas quais não comungamos com determinada opinião. Não pretendemos impor a ninguém a nossa maneira de ver as coisas, já que, geralmente, só se pretende impor coisas cuja veracidade é duvidosa; as óbvias não necessitam de ser impostas.

Transcreveremos um último artigo no qual se tem uma fala do Chico. Trata-se da que ocorreu em outubro de 1987, em evento realizado pelo Centro Espírita União comemorativo ao nascimento de Allan Kardec, que está registrado na obra *Até Sempre Chico Xavier*:

> ROSSI: Querido Chico, é com enorme prazer e honra que o recebemos mais uma vez aqui no Centro Espírita União. Nós gostaríamos de ouvir um pouquinho a respeito da semana de Kardec e da feira do Centro União, às quais você comparece com tanto carinho todos os anos.
>
> CHICO: Estamos aqui diante da bondade de todos e especialmente do nosso amigo Dr. Luiz Rossi, que lembra a nossa palavra simples e desataviada para **exaltarmos a memória de Allan Kardec, o mentor inesquecível a quem devemos tanto**.
>
> Nosso amigo fala em prazer e honra, mas esses dois substantivos ajudam a mim, de vez que essa honra e esse prazer não me pertencem, pois na verdade, **não mereço estar dentro de**

---

[411] KARDEC. *Revista Espírita 1863*. p. 61.

nossa comunidade com qualquer destaque especial. Todos nós conhecemos a altura espiritual de Allan Kardec e reverenciamos nele aquele professor inolvidável, cujos ensinamentos atravessam grande parte do século passado. Estamos em pleno século XX e seus ensinamentos nos encontram para nos felicitar com o conhecimento de nossa própria natureza e com o imperativo do nosso aprimoramento espiritual...

Por muito que sejam expressivas as palavras que eu pudesse dizer a respeito de Allan Kardec, elas seriam demasiadamente pálidas para criar em nosso Espírito o respeito, a admiração, o carinho e o amor com que não apenas anualmente, mas todos os dias, nos lembramos desse homem admirável, cuja herança para nós, da comunidade humana, representa um patrimônio de paz e luz.

Peçamos a Nosso Senhor Jesus Cristo que engrandeça Allan Kardec onde estiver. Que ele possa receber as vibrações de nossos melhores sentimentos e que o Centro Espírita União continue nessa obra maravilhosa de redenção humana, a abraçar os necessitados, difundir a luz e honrar Allan Kardec por meio dos seus dignos diretores e dos dignos companheiros que me escutam, em memória daquele que não podemos esquecer.

Allan Kardec vive. Esta é uma afirmativa que eu quisera pronunciar com uma voz que no momento não tenho. Mas com todo o coração, repito: Deus engrandeça o nosso codificador, o codificador da nossa Doutrina! Que ele se sinta cada vez mais feliz em observar que as suas ideias e suas lições permanecem acima do tempo, auxiliando-nos a viver. É o que eu pobremente posso dizer na saudação que Allan Kardec merece de nós todos. Sei que cada um de nós, na intimidade doméstica, torna-lo-á lembrado e cada vez mais honrado, não só pelos espíritas do Brasil, mas do mundo inteiro. (grifo nosso)[412]

---

412 .... GALVES. *Até Sempre, Chico Xavier*, p. 213-216.

Se Chico fosse mesmo Kardec reencarnado, como alguns confrades querem nos forçar a crer, essa fala dele soaria como o mais puro fingimento, o que não combina com o que conhecemos dele.

Não deixa também de ser bem estranho o fato de o próprio Chico receber mensagens de Espíritos homenageando a Kardec, como, por exemplo, a registrada na obra *Chico Xavier, um Mandato de Amor*, com o título de "A Allan Kardec", ditada pelo Espírito José Tosta[413] e também a mencionada por dona Nena, intitulada "Homenagem a Allan Kardec", ocorrida em 1987 e ditada pelo Espírito Maria Dolores.[414] Estariam esses Espíritos compactuando com uma farsa? E, o pior, até mesmo o mentor de Chico participaria disso, pois temos, pelo menos, duas mensagens dele se referindo a Kardec:

1ª) Data 31.03.1938, título "O discípulo amado":

> Meus amigos, muita paz. As vossas preces de amor se elevam ao infinito em volutas divinas, estabelecendo o caminho claro e suave para as grandes revelações do sentimento e da fé. A personalidade do **discípulo amado** de Jesus, que foi Allan Kardec, foi lembrada por vós com as mais doces comemorações. O plano invisível associa-se ao vosso esforço votivo. Também nós nos reunimos, em outros planos, tentando projetar uma claridade nova sobre as sombras dos tempos ominosos que agora atravessais. Sim. A grande figura do mestre deve ser evocada. A sua vida de nobres exemplificações deve ser tomada como paradigma pelos obreiros novos. A sua obra foi a de um revolucionário divino, em contemplação ao trabalho e

---

413 ······ UNIÃO ESPÍRITA MINEIRA. *Chico Xavier, Mandato de Amor*, p. 135.

414 ······ GALVES. op. cit., p. 260.

ao sacrifício do maior revolucionário do mundo que foi o divino Mestre. **Allan Kardec é o hífen de luz, unindo os repositórios sagrados de todas as gerações**. O seu esforço ainda é o trabalho permanente da evolução de toda a cultura humana no Evangelho de Cristo. E nunca, como agora, essa semeadura deve ser cultivada. (Grifo do original, sublinhado nosso).[415]

Por atavismo religioso, alguns confrades estão interpretando essa designação de "discípulo amado" como se Emmanuel estivesse dizendo que Kardec é um tal discípulo amado mencionado no Evangelho. Sobre esse assunto já falamos; apenas acrescentaríamos o fato de que Emmanuel, também disse: "Meus amigos, muita paz. Com os nossos rogos ao Mestre divino, para que estejamos sempre atentos à lição de cada dia **em nossa posição de discípulos felizes e agradecidos**, deseja-vos muita felicidade e bom ânimo o amigo e servo humilde" (grifo nosso)[416] Portanto, a designação de discípulo é genérica, e Kardec, ou qualquer um dos grandes missionários divinos, não deixa de merecer a designação de "discípulo amado".

2ª) Data 31.03.1943, título "Relembrando Allan Kardec":

Meus amigos, que as forças divinas vos concedam muita paz e saúde física. Vimos, inda agora, de grandes **comemorações espirituais consagradas a Allan Kardec** e trouxemos para vossos corações os reflexos de misericórdia do Pai.[417] Que eles

---

415 ······· JOVIANO e LEMOS NETO. op. cit., p. 110.

416 ······· JOVIANO e LEMOS NETO. op. cit. p. 467.

417 ······· Nota da transcrição: Em 31 de março é relembrada a desencarnação de Kardec, ocorrida no ano de 1869, em Paris.

permaneçam convosco, simbolizando energia e revigoramento, são os meus votos. [...]. (grifo do original)[418]

Ao que parece, no plano espiritual, sempre ocorrem reuniões em que se homenageiam a Kardec, tudo bem, mais do que merecido; porém, o que não faz sentido para nós seria ter encarnado entre nós e nenhum Espírito não nos tenha informado disso. E essas referências de Emmanuel a Kardec, caso seja ele o Chico, têm algo de estranho.

---

[418] JOVIANO e LEMOS NETO. *Deus Conosco*, p. 195.

AMIGOS E ESTUDIOSOS TAMBÉM OPINAM

ALGUNS dos entusiastas, que dizem que Chico Xavier foi Kardec, apresentam uma lista de pessoas que afirmam terem sido "amigas" do Chico, para sustentarem aquilo em que acreditam, como se isso, por si só, tornasse verdade o que defendem.

Fora os amigos já mencionados – Carlos Alberto Braga Costa, Arnaldo Rocha, dona Nena Galves, R. A. Ranieri, Luciano dos Anjos, Luciano Napoleão Costa e Silva, Herculano Pires –, podemos apresentar outras pessoas em contraponto a esse tipo de argumentação. Uma coisa é certa, já o dizia S. Jerônimo: "A verdade não pode existir em coisas que divergem".

Ademais, é oportuno transcrevermos uma fala de Antônio César Perri, que se aplica bem a muitos que se apresentam como "amigos" de Chico Xavier:

> No período em que Chico Xavier atendia numeroso público, sempre notamos que **muitos dirigentes e médiuns o procuravam para que ele referendasse suas ações e propostas**.
>
> Nas conversações descontraídas e nas orientações, percebe-se muita sutileza e vivacidade. Após um convívio tão íntimo com várias Entidades Espirituais, **nada mais natural que o cidadão Francisco Cândido Xavier seja portador de razoável bagagem no tocante ao entendimento dos problemas humanos**. Muita sabedoria transparece em diálogos informais e tiradas pitorescas.

Geralmente, Chico Xavier não entrava em detalhes mas dirigia algumas palavras de estímulo.

Em alguns momentos, falava clara e diretamente dando sua opinião. **Outras vezes, falava por evasivas** e via-se que nem todos compreendiam o alcance de suas palavras suaves. (grifo nosso)[419]

Assim, o fato de alguém ter mostrado ao Chico algum artigo ou livro, não significa, necessariamente, que ele o tenha aprovado.

Não nos preocuparemos em apresentar uma longa lista de nomes; apenas alguns, somente para demonstrar que, opinião por opinião, ficamos com a destes; não por negarem, mas por serem pessoas sabidamente mais lúcidas, que não abdicaram do bom senso e da lógica, para se embrenharem, entusiasticamente, num matagal antidoutrinário.

Relembramos a frase de Gandhi, que citamos logo no início, por ser muito pertinente: "O erro não se torna verdade por se difundir e multiplicar facilmente. Do mesmo modo a verdade não se torna erro pelo fato de ninguém a ver."[420]

Destacaremos quatro opiniões desfavoráveis à hipótese, que, por não as ter conseguido colocar por ordem de data, estarão por ordem alfabética dos nomes.

1ª) Carlos de Brito Imbassahy (1883-1969)

Na segunda parte da obra *Quem Pergunta Quer Saber*, temos a informação de que o material foi extraído da Coluna publicada pelo *Jornal Espírita* (JE) editado pela LAKE, no período compreendido entre 1984 e 1990.

---

419 ······· CARVALHO. *Chico Xavier: o Homem e a Obra*, p. 19.

420 ······· ROHDEN. *Mahatma Gandhi: o Apóstolo da Não-violência*, p. 155.

Comecemos pela extraída da carta de nossa companheira Lídia de Oliveira Lima – São Caetano do Sul (SP) – destacando-a: 74. Por que razão sendo Allan Kardec o fundador do Espiritismo não nos envia nenhuma comunicação, já que outros o fazem? Estará ele já encarnado entre nós?

De início, **quero declarar que eu (e individualizo a resposta), pessoalmente, não aceito a hipótese de que Kardec tenha se reencarnado posto que não precisa disso.** Parece-me que sua grande missão foi plenamente cumprida com toda a fidelidade que lhe cabia. Suas reencarnações pretéritas, pelo que se advém de pesquisas e estudos, sempre foram brilhantes e o ápice delas teria sido a de Codificador da Doutrina dos Espíritos. **Completa tão grande missão, não me parece que ele necessitasse de aqui voltar para mais nada e, se o fizesse, seria de tal forma investido de seus predicados que todos o teriam reconhecido, indistintamente.**

Possivelmente esteja à frente de grande equipe de trabalho, comandando, da Espiritualidade, uma falange de mensageiros e de trabalhadores encarregados de velar por sua obra e dar-lhe prosseguimento.

Em face disso, é de se admitir que tais referidos mensageiros sejam seus verdadeiros porta-vozes, o que, de imediato, responderia à sua indagação acerca da falta de mensagens oriundas dele próprio: não há necessidade da sua assinatura – e, talvez, até, por prudência – para que continue enviando a nós os seus ensinos.

Os Espíritos superiores não têm essa preocupação de se identificar: o importante é que seus trabalhos surtam o efeito desejado.

Há que considerar ainda um outro aspecto muito importante: historicamente estamos vivendo uma fase de decadência, e que parece seja uma das mais acentuadas dentro dos ciclos por que a humanidade vem passando. Nessas condições, não é muito viável que os grandes missionários, por falta de apoio terreno, dedicassem maiores preocupações com o nosso domínio existencial por inoportunidade; é lógico que prefiram esperar o novo renascimento histórico para que, com maiores condições de trabalho, deem prosseguimento às suas respectivas tarefas. E isto seria válido também para Kardec.

Passemos, agora, à carta de Maria José Moreira Pinto – Cachoeira Paulista (SP) – que faz referências à passagem contida em "Obras Póstumas" na qual o Espírito de Verdade fala sobre a possível volta de A. Kardec, reencarnado para dar prosseguimento à Codificação: comenta, ainda, a nota do rodapé do nosso saudoso Herculano Pires, na edição da EDICEL contornando a afirmativa. Contudo, ela indaga:

75. Já se obtew alguma informação a respeito do assunto, isto é, do processo reencarnatório de Kardec?

Como dissemos, com as devidas ressalvas, nada indica que Kardec tenha se reencarnado para dar prosseguimento à Codificação senão se tornaria público e notório, o que não ocorreu já que não se tem devidamente patenteada a tal situação e Kardec não viria novamente ao mundo para fazer uma passagem obscura.

Quanto ao critério imediato de tempo, o que me parece é que este conceito seja muito relativo, tal como nos fala o próprio desencarnado, a saber, aquilo que para nós parece uma eternidade, para eles, perante o mundo espiritual, é um instante de existência. Para que Kardec volte à Terra é preciso que haja condições ideais a fim de que sua obra se complemente como anunciou o Espírito de Verdade.

* * *

Temos recebido várias cartas algumas indagando e outras afirmando que Chico Xavier seria a reencarnação de Kardec e que sua obra mediúnica era o cumprimento da previsão do Espírito de Verdade.

Posso garantir, não só pelo conhecimento com o grande médium e pelos seus pronunciamentos, que isso não é

verdade. O próprio **Chico, com toda a humildade que possui, se proclama um Espírito em prova de resgate**, hoje, sem dúvida, com sua missão cumprida, porém, no início da atual existência, muito longe de ser aquele missionário grandioso que acabamos por conhecer. Kardec não viria em tais condições. (grifo nosso)[421]

Imbassahy vai direto ao ponto: "não aceito a hipótese de que Kardec tenha se reencarnado posto que não precisa disso". E ao finalizar deixa nas entrelinhas que também por suas relações com Chico não tem como aceitar essa hipótese.

2ª) Divaldo Pereira Franco

Iniciaremos transcrevendo a carta de Divaldo a Carlos Alberto e Arnaldo Rocha, cujo fac-símile apresentamos logo no início.

> Salvador, 16 de setembro de 2008.
> Queridos irmãos Carlos Alberto e anjo Arnaldo:
> Muita paz.
> Recebi ontem a nova edição de Chico, Diálogos e recordações, em a nova roupagem, ampliada e enriquecida, que muito me sensibilizou.
> Deleitei-me, relendo algumas passagens, que me levaram às lágrimas, retornando ao querido Pedro Leopoldo de inapagável memória, e (re)vivendo os momentos que assinalaram profundamente a minha atual existência.
> **No capítulo das revelações em torno de personagens do passado, estou sumamente feliz em constatar que as informações de algumas estão absoluta e totalmente de acordo com o que o venerando apóstolo me disse, negando as teorias absurdas e falaciosas dos seus "herdeiros" que, a**

---

[421] IMBASSAHY. *Quem Pergunta Quer Saber*, p. 110-112.

pretexto de exaltá-lo, vêm-lhe maculando a memória, pois que o deixam em situação desagradável por haver fornecido informações diferentes às pessoas...

Ele sempre me esclareceu que as suas foram reencarnações femininas e que as roupagens atuais, eram mais para preservá-lo, sem que houvesse influenciado na sua psicologia.

Parabéns e êxito na divulgação das nobres verdades.

Infelizmente o meu computador anulou o seu endereço eletrônico que lhe rogo o favor de me dar novamente.

Abraços, gratidão e afeto,

(a) Divaldo Franco

(grifo nosso)[422]

É fácil a qualquer um entender que, nessa fala, Divaldo sanciona a lista de reencarnações de Chico constante na obra *Chico, Diálogo e Recordações...*, confirmando serem todas no sexo feminino, também valida o seu psiquismo feminino e, de quebra, ainda dá um bom puxão de orelha nos que dizem coisas diferentes das apresentadas nessa obra, por colocar Chico numa situação vexatória, fazendo-o não ter coerência no que fala, pois a uns diz ter sido Kardec (sempre "confidencialmente"), enquanto a outros nega tal fato (sempre publicamente).

Além dessa carta trazemos três entrevistas de Divaldo, postadas no site *YouTube*.

Mesmo que não possamos assegurar, com certeza, que algumas datas de postagem correspondam ao dia que em elas

---

[422] ...... COSTA. *132° Chico e Arnaldo – Amigos para Sempre*, exposição realizada em 19.04.2016, disponível em: https://vimeo.com/163553197, cujo original se encontra à página 336.

foram realizadas, de qualquer forma são gravações em vídeo com o próprio Divaldo Franco expressando a sua opinião.

a) Postagem em 11/jun/2009

> Os apóstolos, os grandes líderes, missionários e heróis têm a sua face da realidade e têm a indumentária mitológica com que todos nós os vestimos. **A mim pessoalmente o Chico Xavier jamais me fez qualquer informação a respeito do seu passado.**
> Eu o conheço desde há 50 anos. Em 1948 tivemos o primeiro contato. Tivemos vários períodos em que não nos encontramos e nos últimos anos, quatro, cinco anos, não tivemos nenhum contato físico. Mas nas vezes que estivemos juntos (inclusive, fomos seu hóspede, em Pedro Leopoldo, mais de uma vez), tivemos a oportunidade de conviver na intimidade do seu lar.
> Rapidamente, em Uberaba, de estar a seu lado nas distribuições, de participar das experiências das sessões mediúnicas do Grupo Meimei, que se realizavam em Uberaba, logo que ele chegou. Ou nas atividades de psicografia, nas reuniões públicas do Grupo Espírita da Prece. E antes mesmo da Comunhão Espírita Cristã. Em uma convivência relativamente próxima, para não dizer íntima. Ele nunca nos fez qualquer referência. Também pelo grande respeito que com ele mantemos, jamais lhe dirigimos essa pergunta. (grifo nosso)[423]

Considerando, como dito, que Divaldo conheceu Chico desde há 50 anos, à época, com o primeiro contato em 1948, então, essa sua fala aconteceu em qualquer mês do ano de 1998 (Chico ainda estava vivo), é importante que se mencione isso.

---

423 ······ https://www.youtube.com/watch?v=8On-Yt-2H3w

Vemos aqui um Divaldo bem discreto, que não quer colocar a público informações que recebera na intimidade. Ora, como Chico ainda estava vivo, temos aí a razão pela qual Divaldo calou-se sobre o fato, ou seja, por pura questão de respeito e ética, ele não quis dizer nada. Entretanto, dada a insistência do tema, ele, como veremos nos depoimentos a seguir, resolve colocar as coisas em "pratos limpos".

A razão pela qual estamos dizendo isso é porque temos informações de que Divaldo distinguia muito bem a diferença entre o caráter dos dois personagens, conforme podemos ver nessa informação do estudioso e confrade Marcelo Henrique Pereira (1969-), constante de seu artigo "Kardec voltou!":

> Divaldo Pereira Franco, conhecido conferencista e médium baiano, por sua vez, em uma das muitas vezes em que foi consultado a respeito, desta feita durante o VII Congresso da USE[424], disse: "**A personalidade de Chico**, em uma análise dos próprios conceitos doutrinários, **difere frontalmente da linha direcional de caráter e do comportamento de Allan Kardec**. A tarefa de Chico foi desdobrar as informações da Codificação, ampliando-lhe o significado. Quando Kardec disse que mais tarde reencarnaria, não quer dizer que seja ainda neste século [XX]. A questão de tempo é relativa. Não podemos anuir que

---

[424] ······ Conforme informação de Wilson Garcia (*Uma Janela para Kardec*, p. 55 e *Chico, Você é Kardec?*, p. 132-133) essa fala do Divaldo aconteceu no VIII Congresso Estadual de Espiritismo da USE (União das Sociedades Espíritas do Estado de São Paulo) realizado em Ribeirão Preto, de 30 de abril a 3 de maio de 1992.

ele seja a reencarnação de Kardec. Isso não o tornaria maior ou menor." (grifo do original)[425]

Vê-se, portanto, que Divaldo Franco estabelece diferença entre a personalidade dos dois envolvidos.

b) Postagem em 1/mai/2010

Cláudia Saegusa: O Jorge de Limeira de SP pergunta: "Qual é a sua opinião para aqueles que afirmam que Chico Xavier seria Allan Kardec?"

Divaldo: Desde que eles afirmam devem ter bons argumentos. Eu opto em não me intrometer em teses conflitivas. **Pessoalmente, eu não acredito. E não acredito em face de informações que me foram dadas pelo próprio Chico Xavier durante o relacionamento que começou em 1948.** Relacionamento esse que nos ensejou muitas informações que não vem ao caso trazer aqui ao ouvido público, mas **do ponto de vista psicológico as características de Allan Kardec e as características de Chico Xavier são muito divergentes**. Respeito aqueles que assim pensam e tenho o direito de pensar de maneira diferente. Mas para mim o importante não é o que ele foi em existência anterior, é o que ele fez na existência atual. Se ele foi Allan Kardec ou não foi, posso asseverar que foi um verdadeiro apóstolo durante a sua mais recente reencarnação, tendo contribuído, como ninguém, para a divulgação do Espiritismo e a interpretação da Doutrina nos seus ângulos mais complexos e nos seus detalhes mais profundos. (grifo nosso)[426]

---

425 ······· http://www.aeradoespirito.net/ArtigosMH/KARDEC_VOLTOU_MH.html

426 ······· https://www.youtube.com/watch?v=ROedB7ME35U, 0':04" até 1':20"

c) Postagem em 23/jan/2014

> José Raimundo: Há quem diga, professor, que Chico seria uma reencarnação de Allan Kardec. Isto procede?
>
> Divaldo: Há **essa teoria, que ele desmentiu várias vezes. A mim próprio, em intimidade, ele me narrou algumas experiências anteriores, algumas reencarnações, que nada têm a ver com Allan Kardec.** Porém o mais fantástico de tudo isso, é que toda essa convulsão ele se mantinha sereno e dizia meu nome é Francisco, tirando o "fran" eu sou o cisco de Deus. (risos).
>
> Repórter: Há quem diga que ele já teria se reencarnado outra vez.
>
> Divaldo: Anteriormente sim, ele desencarnou no ano de 2002 e está no mundo espiritual. (grifo nosso)[427]

Temos informação de que essa última gravação foi realizada especialmente para a Mansão do Caminho, não tendo sido divulgada por nenhuma emissora de TV.

Para o tribuno baiano, como sua posição final, Chico não é Kardec reencarnado, com base em informações do próprio "Mineiro do Século".

3ª) Dora Incontri (1962-)

Do texto de Dora Incontri *"Chico Xavier não é Kardec"*, transcrevemos alguns parágrafos, por julgarmos que a análise que ela faz do tema é sensata, fugindo à crença cega, que, infelizmente, alguns companheiros espíritas parecem adotar:

> **Que Chico Xavier seja a reencarnação de Kardec não seria uma hipótese a ser discutida, porque se trata de um absurdo tão sem fundamento que deveria chocar o bom senso de**

---

[427] ······· https://www.youtube.com/watch?v=vTEstBFFHY8.

qualquer um (já vi até não-espíritas que conhecem superficialmente a doutrina se mostrarem perplexos diante da ideia). Mas já que se trata de uma afirmativa taxativa na pena de alguns escritores e médiuns, atuantes no movimento, não podemos deixar de analisá-la.

As afirmativas sobre reencarnações

Em primeiro lugar, deveríamos evitar a leviandade que tomou conta de escritores e médiuns espíritas nos últimos anos: afirma-se com o maior descompromisso e sem nenhuma demonstração de evidência que fulano é reencarnação de sicrano e geralmente são pessoas famosas, já desencarnadas, ou personagens históricas – que não podem contradizer tais afirmações. É perfeitamente legítimo o estudo de casos de reencarnação, mas eles precisam ser fruto de pesquisa, de preferência de pessoas próximas e se alguma hipótese for apresentada de personalidades de projeção, deve-se fazê-lo com todo o cuidado, com argumentos bem fundamentados e ainda assim não passará de uma hipótese a ser examinada e comentada por outros pesquisadores.

Um exemplo positivo de um estudo com critério é E*u Sou Camille Desmoulins*, de Luciano dos Anjos e Hermínio Miranda. São centenas de páginas de pesquisa, em que a personalidade em questão participou, fez regressão de memória, e o autor realizou exaustivas buscas de documentos históricos etc. Outro estudo sério é o de Hernani Guimarães de Andrade, com personagens desconhecidas – crianças com lembranças de outras vidas – em seu livro *Reencarnação no Brasil*. (De passagem, fica aqui a nossa carinhosa vibração ao Hernani, desencarnado há alguns dias.) Isso apenas para citar autores brasileiros. No plano internacional, há, por exemplo, a excelente pesquisa feita por Ian Stevenson.

[...]

O que não pode acontecer – e acontece com bastante frequência – é simplesmente alguém sair anunciando que fulano

foi tal pessoa e aceitar-se isso como fato consumado. Aí exorbita-se do estudo de caso, da pesquisa científica, para se tornar mediunismo inconsequente e dogmatismo sem fundamento.

O pior é quando tais afirmativas contrariam as evidências mais óbvias e a coerência mais superficial entre uma personalidade e outra, que se supõe ser a mesma.

Ou seja, **para falar de reencarnação é preciso usar os critérios próprios do espiritismo: pesquisa científica, coerência racional, podendo-se valer igualmente da intuição mediúnica**. Mas se essa intuição vier desacompanhada dos outros aspectos, pode se tornar misticismo.

[...]

O caso Chico-Kardec

Poderia escrever muitas páginas com todos os pontos de total dissemelhança entre a personalidade de Kardec e de Chico. Em primeiro lugar, estabeleçamos alguns parênteses. O que sabemos de mais sólido sobre outras existências de Kardec – o resto são inoportunas especulações – são as duas que ele aceitava: a de druida e a de Jan Huss (esta, segundo informação que Canuto de Abreu teria visto em seus manuscritos, antes da Segunda Guerra). **Mas nos três momentos conhecidos, dá para notar a coerência de uma personalidade corajosa, viril, segura, austera, de mente límpida e clara (o estilo de Jan Huss é o mesmo de Kardec, simples e cristalino, preciso e firme) e sempre dedicada à educação.** Os druidas eram sacerdotes-educadores, Huss foi reitor da Universidade de Praga e Rivail/Kardec foi educador durante mais de trinta anos na França. Quanto ao seu estilo, ele mesmo adverte que não tinha vocação poética, não apreciava metáforas, mas queria atingir o máximo de didatismo e simplicidade. Para isso, **tanto Huss quanto Kardec escreveram gramáticas**.

[...]

Agora, analisemos a pessoa Chico Xavier, que conheci desde a minha primeira infância. **Trata-se de uma**

personalidade doce, amorosa, bastante feminina, emocional, mística, com forte vocação literária e poética (ao contrário de Kardec) mas uma personalidade fraca. Basta ver sua relação com Emmanuel. Seu guia espiritual, aliás forte e altivo, sempre manteve com Chico uma postura disciplinar, rígida, admoestando-o se o via fraquejar.

[...]

O que está por trás dessa ideia

Tudo isso poderia não passar de uma discussão vazia, simples questão de opinião, sem maiores consequências. Mas vejo graves problemas nessa polêmica e só por isso meti-me a falar no assunto. Afirmar que Chico Xavier é reencarnação de Kardec é submeter Kardec ao Chico... logicamente, pela lei da evolução, o mais recente é mais evoluído e portanto vai mais adiante do que o anterior. [...]

[...]

A tese de que Chico seria Kardec, desqualifica Kardec e exalta indevidamente Chico Xavier, colocando-o num pedestal de idolatria que nenhum ser humano deve ocupar. E isso está bem situado nos rumos que o movimento espírita brasileiro tem tomado: trata-se de um movimento que exalta personalidades mediúnicas (quando Kardec mal nos deixa conhecer o nome dos médiuns que trabalhavam com ele, porque não se constrói liderança em mediunidade, como os antigos pajés da tribo ou as passadas pitonisas da Antiguidade), preferindo o emocionalismo à racionalidade, o igrejismo ao debate filosófico e científico. (grifo nosso, exceto os títulos)[428]

Em vez de "personalidade fraca" como dito, diríamos "frágil", especialmente, nos primeiros tempos, mas que foi

---

[428] .... Associação Brasileira de Pedagogia Espírita, disponível em: http://pedagogiaespirita.org.br/tiki-read_article.php?articleId=33

se tornando firme com o tempo; tanto é que sempre colocou Jesus e Kardec em primeiro lugar.

4.ª) José Raul Teixeira (1949-)

Entrevista concedida ao *Jornal de Espiritismo*, da ADEP, Portugal, quando do 6º Congresso Espírita Mundial, Valência, Espanha, em outubro 2010. Vejamos que, a certa altura, Raul Teixeira (RT) disse ao entrevistador José Lucas (JL):

> JL – Porque é que há tanto mistério em torno de Allan Kardec? Nas "Obras Póstumas", que não faz parte da codificação, diz que ele voltaria para completar a sua obra. Uns dizem que o Allan Kardec poderia ter sido o Chico, outros dizem que podia ser o Divaldo Franco porque tem todo o perfil de educador, a obra, outros dizem que podia ser o Raul, outros dizem que ele está no mundo espiritual, se está por que é que ele não se comunica, se ele se comunica, se usa pseudônimos ou não usa, porquê tanto mistério quando as coisas são tão simples?
>
> RT – Existem nessas suas abordagens algumas questões equivocadas. Há muitos anos, **Chico Xavier disse-me, pessoalmente, numa conversa que tivemos em Uberaba, que a mensagem mais autêntica de Allan Kardec que ele tinha lido, tinha sido recebida pela médium brasileira D. Zilda Gama**, professora, que se achava num livro chamado "Diário dos Invisíveis". Eu procurei esse livro, que está esgotado, encontrei-o e estava lá a mensagem de Allan Kardec. Depois disso, nós tivemos uma mensagem de Allan Kardec recebida por vários médiuns na França, no Brasil. Como é que nós podemos dizer que o Chico Xavier é Allan Kardec se ele dizia que a D. Zilda Gama recebera a mais autêntica mensagem? Se enquanto Chico estava encarnado outros médiuns receberam mensagens de Allan Kardec? O "Reformador" publicou essas mensagens. Então, não é que nós queiramos fazer complexidade, é que as pessoas ficam tirando proveito da ignorância alheia. Quanto menos o povo sabe,

eu posso dizer as minhas tolices. Agora as pessoas dizem isso, alegam que era por ele ser humilde; então ele enganou-me, porque podia ser humilde e não dizer nada. Mas se ele me disse aquela mensagem, ele era merecedor de crédito, eu não podia duvidar do que falava. Se ele diz a outras pessoas a mesma coisa, ele não podia estar a fingir, senão eu perco o crédito que eu dava à mediunidade de Chico Xavier e ao homem que ele era. De modo que não existe confusão, existem exploradores. **O Chico estando desencarnado, toda a gente fala dele o que bem entende, o que bem deseja, e ele não está aí para defender-se, de modo que nós, os espíritas é que temos de ter bom-senso, e bom-senso e água fluidificada não nos fazem mal jamais.** Eu não posso acreditar em tudo o que dizem, eu tenho que ver aquilo que tem senso, que tem nexo, e se Allan Kardec estivesse aqui reencarnado, qual seria a vantagem disso para nós? O nosso problema é viver o Espiritismo e não Allan Kardec. Porque também já dizem que Jesus Cristo está aqui reencarnado, e no Brasil há um que diz ser Jesus Cristo.

JL – **Tem algum tipo de informação de que Kardec estará ainda no mundo espiritual?**

RT – **Para mim, ele está no mundo espiritual.** (grifo nosso) [429]

A mesma tese, que nós defendemos, está aqui exposta por Raul Teixeira, ou seja, de que um Espírito de pessoa viva não tem como se manifestar via mediúnica, estando ela em estado de vigília.

---

[429] http://artigosespiritaslucas.blogspot.com.br/2011/01/raul-teixeira-chico-xavier-nao-foi.html

CONSIDERAÇÕES FINAIS

Os antropólogos Marion Aubrée (1942-) e François Laplantine (1943-), num estudo sobre o Espiritismo no Brasil e na França, que resultou na obra *A Mesa, o Livro e os Espíritos*, publicada na França em 1990, apresenta duas especulações no Movimento Espírita, a saber:

a) Não nos entendemos em apontar (se é que isso seja preciso) quem foi Kardec:

> Uma das hipóteses ouvidas com maior frequência, faz de Kardec a reencarnação de São Paulo. Alguns afirmam que ele poderia ter reencarnado como Chico Xavier, a figura maior, incontestavelmente, do Espiritismo brasileiro contemporâneo. Porém, a hipótese que prevalece, no que concerne a este último, é que seria a reencarnação de São João que, antes de renascer no Brasil, teria vivido na Itália na pessoa de São Francisco de Assis. Este, por outro lado, está associado frequentemente com Kardec, particularmente em razão do dia 4 de outubro, véspera da data do nascimento em Lyon daquele que se tornaria o codificador do Espiritismo, coincidir com o dia da festa de São Francisco.[430]

b) Não definimos quem foi, diante de tantos candidatos que se apresentam:

> [...] O Espírito de Allan Kardec manifesta-se com frequência no Brasil. Então, não se poderia considerar uma nova encarnação do mestre? **Há atualmente no Brasil cerca de quarenta Kardec**, cada qual considerando-se mais Kardec do que o outro. Porém, neste

---

[430] .... AUBRÉE e LAPLANTINE. *A Mesa, o Livro e os Espíritos: Gênese, Evolução e Atualidade do Movimento Social Espírita entre França e Brasil*, p. 302.

ponto, a opinião de todos os responsáveis espíritas é formal: "o retorno de Allan Kardec ocorrerá como o de Jesus. Não sabemos nem o dia nem a hora. E ele poderá reencarnar-se espírita ou não-espírita, tornar-se célebre ou viver incógnito. (grifo nosso)[431]

Infelizmente, portanto, temos essa polêmica registrada na história do Espiritismo no Brasil, demonstrando, que nós, os espíritas, não nos entendemos em questões que, aos olhos de um vulgo, deveriam ser bem simples.

O que temos de possíveis reencarnações de Kardec, aqui na Terra, segundo Luciano dos Anjos:

> **Ano 58 a.C./44 a.C.** (faixa que vai desde a chegada de Júlio César à Gália até a sua morte): **Allan Kardec** sacerdote druida, na Gália, hoje França.
>
> **Ano 30/33** (faixa que vai, tradicionalmente, desde o início do ministério de Jesus até a sua crucificação): **Quirílius Cornélius**, centurião romano, em Jerusalém, Palestina, hoje Israel. Mais tarde, no ano 79, era João, sábio eremita, em Herculano, Roma, hoje Itália.
>
> **Ano 1369/1415** (faixa aproximada, pois não é absolutamente certa a data de 1369): **João Huss, filósofo**, reformador religioso, na Boêmia, hoje Tchecoeslováquia.
>
> **Ano 1804/1869**: Hippolyte-Léon Denizard **Rivail**, pedagogo, em Lyon, na França.[432]

Estamos trabalhando com "possíveis", pois, a bem da verdade, não temos provas concretas delas, só informações que,

---

431 ······· AUBRÉE e LAPLANTINE. op. cit., p. 302-303.

432 ······· http://aron-um-espirita.blogspot.com.br/2011/02/as-5-encarnacoes-do-codificador-por.html

certamente, carecem de confirmação por parte de várias outras fontes; as que temos são poucas demais para se dizer que passou pelo critério do CUEE.

De qualquer forma poderíamos realçar que todas elas são em corpo masculino o que, certamente, imprimiria na alma de Kardec um psiquismo masculino, contrapondo-se ao de Chico que, como vimos demonstrado, era feminino.

Como sendo um druida a fonte é, segundo Henri Sausse (1851-1928), biógrafo de Kardec, o Espírito Z, quem informou[433], e Kardec aceitou como verdade a ponto de até usar como codinome o nome que tinha à época.

Outra fonte é Léon Denis, na obra *Joana D'Arc*, em que afirma e transcreve uma mensagem do Espírito Kardec, em 1909, que se inicia da seguinte forma: "Fui sacerdote, diretor das sacerdotisas da ilha de Sein e vivi nas costas do mar furioso, na ponta extrema do que chamais de Bretanha".[434]

Na pessoa de João Huss (John Huss ou Jan Hus), Luciano dos Anjos informa-nos:

> Vejamos agora a sua existência no século XIV, encarnando a figura estóica e varonil de **Jean de Husinec** (**Jan Hus**, que em tcheco quer dizer ganso ou pato). A notícia dessa outra encarnação foi **dada psicograficamente, através da médium Ermance Dufaux, no ano 1857**. O registro do fato também se achava na

---

433 ······· KARDEC. *O Que é o Espiritismo*, p. 18.

434 ······· DENIS. *Joana D'Arc*, p. 217

Livraria de Leymarie e foi copiado por Canuto Abreu. Teve, com a invasão nazista, o mesmo destino da outra nota. (grifo nosso)[435]

Dora Incontri (1962-), confirma:

> Por isso, aqui, tomamos em consideração apenas as duas encarnações de que o próprio Kardec estava convencido. A primeira, como druida, nas Gálias antigas, segundo informações que ele mesmo nos fornece, ao explicar por que tomou o nome de Allan Kardec. A segunda, **como Jan Huss**, reformador checo, que viveu entre 1369 e 1415. **Essa informação temo-la pelo testemunho pessoal de Canuto de Abreu, que a copiou dos manuscritos de Kardec**, antes da Segunda Guerra. Mas, como veremos, ela se sustenta inteiramente na comparação entre as missões e as personalidades de Huss e Kardec. (grifo nosso)[436]

O pesquisador Eduardo Carvalho Monteiro, em sua obra *Allan Kardec (o Druida Reencarnado)*[437], corrobora essa informação de Luciano dos Anjos e Dora Incontri.

Em relação ao personagem Quirílius Cornélius, a fonte usada por Luciano dos Anjos é a obra *Herculanum*, ditada pelo Espírito Conde J. W. Rochester, psicografada pela médium mecânica Sra. W. Krijanowsky, de nacionalidade russa. De fato, na obra mencionada existe essa informação.[438]

Grande parte dos companheiros que aceitam a hipótese de Chico ser Kardec trabalham justamente na vertente de

---

435 .... http://aron-um-espirita.blogspot.com.br/2011/02/as-5-encarnacoes-do-codificador-por.html

436 .... INCONTRI. *Para Entender Allan Kardec*, p. 22.

437 .... MONTEIRO. *Allan Kardec (O Druida Reencarnado)*, p. 19.

438 .... KRIJANOWSKY. *Herculanum*, p. 351-353.

reencarnações que solidificariam um psiquismo masculino. São, como diria o Codificador, algo parecido com espíritas exaltados, que mutatis mutandis:

> "[...] No *Espiritismo ele incute confiança demasiado cega e frequentemente pueril, no tocante ao mundo invisível,* **levando a aceitar, com muita facilidade e sem verificação, aquilo que a reflexão e o exame demonstrariam ser absurdo e mesmo impossível.** [...]." (grifo nosso)[439]

Na biografia que fazem de Kardec, os pesquisadores Wantuil e Thiesen, judiciosamente, ponderam:

> Vez por outra reaparecem os "Allan Kardec" reencarnados. No Brasil, ao que sabemos, chegaram a existir dois numa mesma ocasião. Enquanto as especulações têm curso, os estudos sérios nesse campo induzem-nos à prudência e à vigilância. **As revelações envolvendo personalidades, de um modo geral, devem ser tratadas com a máxima cautela e severidade nas conclusões, e, se dizem respeito a Enviados do Alto – como é o caso do Codificador –, todas as reservas serão sempre poucas,** mesmo após haverem sido submetidas ao critério kardequiano. (grifo em itálico do original, em negrito nosso)[440]

Concordamos plenamente com os dois autores, pois não há outra maneira de proceder para os espíritas, que é exatamente isso que encontramos de recomendação na Codificação.

---

439 ······ KARDEC. *O Livro dos Médiuns*, 2013, p. 36.

440 ······ WANUTIL e THIESEN. *Allan Kardec (Pesquisa Biobibliográfica e Ensaios de Interpretação)*. Vol. III, p. 84-85.

Um ponto que nós, os espíritas, não podemos deixar de levar em consideração, já que Jesus nos alertou dizendo "surgirão falsos cristos e falsos profetas, operando sinais e prodígios, para enganar, se possível, os próprios eleitos" (Mc 13,22), ou seja, temos que ficar de sobreaviso para não cairmos em informações vindas seja de Espíritos ou de espíritas que visam semear discórdia no meio espírita, procurando nos dividir para, com isso, atingir a própria Doutrina dos Espíritos.

Conforme registrado nas obras da codificação, Kardec teve conhecimento apenas de uma de suas encarnações passadas, e além disso o Espírito de Verdade, seu guia, recusou-se a dar maiores informações de si mesmo, pois o objetivo era realçar a filosofia cristã e não ficar rebuscando o passado para saber quem foi quem.

A base fundamental que utilizou para levantar o arcabouço doutrinário foi o método científico, o estudo, as comparações e as deduções lógicas dos fatos, algo que jamais podemos abandonar sob pena de abalarmos as bases com as quais Kardec, orientado pelos Espíritos Superiores, montou para erguer os fundamentos doutrinários do Espiritismo. Tudo deve ser avaliado, nada de achismo, muito menos opinião individual; a opinião que deverá prevalecer é a que tem base nesse método empregado pelo Codificador.

Encontramos algo que serve para mostrar nosso posicionamento em relação à opinião de alguns confrades:

> [...] estávamos no começo de 1855, encontrei-me com o Sr. Carlotti, um amigo de 25 anos, que me falou daqueles fenômenos

durante cerca de uma hora, com o entusiasmo que consagra a todas as ideias novas. Ele era corso, de temperamento ardoroso e enérgico e eu sempre lhe apreciava as qualidades que distinguem uma grande e bela alma, porém **desconfiava de sua exaltação**. Foi o primeiro que me falou da intervenção dos Espíritos e me contou tantas coisas surpreendentes que, **longe de me convencer, aumentou as minhas dúvidas**. Um dia, o senhor será dos nossos, concluiu. Não direi que não, respondi-lhe: veremos isso mais tarde.

Passado algum tempo, pelo mês de maio de 1855, fui à casa da sonâmbula, Sra. Roger, em companhia do Sr. Fortier, seu magnetizador. Lá encontrei o Sr. Pâtier e a Sra. Plainemaison que daqueles fenômenos me falaram no mesmo sentido em que o Sr. Carlotti se pronunciara, mas em tom muito diverso. **O Sr. Pâtier era um funcionário público, já de certa idade, muito instruído, de caráter grave, frio e calmo; sua linguagem pausada, isenta de todo entusiasmo, produziu em mim viva impressão** e, quando me convidou a assistir às experiências que se realizavam em casa da Sra. de Plainemaison [...] aceitei prontamente. [...] (grifo nosso)[441]

Exatamente é o que acontece, os exaltados são os que menos convencem, quase sempre não veem o óbvio ou só enxergam as coisas que justificam seus pensamentos, quando não distorcem a interpretação para o lado deles.

Uma velha e obsoleta tática para "derrubar" ideias contrárias foi usada contra Charles Darwin (1809-1882). Do livro *A Goleada de Darwin: sobre o debate Criacionismo/Darwinismo*, transcrevemos:

Logo após a morte de Darwin começaram a surgir rumores nos meios religiosos de que, no leito, teria renunciado à sua

---

[441] ······· KARDEC. *Obras Póstumas*, p. 296-297.

teoria e abraçado novamente o cristianismo. O relato mais conhecido dessa possível reconversão foi dado por uma certa Sra. Hope em um artigo para uma revista batista mais de 30 anos após a morte de Darwin. (Watchman Examiner, Boston, 1915, p. 1.071) Ela relatou que Darwin não só lamentou ser o autor de sua teoria como se reconverteu em um cristão. [...] (grifo nosso)[442]

Nem mesmo Kardec escapou desse subterfúgio, o nobre jornalista, escritor e conferencista espírita Deolindo Amorim (1906-1984) é quem nos informa:

> "[...] **pouco depois da desencarnação do Codificador, circulou uma notícia, na Europa**, insinuando que ele próprio renegara as ideias reencarnacionistas. **Dizia-se então: Allan Kardec, antes de morrer, renegou a reencarnação**. (grifo nosso)[443]

O escritor Hermínio C. Miranda (1920-2013), também nos noticia algo ao tecer comentários sobre o livro *Lights and Shadows of Spiritualism*[444] (Luzes e Sombras do Espiritualismo), de autoria do médium Daniel Dunglas Home (1833-1886), a certa altura diz:

> [...] **Home reproduz uma mensagem que teria sido recebida por Morin** que, segundo ele, Kardec considerava "um dos seus melhores médiuns". **Nessa mensagem, Kardec, também arrependido**, teria feito sua "confissão póstuma", repudiando os ensinamentos que difundira "em vida" e se acusando

---

442 ······· SOUZA. *A Goleada de Darwin: sobre o debate Criacionismo/Darwinismo*, p. 173.

443 ······· AMORIM. *Análises Espíritas*, p. 124.

444 ······· Disponível em http://ia311006.us.archive.org/2/items/light-sshadowsofsoohomerich/lightsshadowsofsoohomerich.pdf, acesso em 26.06.2010, às 13:25hs.

de "orgulho insensato" por ter desejado passar por um semideus salvador da Humanidade quando tudo não foi além de um egoísmo ridículo que somente conseguiu impressionar as classes mais humildes da população! (grifo nosso)[445]

Vejamos, por curiosidade, essa suposta mensagem de Kardec recebida pelo Sr. Morin[446]:

"All. Kardec.
"M. Morin, **médium por inspiração**.
"Comunicação dada na casa de M. Caussin, Rue St. Denis, 345, 06 de novembro de 1869.
"Allan Kardec falando através M. Morin.
Sua confissão póstuma.
Durante os últimos anos de minha vida, eu busquei cautelosamente manter em segundo plano todos os homens de inteligência que mereciam estima pública, os quais eram investigadores da ciência do Espiritismo e poderiam ter tomado por si uma parte dos **créditos que eu desejei apenas para mim.**

Não obstante, muitos destes, ocupando posições altas na literatura e na ciência, teriam ficado perfeitamente satisfeitos, ao dedicarem-se ao Espiritismo e terem brilhado no segundo grau; mas, em **meu medo de ser eclipsado, preferi permanecer sozinho na liderança do movimento,** ser ao mesmo tempo o cérebro pensador e o braço de ação.

Sim, eu reconheço a minha culpa se o Espiritismo nos dias atuais não soma em seus postos nenhum daqueles campeões - príncipes da língua ou do pensamento; comigo, o homem (ou minha humanidade) superou minha inteligência.

---

[445] ······· MIRANDA. *Sobrevivência e Comunicabilidade dos Espíritos*, p. 256-257.

[446] ······· Tradução de Lúcia da Silveira Sardinha Pinto Souza.

Enquanto eu sustentei o Espiritismo, conforme eu o concebia, pareceu-me como tudo o que a humanidade poderia imaginar de mais importante e mais vasto; minha razão estava confusa.

Agora que, livre do invólucro material, eu assisto a imensidão dos mundos diferentes, pergunto-me como pude ter me vestido no manto, como isso era, de um semideus; acreditando-me ser um segundo salvador da humanidade. **Orgulho monstruoso que eu amargamente lamento.**

Eu agora vejo o Espiritismo, como eu o imaginava, tão pequeno, tão contraído, até sobre as perfeições que deveriam se atingir. Levando em consideração os resultados produzidos pela propagação das ideias espíritas, o que eu agora vejo?

O Espiritismo arrastou-se para a profundidade mais baixa do ridículo, ficou representado apenas por personalidades fracas, as quais me esforcei demais para elevar.

Eu, buscando fazer o bem, incitei muita produção aberrativa apenas do mal. Mesmo agora conforme a filosofia está relacionada a tão pequenos resultados! Para poucas inteligências isso foi alcançado, quantos estão desavisados de sua existência!

De um ponto de vista religioso, nós encontramos o supersticioso partindo de uma superstição apenas para cair em outra. Consequências de meu egoísmo.

Não tivesse eu não mantido todas as inteligências superiores na sombra, o Espiritismo não seria representado, como a **maioria de seus seguidores, por adeptos tirados do meio das classes operárias, as únicas onde minha eloquência e meu saber poderiam ter acesso**.

Allan Kardec" (grifo nosso) [447]

A questão é: por qual motivo o Sr. Morin não recebeu essa mensagem de Kardec perante os membros da Sociedade Espírita de Paris, como fazia quando Kardec ainda era vivo?

---

[447] ······ HOME. *Lights and Shadows of Spiritualism*, p. 224-225.

A razão de estarmos tocando nesse assunto é porque circula na internet três textos dando conta de que amigos de Chico Xavier que, quando vivos, diziam não ser ele Kardec, agora "arrependidos", do além-túmulo mandam mensagens, procurando reparar seus "erros".

Os textos contêm mensagens atribuídas a Arnaldo Rocha, Herculano Pires e Jorge Rizzini (não nos assustaremos se mais outros aparecerem – quiçá o próprio Chico não se manifeste para também se desmentir dizendo que é, sim, Kardec), nas quais eles se dizem arrependidos de terem dito que Chico não era Kardec.[448] Os que acreditam nessas mensagens não se dão conta de que isso só os coloca na condição de imprudentes, ou por se deixarem enganar por Espíritos que se fazem passar por esses personagens, ou não foram capazes de identificar o animismo dos médiuns envolvidos; dessas duas, uma.

Sobre a possibilidade dos médiuns serem enganados, os Espíritos por várias vezes passaram orientações nesse sentido, como, por exemplo, essa do Espírito Jobard: "Os Espíritos não enganam senão aqueles que se deixam enganar."[449]

Ao longo dessa pesquisa, encontramos vários elementos que nos levaram à posição contrária à hipótese de Chico ter

---

[448] Espírito de **Arnaldo Rocha** reconhece que Chico Xavier foi Allan Kardec (2 mensagens psicografadas pelo médium Bittencourt di Nápoli); **Herculano Pires** (Espírito) admite engano: Chico é (o) mesmo Kardec! – O espírita mais influente no combate à tese reconhece equívoco em mensagem mediúnica de 2003 – (mensagem recebida por Allan Kardec di Nápoli); e **Jorge Rizzini** (Espírito) reconhece engano: "O Chico é mesmo Kardec!" - 4 anos após o seu desencarne, um dos principais opositores da tese admite o seu erro (médium Bittencourt di Nápoli).

[449] KARDEC. *Revista Espírita 1862*, p. 80.

sido Kardec: mensagens do Espírito Kardec, depoimentos de amigos e documentos e entrevistas do próprio Chico.

Quanto às mensagens do Espírito Kardec, esse é o ponto de partida que os defensores de "Chico é Kardec" devem se esforçar para derrubá-lo, para se manterem firmes nessa crença, uma vez que elas, as mensagens, provam que Kardec estava no mundo espiritual, ou seja, que, apesar da previsão de seu retorno, ainda não havia reencarnado. Inclusive, em algumas dessas mensagens, é dito exatamente isso.

Podemos abrir mão de tudo quanto veio de amigos de Chico para só trabalhar com informações vindas dele mesmo: 1ª) cartão-postal a Dona Nena (p. 95); 2ª) correspondência de Chico ao casal Galves (p. 96/97); 3ª) carta de Chico ao Jô (p. 107/108); 4ª) entrevista de chico a Tharsis Bastos (p. 109); 5ª) entrevista ao programa Limiar do Amanhã (p. 119); 6ª) entrevista a Fernando Worm (p. 121) e 7ª) entrevista publicada no *Diário da Manhã* (p. 129) que ainda assim teremos suporte para não considerar que Chico foi Kardec. Gostaríamos que os defensores dessa ideia, fizessem a mesma coisa para ver se, depois disso, lhes sobraria algo para se apoiar.

Finalizando, a nós a convicção de que Chico não foi Kardec se transformou num ponto pacífico; não há volta, diante de tudo quanto conseguimos levantar sobre essa polêmica. Mas, como já dito, não temos a intenção de impor nossa maneira de pensar a ninguém; estamos apenas compartilhando o fruto de nossas pesquisas, na esperança de que alguns confrades possam até ampliá-la, acrescentando novos elementos.

REFERÊNCIAS BIBLIOGRÁFICAS

LIVROS

Bíblia de Jerusalém, nova edição, revista e ampliada, São Paulo: Paulus, 2002.

Bíblia do Peregrino. s/ed. São Paulo: Paulus, 2002.

Bíblia Shedd, 2ª ed. São Paulo: Vida Nova; Barueri, SP: SBB, 1997.

Bíblia Sagrada, s/edição. São Paulo: SBTB, 1994.

AGOSTINHO, J. M. (Santo) *A Verdadeira Religião – O Cuidado Devido aos Mortos / Santo Agostinho*. São Paulo: Paulus, 2002.

AMORIM, D. *Análises Espíritas*. Rio de Janeiro: FEB, 1995.

AUBRÉE, M e LAPLANTINE, F. *A Mesa, o Livro e os Espíritos: Gênese, Evolução e Atualidade do Movimento Social Espírita entre França e Brasil*. Maceió: EDUFAL, 2009.

BACCELLI, C. A. *Chico Xavier, à Sombra do Abacateiro*. São Paulo: Instituto de Divulgação Espírita André Luiz, 2004.

BACCELLI, C. A. *O Evangelho de Chico Xavier*. Votuporanga, SP: Editora Didier, 2005.

BARBOSA, E. *No Mundo de Chico Xavier*. Araras, SP: IDE, 1992.

BOECHAT, N. *O Espinho da Insatisfação*. Rio de Janeiro: FEB, 1996.

BOZZANO, E. *Animismo ou Espiritismo?* Rio de Janeiro: FEB, 1987.

CALSONE, A. *Em Nome de Kardec*. Atibaia, SP: Vivaluz Editora, 2015.

CARVALHO, A. C. P. *Chico Xavier: o Homem e a Obra*. São Paulo: Edições USE, 1997.

COSTA E SILVA, L. N. *Chico Xavier, o Mineiro do Século*. Bragança Paulista, SP: Lachâtre, 2004.

COSTA, C. A. B. *Chico, Diálogos e Recordações...* Belo Horizonte: UEM, 1ª edição, 2006.

COSTA, C. A. B. *Chico, Diálogos e Recordações...* Belo Horizonte: UEM, 4ª edição, 2012.

DELANNE, G. *Evolução Anímica*. Rio de Janeiro: FEB, 1989.

DENIS, L. *Depois da Morte*. Rio de Janeiro: FEB, 1987.

DENIS, L. *Joana D'Arc*. Rio de Janeiro: FEB, 1988.

DENIS, L. *O Gênio Céltico e o Mundo Invisível.* Rio de Janeiro: CELD, 2001.

EEC. *Eurípedes, o Médium de Jesus – Mensagens Inéditas Recebidas por Eurípedes Barsanulfo Entre 1906-1909 – Sacramento,* MG: Ed. Esperança e Caridade, 2001.

EMMANUEL, N. *Psicografia de Chico Revela João Evangelista é Allan Kardec*. in. Jornal da Mediunidade nº 37, Uberaba, MG, LEEPP, out/nov/dez/2013, p. 3.

FERNANDES, W. L. N. 32 *Evidências de Ser Jesus o Espírito Verdade e as Respostas Para os Sete Argumentos dos Negadores*. Araras, SP: IDE, 2008, p. 51-62.

FEDERAÇÃO ESPÍRITA PARANÁ – *Conversando com Divaldo Pereira Franco – II*. Curitiba: FEP, 2010.

FIGUEIREDO, P. H. Questione in *Universo Espírita*, nº 54, ano 5. São Paulo: Universo Espírita, 2008, p. 7.

FRANCO, D. P. *Entre os Dois Mundos. Salvador*: LEAL, 2005.

FRANCO, D. P. *Trilhas da Libertação*. Rio de Janeiro: FEB, 2000.

GALVES, N. *Amor e Renúncia – Traços de Joaquim Alves*. São Paulo: CEU, 2006.

GALVES, N. *Até Sempre, Chico Xavier*. São Paulo: CEU, 2011.

GALVES, N. *Chico Xavier, Luz em Nossas Vidas*. São Paulo: CEU, 2012.

GAMA, R. *Lindos Casos de Chico Xavier*. São Paulo: Lake, 1998.

GAMA. Z. *Diário dos Invisíveis*. São Paulo: O Pensamento, 1929.

GARCIA, W. *Chico, Você é Kardec?*. Capivari, SP: Eldorado/EME, 1999.

GARCIA, W. *Uma Janela Para Kardec*. Capivari, SP; Eldorado/Opinião E., 1996.

GENTILE, S. e ARANTES, H. M. C. (org). *Entrevistas – Francisco Cândido Xavier / Emmanuel*. Araras, SP: IDE, 1994.

GOMES, S. (org) *Pinga-fogo Com Chico Xavier*. Catanduva, SP: Intervidas, 2010.

GRIBEL, R. *Minha Alma nos Espaços Divinos*. São Paulo: Pensamento, 1998.

GRIBEL, R. *Minha Vida no Mundo dos Espíritos*. São Paulo: Pensamento, 1998.

HOME, D. D. *Lights and Shadows of Spiritualism*. London: Virtue, 1878.

IMBASSAHY, C. B. *Quem Pergunta Quer Saber*. São Paulo: Petit, 1993.

INCONTRI, D. *Para Entender Allan Kardec*. Bragança Paulista, SP: Lachâtre, 2004.

INSTITUTO DE DIFUSÃO ESPÍRITA. *Anuário Espírita 2008*. Araras, SP, 2008.

JOVIANO, W. A. e LEMOS NETO, G. (org) *Deus Conosco*. Belo Horizonte: Vinha de Luz, 2007.

KARDEC, A. *A Gênese*. Rio de Janeiro: FEB, 2007.

KARDEC, A. *A Gênese*. Rio de Janeiro: FEB, 2013.

KARDEC, A. *O Céu e o Inferno*. Rio de Janeiro: FEB, 2013.

KARDEC, A. *O Evangelho Segundo o Espiritismo*. Rio de Janeiro: FEB, 2013.

KARDEC, A. *O Livro dos Espíritos*. Rio de Janeiro: FEB, 2013.

KARDEC, A. *O Livro dos Médiuns*. Rio de Janeiro: FEB, 2007.

KARDEC, A. *O Livro dos Médiuns*. Rio de Janeiro: FEB, 2013.

KARDEC, A. *O que é o Espiritismo*. Rio de Janeiro: FEB, 2001.

KARDEC, A. *Obras Póstumas*. Rio de Janeiro: FEB, 2006.

KARDEC, A. *Revista Espírita 1858*. Araras, SP: IDE, 2001.

KARDEC, A. *Revista Espírita 1859*. Araras, SP: IDE, 1993.

KARDEC, A. *Revista Espírita 1860*. Araras, SP: IDE, 2000.

KARDEC, A. *Revista Espírita 1861*. Araras, SP: IDE, 1993.

KARDEC, A. *Revista Espírita 1862*. Araras, SP: IDE, 1993.

KARDEC, A. *Revista Espírita 1863*. Araras, SP: IDE, 2000.

KARDEC, A. *Revista Espírita 1864*. Araras, SP: IDE, 1993.

KARDEC, A. *Revista Espírita 1866*. Araras, SP: IDE, 1993.

KARDEC, A. *Revista Espírita 1867*. Araras, SP: IDE, 1999.

KARDEC, A. *Revista Espírita 1868*. Araras, SP: IDE, 1993.

KARDEC, A. *Revista Espírita 1869*. Araras, SP: IDE, 2001.

KARDEC, A. *Viagem Espírita em 1862*. Matão, SP: O Clarim, 2000.

KRIJANOWSKY, W. *Herculanum*. Rio de Janeiro: FEB, 1987.

MACHADO, U. *Chico Xavier: Uma Vida de Amor*. Araras, SP: IDE, 1992.

MAIA, J. N. *Favos de Luz*. Belo Horizonte: Fonte Viva, 1987.

MAIA, J. N. *Francisco de Assis*. Belo Horizonte: Fonte Viva, 26ª ed., s/d.

MATTOS, D. *De amigos para Chico Xavier*. Votuporanga, SP: Didier, 1997.

MARCON, M. H. (org) *Expoentes da Codificação Espírita*. Curitiba: FEP, 2002.

MIRANDA, H. C. *Sobrevivência e Comunicabilidade dos Espíritos*. Rio de Janeiro: FEB, 1990.

MONTEIRO, E. C. *Allan Kardec (o Druida Reencarnado)*. São Paulo: Eldorado/Eme, 1996.

MOREIL, A. *Vida e Obra de Allan Kardec*. São Paulo: Edicel, 1986.

NOBRE, M. S. *Chico Xavier, Meus Pedaços do Espelho*. São Paulo: Editora Jornalística Fé, 2014.

NOBRE, M. S. *Lições de Sabedoria: Chico Xavier nos 23 anos da Folha Espírita*. São Paulo: Editora Jornalistica Fé, 1997.

NOBRE, M. S. *Pequena história de Uma Grande Vida*. Folha Espírita – Edição Especial Comemorativa dos 50 anos de Mediunidade de Chico Xavier, São Paulo, 1977, p. 6-61.

NOROEFÉ, A. M. Chico Xavier, *o Homem, o Médium e o Missionário*. Capivari, SP: EME, 2000.

OLIVEIRA, W. M. *A Volta de Allan Kardec*. Goiânia, GO: Kelps, 2007.

PAIVA, A. C. *Será Chico Xavier a Reencarnação de Allan Kardec*. Uberaba, 1997.

PASTORINO, C. T. *Sabedoria do Evangelho*, vol. 1. Rio de Janeiro: Sabedoria, 1964.

PELLÍCER, J. A. *Roma e o Evangelho*. Rio de Janeiro: FEB, 1982.

PINHEIRO, R. *Mulheres do Evangelho*. Contagem, MG: Casa dos Espíritos, 2013.

PIRES, J. H. e ABREU FILHO, J. *O Verbo e a Carne*. São Paulo: Paideia, 2003.

PIRES, J. H. *Na Hora do Testemunho*. São Paulo: Paideia, 1978.

PIRES, J. H. *Vampirismo*. São Paulo: Paideia, 1980.

PRIEUR, J. *Allan Kardec e Sua Época*. Bragança Paulista, SP: Lachâtre, 2015.

RANIERI, R. A. *As cartas de Chico Xavier*. in. Jornal Espírita nº 145, São Paulo: LAKE, 1987.

RANIERI, R. A. Chico – *O Santo dos Nossos Dias*. 4ª ed. Rio de Janeiro: ECO, s/d.

RANIERI, R. A. *Recordações de Chico Xavier*. Guaratinguetá, SP: Edifrater, 1997.

RIZZINI, J. *Em Defesa dos Princípios Doutrinários*. in. Universo Espírita, nº 24, ano 2. São Paulo: Editora Universo Espírita, 2005, p. 8-12.

RIZZINI, J. *Eurípedes Barsanulfo, o Apóstolo da Caridade*. São Bernardo do Campo, SP: Ed. Correio Fraterno, 2004.

RODRIGUES, W. L. V.; ROCHA, A; ROCHA, A. S. *Meimei – Vida e Mensagem*. Matão, SP: O Clarim, 1996.

ROHDEN, H. *Mahatma Gandhi: a Apóstolo da Não-violência*. São Paulo: Martin Claret, 2012.

SCHEISS, E. *Obras Atuais – "A Vinda de Jesus"*. Rio Claro, SP, s/d.

SCHUBERT, S. C. *Dimensões Espirituais do Centro Espírita*. Rio de Janeiro: FEB, 2007.

SCHUBERT, S. C. *O Semeador de Estrelas*. Salvador: LEAL, 1989.

SCHUBERT, S. C. *Testemunhos de Chico Xavier*. Rio de Janeiro: FEB, 1991.

SOUZA, C. C. *Chico Xavier – Lembranças de grandes lições*. Araras, SP: IDE, 2007.

SOUZA, S. *A Goleada de Darwin: sobre o debate Criacionismo/Darwinismo*. Rio de Janeiro: Record, 2009.

TAMASSÍA, M. B. *A Posição Religiosa de Chico Xavier*. Folha Espírita – Edição Especial Comemorativa dos 50 anos de Mediunidade de Chico Xavier, São Paulo, 1977, p. 94-95.

TAVARES, C. *Amor e Sabedoria de Emamnuel*. Araras, SP: IDE, 1986.

TAVARES, C. *Trinta anos com Chico Xavier*. Araras, SP: IDE, 1991.

UEM – UNIÃO ESPÍRITA MINEIRA. *Chico Xavier, Mandato de Amor*. Belo Horizonte: UEM, 1993.

WANTUIL, Z. e THISEN, F. *Allan Kardec (pesquisa biobibliográfica e ensaios de interpretação)*. Vol. III. Rio de Janeiro: FEB, 1982.

XAVIER, F. C. *100 Anos de Amor*. Uberaba, MG: Grupo Espírita da Prece.

XAVIER, F. C. *A Caminho da Luz*, Rio de Janeiro: FEB, 1987.

XAVIER, F. C. *Boa Nova*. Rio de Janeiro: FEB, 1987.

XAVIER, F. C. *Cartas de Uma morta*. São Paulo: Lake, 1981.

XAVIER, F. C. *Emmanuel – Dissertações Mediúnicas*. Rio de Janeiro: FEB, 1987.

XAVIER, F. C. *Missionários da Luz*. Rio de Janeiro: FEB, 1986.

XAVIER, F. C. *Nos domínios da Mediunidade*. Rio de Janeiro: FEB, 1987.

XAVIER, F. C. *O Consolador*. Rio de Janeiro: FEB, 1986.

XAVIER, F. C. *Vida e Sexo*. Rio da Janeiro: FEB, 2010.

XAVIER, F. C. e PIRES, J. H. *Na Era do Espírito*. São Bernardo do Campo, SP: GEEM, 1976.

PERIÓDICOS

Anuário Espírita 2008. Araras, SP: IDE, 2008.

Folha Espírita – Edição Especial Comemorativa dos 50 anos de Mediunidade de Chico Xavier, São Paulo, 1977.

Jornal da Mediunidade nº 37. Uberaba, MG: LEEPP, out/nov/dez/2013.

Jornal Espírita nº 145. São Paulo: LAKE, 1987.

Reformador, Ano XXXVII, num. 20. Rio de Janeiro: FEB, 19.10.1919.

Reformador, Ano 102, nº 1860. Brasília, DF: FEB, março 1984.

Revista Internacional do Espiritismo, Ano LXXXIX, nº 2, Matão, SP: O Clarim, mar/2014.

Universo Espírita, nº 24, ano 2. São Paulo: Editora Universo Espírita, 2005.

Universo Espírita, nº 54, ano 5. São Paulo: Editora Universo Espírita, 2008.

INTERNET

Alziro Zarur: http://pt.wikipedia.org/wiki/Alziro_Zarur, acesso em 07.05.2013, às 08:05h.

ANJOS, l. As 5 (-) reencarnações do Codificador, disponível em: http://aron-um-espirita.blogspot.com.br/2011/02/as-5-encarnacoes-do-codificador-por.html

ANJOS, L. *Chico Xavier foi Ruth Céline-Japhet*, disponível nos links: http://www.oconsolador.com.br/ano4/204/especial.html e http://www.oconsolador.com.br/ano5/205/especial.html

BACCELLI. Chico Xavier foi a reencarnação de Allan Kardec, disponível em: https://www.youtube.com/watch?v=_IoxhtrJvZM, trecho 34'44" a 35'20".

Blog do Alex: http://alexscguimaraes.blogspot.com.br/2011/07/63-alex--entrevista-alfredo-nahas.html, acesso em 28.05.2013, às 13:40h.

CACP Ministério Apologético. Chico Xavier é a reencarnação de Allan Kardec?, disponível pelo link: http://www.cacp.org.br/chico-xavier-e-a--reencarnacao-de-allan-kardec/, acesso em 28.01.2016, às 10:20h.

CENTRO DE CULTURA, DOCUMENTAÇÃO E PESQUISA DO ESPIRITISMO EDUARDO CARVALHO MONTEIRO, em São Paulo: http://www.ccdpe.org.br/wp-content/gallery/dependencias-do-ccdpe/DSC00549.JPG, acesso em 04.02.2016, às 10:45h.

CORREIO ESPÍRITA. *Chico Xavier foi Ruth Céline Japht* (Entrevista com Arnaldo Rocha), disponível pelo link: http://www.correioespirita.org.br/categoria-de-materias/entrevistas/1634-entrevista-com-arnaldo-rocha

COSTA, C. A. B. 132° *Chico e Arnaldo – Amigos para Sempre*, exposição realizada em 19.04.2016, disponível em: https://vimeo.com/163553197, acesso em 20.04.2016, às 16:20h, trecho de 1h:14':20" a 1h:18':22".

COSTA, C. A. B. *Missão Crística – Apocalipse (15)*, disponível em: http://www.redeamigoespirita.com.br/video/miss-o-cr-stica-apocalipse-15 e https://vimeo.com/146332322, trecho 57':50" a 59':51".

CUNHA, H. *Medicina assistencial de Uberaba perde com a morte de Elias Barbosa*: http://jmonline.com.br/novo/?noticias,2,CIDADE,43401

Emanuel, disponível em: http://www.vinhadeluz.com.br/site/noticia.php?id=2010

Ennio Schiess: http://www.candeia.com/obras-atuais-a-vinda-de-jesus/p.

EMANUEL, N. EMANUEL. *Reencarnação de Elias (Entrevista com João Batista)*: https://www.facebook.com/notes/nuno-emanuel/eliasjo%-C3%A3o-batistaesp%C3%Adrito-da-verdade-jesusallan-kardec-chico-xavier/1191299347551269/, acesso em 10.01.2016, às 13:02h.

Fatos sobre a vida de Herculano Pires, narrado por familiares e amigos, em 27/02/1999, disponível em https://www.youtube.com/watch?v=Qez-WSANjdw, trecho de 1h31'52' a 1h35'01''

FRANCO, D. P. entrevista, postagem 1/mai/2010, https://www.youtube.com/watch?v=ROedB7ME35U, 0':04'' até 1':20'', acesso em 21.04.2015, às 12:14h.

FRANCO, D. P. entrevista, postagem 11/jun/2009: https://www.youtube.com/watch?v=8On-Yt-2H3w

FRANCO, D. P. entrevista, postagem 23/jan/2014: https://www.youtube.com/watch?v=vTEstBFFHY8, acesso em 21.04.2015, às 12:12h.

GLOBO NEWS, programa Arquivo N, reportagem "A fé em Chico Xavier", disponível em https://www.youtube.com/watch?v=99q9Amw0q6A, acesso em 26.01.2016, às 10:21h

http://betemensagemdodia.blogspot.com.br/2012/04/mensagem-de-sao-francisco-de-assis.htm

http://www.cacp.org.br/quem-e-a-reencarnacao-de-kardec-chico-xavier-ou-alziro-zarur/, acesso em 07.05.2013, às 08:00h.

http://www.correioespirita.org.br/mensagens/530-mensagem-de-francisco-de-assis

http://www.fundacaoherculanopires.org.br/nolimiardoamanha/especial1aniversario

http://www.fundacaoherculanopires.org.br/plugins/content/jw_allvideos/includes/download.php?file=images/stories/audio/especial_P10_reencarnacao-de-Kardec.mp3

http://www.herculanopires.org.br/index.php/o-que-fazemos/o-que-fazemos-2/audio/no-limiar-do-amanha/298-programa-especial-de-primeiro-aniversario-1971

INCONTRI, D. *Chico não é Kardec*, disponível em http://pedagogiaespirita.org.br/tiki-read_article.php?articleId=33, acesso em 23.04.2015, às 10:58h.

IPEAK, disponível em: http://www.ipeak.com.br/site/newsletter_conteudo.php?id=562&idioma=1

Jan Val Ellan: http://pt.wikipedia.org/wiki/Jan_Val_Ellam, acesso em 28.05.2013, às 13:42h.

Julinho, Júlio Cézar Grandi Ribeiro e Allan Kardec, in: https://joanadarc.wordpress.com/2011/10/07/julinho-julio-cesar-grandi-ribeiro-e-allan-kardec/, acesso em 05/03/2016, às 21:36h.

MOTA, A. frase: http://espiritaespiritismoberg.blogspot.com.br/2015/05/a-ciencia-do-magnetismo.html

NETO SOBRINHO, P. S. e FERRARI, T. T. Chico Xavier e Alziro Zarur são a reencarnação de Allan Kardec?, disponível pelo link: http://www.apologiaespirita.org/apologia/artigos/025_Chico%20Xavier%20ou%20Alziro%20Zarur%20s%C3%A3o%20a%20reencarna%C3%A7%C3%A3o%20de%20Allan%20Kardec.pdf, acessoo em 28.01.2016, às 11:22h

NETO SOBRINHO, P. S. *Espírito de Verdade, quem seria ele?*, disponível em: http://www.paulosnetos.net/viewdownload/10-ebook/530-espirito-de-verdade-quem-seria-ele-ebook

NETO SOBRINHO, P. S. *Manifestação de Espírito de pessoa viva é possível em estado de vigília?*, disponível em: http://www.paulosnetos.net/viewdownload/5-artigos-e-estudos/675-manifestacao-de-espirito-de-pessoa-viva-e-possivel-em-estado-de-vigilia

NETO SOBRINHO, P. S. *O discípulo que Jesus amava seria João?*, disponível em: http://www.paulosnetos.net/viewdownload/5-artigos-e-estudos/710-o-discipulo-a-quem-jesus-amava-seria-joao

Osvaldo Polidoro: http://divinismo.org/, acesso em 07.05.2013, às 08:17h.

PEREIRA, M. H. *Kardec voltou!* (-), disponível em: http://www.aeradoespirito.net/ArtigosMH/KARDEC_VOLTOU_MH.html, acesso em 22.12.2015, às 9:33h..

ROCHA, A. *A vida de Chico Xavier* – parte 2, disponível em https://www.youtube.com/watch?v=aH3gH2V8cCo, acesso em 18.01.2015, às 9:15h.

ROCHA, A. *Minha vida com Meimei e Chico*, disponível em: http://www.espiritismobh.net/index.php?option=com_k2&view=item&id=16:minha-vida-com-meimei-e-chico&Itemid=1, acesso em 19.01.2016, às 15:13h.

ROCHA, A. *Relatos de Arnaldo Rocha*, disponível em: http://www.espiritismobh.net/index.php?option=com_k2&view=item&id=127:relatos-de--arnaldo-rocha&Itemid=1, acesso em 17.01.2016, às 10:45h.

Severino Freitas: http://www.ofrancopaladino.pro.br/meupai.htm e http://www.ofrancopaladino.pro.br/mat652.htm, acessados em 02.02.2014, às 08:13h.

SILVEIRA, G. L. Arnaldo Rocha: "Com Chico Xavier, passei a compreender a beleza da Doutrina Espírita", disponível pelo link: http://www.oconsolador.com.br/ano4/204/entrevista.html, acessado em 03.11.2015, às 14:55h.

TEIXEIRA, J. R. *Chico Xavier não foi Kardec*. Disponível em: http://grupoallankardec.blogspot.com.br/2011/07/chico-xavier-nao-foi-kardec-afirma-j.html, 05.02.2015, às 10:46h.

TEIXEIRA, R. entrevista Jornal de Espiritismo, da ADEP, Portugal, disponível em http://artigosespiritaslucas.blogspot.com.br/2011/01/raul-teixeira-chico-xavier-nao-foi.html, acesso em 21.04.2015, às 12:45h.

VASCONCELOS, M. A propósito de reencarnações. Lisboa, 2008, disponível em: http://www.comunhaolisboa.com/wp-content/uploads/2012/10/A-PROP%C3%93SITO-DE-REENCARNA%C3%87%C3%95ES.pdf, acessado em 2 de janeiro de 2016, às 06:42h.

VINHA DE LUZ. Manifestação de Santo Agostinho na FEB em 1919 confirma reencarnação de Allan Kardec no século XX no Brasil, disponível em: http://www.vinhadeluz.com.br/site/noticia.php?id=2036, acesso em 15.10.2015, às 09:30h.

VINHA DE LUZ. *Vivências de um Espírito Médium do Cristo — 14 reencarnações de Chico Xavier e revelação da próxima*, disponível pelo link: ttp://www.vinhadeluz.com.br/site/noticia.php?id=1788, acesso em 02/07/2012, às 15:24h.

Capa: http://3.bp.blogspot.com/-Uxq4WehN9Ec/UmcKJVfN59I/AAAAAAAAzU/AFWFRPNgh88/s1600/chico-ilustracao-unesp.jpg e http://www.ceismael.com.br/bio/bi001.gif

OUTRAS OBRAS CONSULTADAS

BARBOSA, E. *Presença de Chico Xavier*. Araras, SP: IDE, 1983.

COSTA E SILVA, L. N. *Novíssimas Relevações do Nosso Amigo Chico Xavier*. Joanópolis, SP: Editora ALF, s/d.

GAMA, R. *Chico Xavier na Intimidade*. São Paulo: LAKE, 2003.

IDEAL. 100 *Anos de Amor: homenagem à Chico Xavier*. São Paulo: Editora Ideal, 2010.

MAIOR, M. S. *As vidas de Chico Xavier*. São Paulo: Planeta, 2003.

MAIOR, M. S. *Por trás do véu de Isis: Uma Investigação Sobre a Comunicação Entre os Vivos e os Mortos*. São Paulo: Planeta, 2004.

MARTINS, J. D. *Um Amor, Muitas Vidas*. Rio de Janeiro: Novo Ser, 2010.

MONTEIRO, E. C. *Chico Xavier e Isabel, a Rainha Santa de Portugal*. São Paulo: Madras, 2007.

RAMACCIOTTI, C. *Mensagens de Inês de Castro*. São Bernardo do Campo, SP: GEEM, 1ª edição, 2006 e 26ª edição, 2014.

SEVERINO, P. R. *Aprendendo com Chico Xavier – Um Exemplo de Vida*. São Paulo: Fé Editora Jornalistica, 1996.

SEVERINO, P. R. *A Vida Triunfa: Pesquisas Sobre Mensagens que Chico Xavier Recebeu*. São Paulo: Editora Jornalística Fé, 1992.

SOUZA, C. C. *Encontros com Chico Xavier*. Uberaba, MG: Banca Livro Espírita Maria Dolores, 1986.

SOUZA, L. E. *O Homem que Falava com Espíritos*. São Paulo: Universo dos Livros, 2010.

XAVIER, F. C. *Chico Xavier em Goiânia*. São Bernardo do Campo, SP: GEEM, 1977.

Salvador, 16 de setembro de 2008.

Queridos irmãos Carlos Alberto e anjo Arnaldo:

Muita paz.

Recebi ontem a nova edição do Chico, Diálogos e Recordações, em a nova roupagem, ampliada e enriquecida, que muito me sensibilizou.

Deleitei-me, relendo algumas passagens, que me levaram às lágrimas, retornando ao querido Pedro Leopoldo de inapagável memória, e (re)vivendo os momentos que assinalaram profundamente a minha atual existência.

No capítulo das revelações em torno de personagens do passado, estou sumamente feliz em constatar que as informações de algumas estão absoluta e totalmente de acordo com o que o venerando apóstolo me disse, negando as teorias absurdas e falaciosas dos seus "herdeiros" que, a pretexto de exaltá-lo, vêm-lhe maculando a memória, pois que o deixam em situação desagradável por haver fornecido informações diferentes às pessoas...

Ele sempre me esclareceu que as suas foram reencarnações femininas e que as roupagens atuais, eram mais para preservá-lo, sem que houvesse influenciado na sua psicologia.

Parabéns e êxito na divulgação das nobres verdades.

Infelizmente o meu computador anulou o seu endereço eletrônico, que lhe rogo o favor de me dar novamente.

Abraços, gratidão e afeto,

Divaldo Franco

Carta de Divaldo Franco
(referência da página 301).

To: carlosc.seguros@task.com.br
Sent: Monday, September 04, 2006 7:32 PM
Subject: Notícias

Caro amigo e irmão Carlos:

Jesus seja sempre conosco!

Logo que retornei de B. H. E li O lindo livro que você escreveu com o nosso querido Arnaldo, que lhe escrevi, parabenizando a ambos pelo feito.

Posteriormente, através do Luciano dos Anjos fiquei sabendo que você não recebera minha carta, o que lamento sinceramente.

Desejo parabenizar a ambos e agradecer o benefício que as suas informações trazem ao Movimento Espírita, no momento, muito conflitiado. As informações valiosas esclarecerão os espíritas sinceros e dedicados, apontando-lhes rumos de segurança. Tenho feito muita divulgação do livro e nossa Casa tem-no adquirido e distribuído ao máximo.

Augurando futuras obras ricas de luz, recomendo-me ao nosso Arnaldo e a todos.
Abraços e gratidão do seu irmão em Jesus, devotado,

Divaldo Franco

E-mail de Divaldo Franco
(referência das páginas 6-7).

Conheça também algumas de nossas publicações

Memórias do filho de um
Filósofo de Rosa

As colônias espirituais

O desencarne entre o adormecer e a eternidade

A ética de Jesus

Buscando Sentidos

A Beleza Real

O Galo e a Raposa

KARDEC & CHICO 2 MISSIONÁRIOS

PESQUISA SOBRE A POSSIBILIDADE DE ALLAN KARDEC SER CHICO XAVIER

Copyright©2016 *Ethos Editora*

CATALOGAÇÃO NA PUBLICAÇÃO (CIP) - BRASIL

```
133.9    Silva Neto Sobrinho, Paulo da
S586k      Kardec & Chico : dois missionários / Paulo da Silva Neto
         Sobrinho. 1. ed. – Divinópolis : Ethos, 2016.

         196 p.

         Inclui referências bibliográficas
         ISBN: 978-85-68476-08-6


         1. Parapsicologia. 2. Espiritismo. 3. Estudo. I. Título.

                                                      CDD 133.9
```

Divinópolis - 2016

1ª edição | 1.000 exemplares | setembro de 2016
Todos os direitos reservados.

Proibida a reprodução desta obra, em seu todo ou em parte, por qualquer meio, sem a prévia autorização da Ethos Editora.

ETHOS EDITORA

Av. Vinte e um de Abril, 122
CEP: 35.500-010 - Centro | Divinópolis – MG
geec@geec.org.br
(37) 3222-3163

Equipe editorial

Jomar Teodoro Gontijo
ORGANIZADOR

Eurípedes Kühl
Hugo Alvarenga Novaes
João Frazão de Medeiros
REVISÃO

Leonardo Ferreira | Kartuno
CAPA E PROJETO GRÁFICO

Rodrigo Guimarães | Kartuno
DIAGRAMAÇÃO

Dados técnicos

edição 1ª

tiragem .... 1 mil exemplares

produção .... Setembro de 2016

editora .... Ethos (Divinópolis, MG)

ISBN 978-85-68476-08-6

páginas 344

tamanho .... miolo 160 x 230 mm

capa 160 x 230 mm com orelhas de 90 mm

tipografia .... texto: Filosofia Regular 12 pt

auxiliar e títulos: Bebas Neue

papel .... miolo Suzano Offset 85g

capa Suzano Supremo 250g

cores .... miolo 1 x 1 cores escala K 95%

capa 4x1 cores escala CMYK + Preto

ethoseditora.com.br

geec.org.br

Ethos é um selo editorial GEEC
de Divinópolis, Minas Gerais.

Grupo Educação, Ética e Cidadania (GEEC)
Av. 21 de Abril, 1590 - Santa Clara - CEP: 35.500-070
Divinópolis - Minas Gerais
Telefone: (37) 3222-7644